孟德斯鸠著作导读

AN INTRODUCTION TO MONTESQUIEU'S WORKS

艾克文 著

人民出版社

责任编辑：刘可扬

封面设计：汪　阳

责任校对：史伟伟

图书在版编目（CIP）数据

孟德斯鸠著作导读/艾克文 著. —北京：人民出版社，2023.5

ISBN 978－7－01－025471－5

Ⅰ.①孟… Ⅱ.①艾… Ⅲ.①孟德斯鸠（Montesquieu，Charles Louis de Secondat 1689－1755）-思想评论　Ⅳ.①B565.24

中国国家版本馆 CIP 数据核字（2023）第 032433 号

孟德斯鸠著作导读

MENGDESIJIU ZHUZUO DAODU

艾克文　著

人民出版社 出版发行

（100706　北京市东城区隆福寺街 99 号）

北京新华印刷有限公司印刷　新华书店经销

2023 年 5 月第 1 版　2023 年 5 月北京第 1 次印刷

开本：635 毫米×927 毫米 1/16　印张：17.75

字数：220 千字

ISBN 978－7－01－025471－5　定价：88.00 元

邮购地址 100706　北京市东城区隆福寺街 99 号

人民东方图书销售中心　电话（010）65250042　65289539

目　　录

导　　言

　　本书是对 18 世纪法国著名思想家孟德斯鸠的三部主要著作《波斯人信札》、《罗马盛衰原因论》和《论法的精神》所作的导读汇编。之所以称之为"导读",是因为它最初设定的阅读对象,是那些想读但由于种种原因还没有去读这些著作的普通读者,或者是那些虽然读过但不得其门而入的初学者。多年来,教育界的诸多有识之士都在呼吁要引导学生多读经典著作,我国也出版了不少经典著作的导读,一些高校还开设了类似的课程或研讨班,这都是很可喜的现象。然而,在实际中许多学生对于所谓的经典还是抱着敬而远之的态度。在这种情况下,一个好的经典导读虽然不能代替原著,但多少能帮助他们了解原著,如果还能激起他们阅读原著的兴趣,那就是意外之喜了。在各方面资讯都非常发达的今天,想成为一部"好的"经典导读是一件不容易的事,因为它不能满足于一种科普式的介绍,还需要给读者提供一些更有吸引力的东西,比如生动的叙述和独特的见解。对此,笔者只能说会努力去做。

　　也正是因为这个原因,本书其实也是笔者所作的孟德斯鸠思想研究。我们都知道,作为一位蜚声世界的思想家,孟德斯鸠在我国享有极高的知名度,他说过的许多话(诸如"一切有权力的人都容易滥用权力,这是万古不易的一条经验")被人们当成金科玉律引用,甚至一些他没有说过的话也被划归到他的名下,似乎单单孟德斯鸠这个名字就可以为某一说法的真理性背书。① 孟德斯鸠的著作在我国不断再版,以《论法的精神》为例,仅在大陆就已有约二十个中译本(其中绝大多数都是近些年出版的),在这方面能与其相媲美的西方政治学著作(即使我们把范围扩大到其他领域的著作)估计屈指可数。我国的孟德斯鸠研究从来没有成为过"热点"或"显学",它一直处于一种不温不火的状态,由此造成的一个结果是,虽然这些年来学术界也提出了不少新观点,但大多数人对孟德斯鸠思想的认识,还停留在他是三权分立学说的创始人这一阶段,而相当一部分的孟德斯鸠研究,其实都是对这种观点的展开说明。笔者并不是说这种看法不对,但它显然过于简单化,因为只要我们读过《论法的精神》,就会发现孟德斯鸠在该书中所论述的主题是所谓的"法的精神",关于分权问题的论述只占了书中很小的一部分。那么孟德斯鸠的分权理论和他的"法的精神"这一主题之间是什么关系呢? 再者,孟德斯鸠对分权问题的论述应该说是他的政体理论的一部分,但这两者之间是一种

---

① 比如:"对一个人不公,就是对所有人的威胁。因为对一个人的不公显示出来的是制度的逻辑,这种逻辑可以用来对付所有的人,无人能保证自己幸免。"这句广泛流传于网络的话就被认为是孟德斯鸠说的,但是在孟德斯鸠的主要著作中我们都找不到这句话。其实不需要我们对孟德斯鸠的著作有多了解,光是从"制度逻辑"这种现代的表达方式中就可以判断出它不可能出于孟德斯鸠之口。

什么样的关系呢？根据孟德斯鸠对政体的君主、共和与专制三分法，三权分立属于什么类型的政体？它是一种现实中存在的政体还是孟德斯鸠心目中的理想政体？还有，一般认为，孟德斯鸠是以英国的制度为蓝本提出三权分立学说的，但当时英国的制度是三权分立吗？如果不是，那么，是孟德斯鸠误解了英国的政治制度，还是我们误解了孟德斯鸠的思想呢？

这些问题在我国学术界一直就没有得到很好的回答，而要回答这些问题，显然需要我们对《论法的精神》一书的基本思想有一个整体的把握。《论法的精神》的基本思想是什么？这个问题看似简单，答案却众说纷纭。为什么会这样？笔者认为，这主要与人们对于《论法的精神》结构的认识相关。自《论法的精神》问世之日起，批评它思想混杂、结构零乱及前后不一的声音就已经有了，且一直经久不息直至今日。虽然也有为之辩护者，但他们基本上都只是"证明了"孟德斯鸠在该书中有一个隐藏的一以贯之的思想，而没有否认该书存在着"表面上的混乱"。《论法的精神》的结构问题也是本书重点关注的一个问题。在笔者看来，要解决这个问题，我们除了要弄清楚该书到底说了什么以外，还要考察它是怎样说的。这里所谓的"说了什么"指的是该书的主题和基本思想，而"怎样说的"既包括孟德斯鸠的论证方式，也包括他的写作方式和风格。显然，要想对这些问题有更加全面和深入的认识，仅仅靠阅读《论法的精神》显然是不够的，我们还必须了解孟德斯鸠的生平、时代以及他早期的著作《波斯人信札》和《罗马盛衰原因论》。

因此，本书除了包含对孟德斯鸠三部著作的导读之外，还加上了"孟德斯鸠的生平与时代"这部分内容。需要说明的是,本书的各章之间虽然有观点和逻辑上的关联,但它们大体上都可以独立成篇。正是为了保证各章节内容的完整性,不同章节中的部分文字可能略有重复,这一点希望能得到读者的谅解。本书所有的文字都是第一次公开发表,笔者当然对它们负全部责任——既包括文字表达和学术观点上的,也包括学术规则和法律上的。

下面我们想对孟德斯鸠的这三部著作在我国的译介情况以及本书所使用的版本和引用方式作一个简要的说明。关于孟德斯鸠的这三部著作在我国的翻译出版情况,许多著作和文章都有所提及,其说法亦大致相同。以《论法的精神》来说,它在国内最早的译本当为张相文于 1903 年出版的《万法精理》。不过这不是一个全本,它只译出了十二章,而且是从日文转译的,据说译者对日文也不精通,因此其质量就可想而知了。另外,该译本流传不广,读过的人寥寥无几,故其影响很小。第一个有影响力的译本毫无疑问是近代杰出翻译家严复的《法意》(以下简称"严译本"),该书于 1913 年由商务印书馆出版,此后半个世纪的时间里它一直是国内学者了解和研究孟德斯鸠思想的主要途径,现在也还能比较方便地读到。不过这个译本也存在不少问题,除了它是从英语转译①的且内容不全(不仅缺少最后两章,而且部分段落和文字也被译者有意省去了)外,它使用的还是文言文,而且并不完全忠实

---

① 据国内学者考证,严复是参照 1900 年印行的纳琴特英译本翻译的《法意》。这个版本可能是商务印书馆的张元济向他提供的。参见颜德如、颜俊儒:《严复参照何种英译本翻译孟德斯鸠的〈法意〉?》,《福建论坛(人文社会科学版)》2013 年第 11 期。

于原文。① 正是因为这些问题,在新中国成立后,商务印书馆在 20 世纪 60 年代就推出张雁深译的《论法的精神》(商务印书馆,上册 1961 年版,下册 1963 年版,以下简称"张译本")。与之前的译本相比,张译本的优点是显而易见的:第一,它是从法文直接翻译过来的,而且是从当时最好的法文本翻译过来的;第二,它翻译了该书的全部内容,包括作者的原注,另外还译出了校订不同版本的异文注、原编者注等部分;第三,它是用白话文翻译的,通俗易懂。可以说,这是一个全面而且高度忠实于原文的译本,从学术的角度来看是最有价值的。该译本还附有译者所编的《孟德斯鸠生平大事年表》和《孟德斯鸠论著举要》,为研究者提供了许多方便。尽管之后国内又出版了多个《论法的精神》的译本,但张译本应该是截至目前使用最普遍也是最具权威性的译本之一。

自 20 世纪 90 年代以来,我国又出版了多个《论法的精神》的中译本,②其中商务印书馆于 2012 年推出的许明龙译

---

① 对严译本存在的问题,较为全面的说法可参见［法］孟德斯鸠:《论法的精神》,张雁深译,商务印书馆 1963 年版,第 29—31 页。

② 除了下文将提到的许明龙译本外,目前我国已出版的《论法的精神》的译本据不完全统计还有曾斌译本,京华出版社 2000 年版;孙立坚等译本,陕西人民出版社 2001 年版;申林译本,北京出版社 2007 年版;彭盛译本,当代世界出版社 2008 年版;钱逊译本,人民日报出版社 2008 年版;袁岳译本,中国长安出版社 2010 年版;许家星译本,江西教育出版社 2014 年版;欧启明译本,译林出版社 2016 年版;于华忠编译本,中国工人出版社 2016 年版;夏玲译本,红旗出版社 2017 年版;李妍妍译本,吉林出版集团股份有限公司 2018 年版;钟书峰译本,法律出版社 2020 年版。

本(商务印书馆 2012 年版,以下简称"许译本")无疑是质量最高且影响最大的。许译本除了在文字上更求准确、通俗之外,最大的贡献是添加了许多与该书有关的资料,包括达朗贝尔的《孟德斯鸠庭长先生颂词》和《〈论法的精神〉解析》,当代法国学者洛朗·韦尔西尼为《论法的精神》写的《导言》,译者自编的《孟德斯鸠生平和著作目录》(这些附在正文之前),孟德斯鸠本人写的《有关〈论法的精神〉的资料》、《为〈论法的精神〉辩护》、《有关"为〈论法的精神〉辩护"的资料》、《对〈论法的精神〉的若干解释》、《向神学院提交的回答和解释》以及《答格罗莱对〈论法的精神〉的意见》(这些附在正文之后)。另外,许译本还有一个以汉语拼音为序的"主题索引",这对于《论法的精神》这部篇幅浩繁的著作来说,自然为读者和研究者提供了极大的便利。①

　　本书对《论法的精神》的引用采取的是以张译本为主、参考许译本的做法。之所以没有以后出的许译本为主,主要是基于两个方面的原因:一是张译本流传时间长,国内学者对它更为熟悉,其中的许多表述经一再引用早已深入人心;二是许译本尽管较新,但其中一些译法也有值得商榷之处。比如对共和政体的两种形式,张译本的译法是"民主政

---

　　①　许明龙先生是国内孟德斯鸠研究最有影响的专家之一,除了本书之外,他还翻译了《波斯人信札》(商务印书馆 2019 年版)和《罗马盛衰原因论》(商务印书馆 2016 年版),合译了夏克尔顿的《孟德斯鸠评传》(上海人民出版社 2018 年版)和戴格拉夫的《孟德斯鸠传》(浙江大学出版社 2016 年版),编译了《孟德斯鸠论中国》(商务印书馆 2016 年版),此外还撰写了多篇研究孟德斯鸠思想的文章。

治"和"贵族政治",而许译本的译法是"民主政体"和"贵族政体"。笔者认为前一种译法更合适,因为这样可以把它们与共和政体、君主政体和专制政体这三种基本的政体类型区分开来——政体只有三种类型,这一点孟德斯鸠在《论法的精神》中表达得非常明确。另外,许译本也并不总是使用"贵族政体"这一说法,在有的地方,它用的就是"贵族政治"。再如对各类政体的原则,张译本的说法是:民主政治的原则是品德,贵族政治的原则是以品德为基础的节制,君主政体的原则是荣誉,专制政体的原则是恐怖;而许译本的说法是:民主政体的原则是美德,贵族政体的原则是以品德为根基的节制,君主政体的原则是荣宠,专制政体的原则是畏惧。

笔者认为张译本的说法总体上来说更合适,理由如下。

其一,"品德"与"美德"这两个概念本身区别不大(相对来说"品德"这个概念可能更加中性一点),随便选择哪一个应该说都没有多大问题,问题是许译本在说到民主政体时用的是"美德",而说到贵族政体时用的却是"品德",我们不知道为什么要有这种区分。

其二,是"荣誉"好还是"荣宠"好?笔者认为无疑是"荣誉"更好。我们不否认,当孟德斯鸠说君主政体意味着优越地位、品级及高贵的出身,而"honneur"的性质要求优遇和卓越时,把它翻译为"荣宠"问题还不大。但是,在谈到专制政体的原则时,孟德斯鸠说,"honneur"如何能够容忍暴君呢?暴君又如何能够容忍"honneur"呢?因为"honneur"有自己的法则,它不知道什么是屈服,决不会依从别人的欲念,而暴君之所以为暴君,就在于他以自己反复无常的意欲毁灭其他人的一切欲念。在这里,把"honneur"译为"荣宠"显然不合适。在第四章第二节"论君主政体下的教育"中,孟德斯鸠更是明确地说,"honneur"有其最高的规律,它们是:第一,"honneur"完全准许我们重视自己的财富,但是绝对不许我们重视自己的生命。第二,当我们一旦获得某种地位的时候,任何事情,倘若足以使我们显得同那种地位不相称的话,我们就不应该做,也不应该容忍别人去做。第三,法律所不禁止而为"honneur"所禁止的东西,则其禁止更为严格;法律所不要求而为"honneur"所要求的东西,则其要求更为坚决。由此可见,"honneur"是一个很高贵的东西,它甚至有可能是孟德斯鸠最为重视的价值(或许比"自由"还重要),把它翻译为"荣宠"不啻对它的辱没。

其三,是"恐怖"好还是"畏惧"好?笔者认为它们各有千秋。"畏惧"用来表达人们对于专制政体的感情确实要更合适一些,但是用"恐怖"来描述专制政体统治下社会的精神氛围能给人以更强烈的感受。或许我们可以把它们结合为"恐惧"一词?如果该书以后再译,这个问题值得后来者进一步思考。

当然,笔者说这些并不是认为许译本无甚可取之处。不是这样的。按许明龙先生在该书"译者附言"中的说法,他的译本较多地参考了张译本,而主要的差异有二:一是对原文的理解偶有不同;二是新译本力求用当今的语言进行表述。应该说该译本基本上做到了这两点。因此,笔者虽以张译本为主,但对其中的一些字词和标点符号根据现在的表达习惯作了些许改动(比如把"那末"改为"那么",把"象"改为"像"等),而在遇到一些专有概念以及有歧义的地方时,笔者就参考了许译本和中国社会科学出版社1999年影印出版的该书英文版来斟酌处理。

孟德斯鸠的《波斯人信札》也比较早就被引入我国,它最早是由我国近代另一位著名翻译家林琴南及其合作者于1916年翻译的,中文书名为《鱼雁抉微》,不过只译出了八十多封信。1958年,人民文学出版社出版了罗大冈的译本,共160封信,与现在的多个版本相比少了一封,即第145封信"郁斯贝克寄×××"。在很长时间内,该译本是学者最常使用的一个译本。在20世纪90年代之后,该书也出版了多个译本,①本书在引用时选择的是梁守锵译本(商务印书馆2011年版)。该译本附有《译者前言》,法国著名学者乔治·居斯多夫的《序言》、《关于〈波斯人信札〉的版本(1721年)》,孟德斯鸠的《关于〈波斯人信札〉的几点想法》(这些附于正文之前)、《〈波斯人信札〉附录》(包括孟德斯鸠写的《〈波斯人信札〉说明》与《信函和残简》),乔治·居斯多夫的《〈波斯人信札〉评析》以及《孟德斯鸠生平和著作年表》(这些附于正文之后)。其中居斯多夫写的序言和评析可以说是对《波斯人信札》最好的导读。② 该译本与之前的梁守锵、孙鹏译本(漓江

---

①　除了下文提到的梁守锵译本外,目前我国已出版的《波斯人信札》的译本据不完全统计还有罗国林译本,译林出版社2004年版;陆元昶译本,北京联合出版公司2014年版;许明龙译本,商务印书馆2019年版。

②　在商务印书馆2022年出版的梁守锵译本中,除了保留有"附录"和孟德斯鸠的"关于《波斯人信札》的几点想法"外,其他资料都删掉了。

出版社 1995 年版)内容是一样的,只是少了插图,再就是极少一部分文字略有不同。

至于《罗马盛衰原因论》,目前我们只有两个译本。一个是婉玲译本,商务印书馆 1962 年版,该译本后面附有孟德斯鸠为《百科全书》写的词条《论趣味》以及苏联学者巴士金的《沙利·路易·孟德斯鸠》一文;另一个是许明龙译本,商务印书馆 2016 年版,该译本后面附有《有关〈罗马盛衰原因论〉的资料》和孟德斯鸠的《论罗马人的宗教政策》,其中《有关〈罗马盛衰原因论〉的资料》全部来自孟德斯鸠的《随想录》,而《论罗马人的宗教政策》是孟德斯鸠早年写的一篇论文,在他生前并未出版。这两个译本在文字表达风格上虽有所不同,但基本上都做到了简洁流畅,它们最大的区别是后者将一些专有名词换成了现代较为通行的说法,如"庞鲁斯"换成了"皮洛士","提贝留司"换成了"提比略","盖约"换成了"盖尤斯",等等。对《罗马盛衰原因论》的引用笔者采用的是许明龙译本,不过部分表达也参考了婉玲译本。当然,对《论趣味》的引用都出自婉玲译本。

由于《论法的精神》版本众多且笔者也参考了多个版本,为了方便读者查阅(当然这对部分读者来说可能带来的是不方便),本书在引用《论法的精神》时,不用脚注标明版本和页数,而只随文夹注章节,并以《法》作为其简称,比如(《法》,12.4)就是指《论法的精神》第十四章第四节。对《波斯人信札》的引用我们也以同样的方式处理,即以《波》作为其简称,后面以数字标明出自哪一封信,比如(《波》,16)就是指《波斯

人信札》的第 16 封信。对《论法的精神》和《波斯人信札》的
这种标注方式也是国际学术界比较通行的做法。其他的注释
则仍按规范用脚注表示。

第一章　孟德斯鸠的
生平与时代

　　在我国的西方政治思想史研究中,对孟德斯鸠生平的介绍一向比较简单,也谈不上有什么特别的研究。究其原因,可能有这样三个方面:第一,孟德斯鸠的一生既没有经历大的历史事件(在近代的思想家中这点比不上霍布斯和洛克),个人生活也缺乏那种大开大合跌宕起伏(这一点显然无法与伏尔泰和卢梭等人相比),可以说是平淡无奇,很难吸引一般读者的兴趣,因此就没有什么必要作冗长的介绍了;第二,孟德斯鸠的代表作《论法的精神》是一部纯学术著作,它并不直接针对特殊的历史事件,这就导致人们对其产生的背景兴趣不大;第三,对孟德斯鸠的一生及其时代,人们的了解相对来说还比较全面,虽然其中也有些空白和疑点,但它们对于我们认识孟德斯鸠的思想似乎没有多大影响,所以也不值得再去深究。这些看法,确实有一定的道理,但思想史研究毕竟不是为了满足一般读者的猎奇心理(当然对于研究者本人来说,具有好奇心很重要),而是要揭示事物之间存在的某种关联,而且看似平淡的人生中或许就蕴含着非同寻常的力量。无论如何,要全面了解一个人物的思想，了解这个人的生活和时代都是有必要的。①

一

　　关于孟德斯鸠生平的大致情况，我国学者基本上还是耳熟能详的。我们知道，孟德斯鸠原名夏尔·德·色贡达，于法国大革命爆发前的整一百年即 1689 年 1 月 18 日出生于法国西南部波尔多附近的拉布莱德古堡。波尔多现在是法国新阿基坦大区的首府，也是吉伦特省的省会，而在孟德斯鸠生活的那个时期，波尔多是吉耶纳省的首府，后来大革命期间的吉伦特派就发祥于这里。除了孟德斯鸠，波尔多在近代还诞生了另一位著名人物蒙田（1533—1592），他以其《随笔集》而闻名于世。熟悉法国历史和孟德斯鸠著作的读者或许会由此联想到孟德斯鸠的思想与吉伦特派以及他的写作风格与蒙田的《随笔集》之间的关联。说到蒙田，人们经常还会提及孟德斯鸠与他的一个相似点，那就是孟德斯鸠在受洗时，他父亲请了

① 本章关于孟德斯鸠的生平资料，主要来自英国学者罗伯特·夏克尔顿所著的《孟德斯鸠评传》（沈永兴等译，上海人民出版社 2018 年版）与法国学者路易·戴格拉夫所著的《孟德斯鸠传》（许明龙等译，浙江大学出版社 2016 年版），不过它并不是对这两部著作的一个简单摘录。这主要表现为：一是在介绍孟德斯鸠的生平时，努力将这两部著作的说法相互印证，在此基础上根据笔者的理解来取舍材料；二是突出了那些有助于我们理解孟德斯鸠思想发展方面的内容；三是根据国内对孟德斯鸠生平的了解状况，适当对某些方面加以强调或作补充说明。此外，我们还结合孟德斯鸠的生平补充了某些地理、历史和文化等方面的背景材料。

本教区的一名乞丐做他的教父(孟德斯鸠的名字"夏尔"即来自该乞丐),为的是"让孩子永远记住穷人都是自己的兄弟",而蒙田受洗时,也是由"地位最低下的人"给他拿的洗礼盘。① 这两件事之间或许不存在直接的关联,而只是具有类似的象征意义。

孟德斯鸠出身于贵族世家,他对自己的这一身份一直比较自豪,尽管他说过自己的姓氏"既不高贵也不低贱",而且"充其量只有 350 年被证明的贵族历史"②。孟德斯鸠的祖上主要从事的是军人、法官和僧侣这三种在当时是贵族可以从事而不失其身份的职业。③ 他的父亲雅克·德·色贡达就是担任军职,其大伯父让-巴蒂斯特担任了波尔多高等法院的庭长,④而他们其余的四个兄弟都当了教士。孟德斯鸠的母亲名叫玛丽-弗朗索瓦丝·德·贝奈尔,她也是贵族出身,而且比色贡达家族更加古老,拉布莱德庄园本是其产业,婚后归

---

① 参见[法]路易·戴格拉夫:《孟德斯鸠传》,许明龙、赵克非译,浙江大学出版社 2016 年版,第 15 页。

② [法]路易·戴格拉夫:《孟德斯鸠传》,许明龙、赵克非译,浙江大学出版社 2016 年版,第 1 页。

③ 在《波斯人信札》的第 44 封信中,孟德斯鸠对此自嘲了一把:"法国有三种职业:教士、军人和法官。每种人对其他两种人都极端蔑视。例如,某个人本应因为是蠢材而受藐视的,却往往只因他是法官而为人所不齿。"

④ 关于孟德斯鸠的伯父及孟德斯鸠在波尔多所任职的这个机构名称及职务,国内有几种不同的翻译,有的译为波尔多法院院长,有的译为波尔多议会议长,有的说波尔多议会就是波尔多法院。许明龙先生经过考证,认为波尔多高等法院和庭长是比较合适的译法,现在我国学术界大多采用了这种译法。

入孟德斯鸠家族。

孟德斯鸠是家中的长子,他有一个姐姐、两个弟弟和两个妹妹。孟德斯鸠出生后,按当时的习俗,他被托付给乡下的一位奶娘,完全像一名农民的孩子一样被抚养长大。7岁时,孟德斯鸠的母亲去世,之后他就留在波尔多接受初等教育,直到11岁进入了朱伊公学。这所学校位于巴黎东北30公里处,是由奥拉托利修会创办的一所寄宿学校,因教学内容紧跟时代而在当时享有极高的声誉。在这里,孟德斯鸠接触到了笛卡尔(1596—1650)的著作,受到其物理学和机械论的影响,对科学研究产生了兴趣,同时也养成了搜集资料和藏书的习惯。朱伊公学的老师们还诱发了孟德斯鸠对历史的爱好,他曾用问答体的方式写了一篇名为《罗马史》的作业,这应是他对罗马历史产生兴趣的开始。另外值得一提的是,著名哲学家马勒伯朗士(1638—1715)也是该修会教士会议的成员,虽然他很少来朱伊公学,但他对孟德斯鸠的思想产生了深刻的影响。

在朱伊公学的学业结束以后,孟德斯鸠于1705年离开朱伊回到波尔多,进入波尔多大学法律系就读,经过三年学习后于1708年毕业,获得法学学士学位,并很快就在波尔多高等法院就任律师。孟德斯鸠的伯父让-巴蒂斯特时任波尔多高等法院的庭长,他认为孟德斯鸠年纪尚轻且缺乏实践经验,就劝说他先去巴黎找一位司法官员实习一段时间。孟德斯鸠1709年去了巴黎,在巴黎的几年时间,他一方面努力完成自己的职业培训任务,另一方面也不失时机地享受首都的社交生活。其间,他结识了不少朋友,也培养了自己对科学和社会政治问题的兴趣。也是在这一时期,孟德斯鸠开始关注中国,并结识了一位名叫黄嘉略①的来自中国的旅行家,他通过与黄嘉略的多次谈话以及阅读后者推荐的相关书籍而对中国有了一定程度的了解。

1713 年因为父亲去世,孟德斯鸠返回波尔多。作为长子,孟德斯鸠被父亲指定为继承人,承担着保持并增加家产以及维护兄弟姊妹之间和睦的义务。次年,孟德斯鸠买下了波尔多高等法院的一个推事职位,开始了其法官生涯。在当时,除院长外,高等法院的所有成员,包括庭长和推事,都是自己职位的主人,有的是向国王买来的,有的是通过继承、婚约或赠予得来的。孟德斯鸠对这种官职买卖制度无疑是拥护的,在《论法的精神》中,他就明确地说,在君主政体下,公职买卖是好事,因为这样一来:"原本无人愿意为了美德而做的事,现在不但有人愿意干,而且可以成为一个家族的事业;官职买卖还能使官吏各尽其职,从而使国家的各个等级长期稳定。"(《法》,5.19)

1715 年 4 月,孟德斯鸠与让娜·德·拉尔蒂克结婚,让娜的父母给了她一笔 10 万利弗尔的嫁妆,并指定他们的这位独生女为其全部财产的继承人。一般认为,孟德斯鸠通过这一婚姻获得了大量的财产,不过由于嫁妆的大部分都是商业期票和债券,所以为了能得到这笔钱,孟德斯鸠后来打了一场又一场的官司。让娜·德·拉尔蒂克在管理孟德斯鸠的钱财和产业方面无疑起了重要作用,但对于她与孟德斯鸠其他方

---

① 黄嘉略(1679—1716),又名黄加略,出生于中国福建的一个天主教家庭,1702 年随巴黎外方传教会主教梁宏仁赴欧洲,1706 年后定居巴黎,主要从事翻译和文化研究工作,与许多法国学者都有往来,1713 年在其巴黎寓所与孟德斯鸠有过多次谈话。

面的关系,特别是孟德斯鸠对她的感情,人们所知的非常有限。关于孟德斯鸠的妻子,人们提得比较多的一点是她的宗教信仰,她是加尔文教徒,这或许能够帮助我们理解孟德斯鸠在宗教上的宽容态度。

1715 年对法国历史来说也是重要的一年。这年 9 月,统治法国长达 72 年的"太阳王"路易十四去世,其曾孙路易十五继位。路易十四在位期间,政治上宣扬"朕即国家",并通过废除首相、镇压叛乱、推行重商主义、建造凡尔赛宫、打击削弱地方贵族势力、迫害新教徒以及对外扩张等手段建立起一个强大的中央集权的君主专制国家,但同时也因为穷奢极欲、铺张浪费以及不断卷入对外战争而使国家财政处于崩溃的边缘。几年之后,孟德斯鸠在《波斯人信札》中借书中人物之口嘲讽路易十四的豪奢,说"他的宫殿尤其华丽辉煌,御苑中的雕像多于大城市中的居民。作为无敌于天下的君主,他的卫队无比强大,他的军旅兵多将广,他的资源无穷无尽,他的国库用之不竭"。(《波》,37)不过在这个时候,我们还看不到巴黎发生的事情对孟德斯鸠的生活产生了什么直接影响,波尔多的这位小贵族正忙于自己的"成家立业"。1716 年 4 月,孟德斯鸠的伯父让-巴蒂斯特去世,因为无嗣,孟德斯鸠被指定为其全部财产的继承人,这个全部财产,包括波尔多高等法院庭长的职位和"孟德斯鸠男爵"的称号。只是,孟德斯鸠虽然被免除了获得庭长头衔的年龄限制,但按照规定,在 40 岁以前他不能真正拥有庭长的职权,也就是不能主持法庭事务,也不能享受相应的荣誉和收入。孟德斯鸠在庭长这个位置上待了 11 年,主要是在刑庭,但他似乎并不热心于法院的工作,经常缺勤,特别是后来,一年都难得去上几次班。在波尔多法院工作期间,他确实积累了不少刑法方面的经验,但是最大的收获或许还是与英王詹姆斯二世的私生子、时任吉耶纳省的军事总督德·贝里克公爵(1670—1734,也是朱伊公学的毕业生)成了莫逆之交。按孟德斯鸠本人的说法,他们之间的交往从 1715 年就开始了。不过若论思想方面,笔者认为,孟德斯鸠自始至终对于司法权在建立和维护自由方面的作用的强调与他曾是法院系统中的一员这一点是分不开的。尽管后来他把庭长的职位卖了,但他一生都顶着庭长这一头衔。

孟德斯鸠在这一时期比较热衷的是参加波尔多科学院的活动。波尔多科学院成立于 1713 年,1716 年年轻的波尔多法院推事孟德斯鸠就成了这个团体中的一员(1718 年曾当选为年度院长)。从那时起到 1725 年,他一直积极参加科学院的活动,逢会必到,也经常在会上宣读自己写作的论文。① 孟德斯鸠对科学研究很有兴趣,做过不少实验,②写了很多文章和报告,内容涉及哲学、历史、地理、生物、物理、数学等多个方面。然而我们有必要指出,在这方面,即使是孟德斯鸠最狂热的推崇者恐怕也必须承认,他不是一名出色的科学家。但是,他的确从这个团体的其他成员那里学到了不少东西,特别是

① 孟德斯鸠的《罗马人的宗教政策》一文就是在该科学院宣读的,时间是 1716 年。

② 在《论法的精神》第十四章第二节《人在不同的气候下差异有多大》中,孟德斯鸠就提到了他曾经做过的冰冻羊舌头的实验,通过这一实验,他得出结论:在寒冷的地区,神经乳头的打开程度较低,大多缩在鞘内,难以感受到外部对象的动作,所以感觉不灵敏。

科学的意识和科学的方法。

　　总的来看,18 世纪 20 年代以前的孟德斯鸠给人的或许就是这样一些印象:一位出身虽不高但衣食无忧的年轻贵族,一位平庸再加上些慵懒的庭长,另外就是一位业余的科学爱好者。孟德斯鸠男爵既谈不上什么名望,也看不出有什么特别的能力。但这一切在 1721 年突然改变了。

二

　　1721 年在法国历史上是很平淡的一年,没有发生什么值得一提的大事件(除非我们把蓬巴杜夫人的出生这样的事看作是大事件),不过对于孟德斯鸠来说,1721 年是他的幸运年,因为就在这一年,孟德斯鸠出版了《波斯人信札》,这使他一下子就从一个默默无闻的外省小贵族一跃而成了全法国的大名人。对《波斯人信札》的写作时间,孟德斯鸠本人没有提供任何明确的说法,也没有留下任何文字性的东西为我们提供一丁点线索,人们只能根据该书中提到的一些历史事件以及该书所利用的素材来推测它大致的写作和成书时间。根据考察,孟德斯鸠写作《波斯人信札》的想法大约产生于 1716 年 12 月至 1717 年 4 月在巴黎度假期间,而该书的完成是在 1720 年。《波斯人信札》是在荷兰的阿姆斯特丹化名出版的,孟德斯鸠这样做,当然是为了逃避法国的书报审查制度,他很清楚在法国出版这样一部作品所要冒的风险。后来发生的事件也表明,孟德斯鸠的谨慎绝非多余。不过,《波斯人信札》在法国并未受到查禁,这与作者采取的写作方式有一定关系。

《波斯人信札》是一部小说,它借两个初到西方(法国)的东方人(波斯人)之所见、所闻、所想,来表达作者对于诸多问题的看法。作为一部小说,《波斯人信札》的情节是很弱的,几乎可以忽略不计,而它采用的书信体的写作方式则巧妙地掩盖了这一不足。另外,由于是借他人之口来表达自己的看法,所以在面对批评时孟德斯鸠可以理直气壮地说,这不是他的想法,而是别人的想法,是别人因为对法国的无知所以对他们看到的东西作出了错误的解释。

当然,这种说法是站不住脚的,实际中也是靠不住的。《波斯人信札》之所以没有受到查禁,主要是由于路易十四之后的法国政府不愿意与日渐开明和敏感的公众舆论发生正面冲突,而这又是因为该书在当时太受民众欢迎了。孟德斯鸠自己也知道,该书之所以受欢迎就是因为它比较好玩。其实在当时,类似题材的著作有很多,《波斯人信札》之所以能从中脱颖而出,首先应得益于其文学方面的可读性和趣味性,其次就是贯穿书中的开明思想正是那个正在进入启蒙时代的人们希望读到的。

《波斯人信札》虽然是在国外匿名出版的,但人们还是很快知道了作者的真实身份。该书的成功,使孟德斯鸠不愿意再偏居于波尔多一隅而经常到巴黎小住。在巴黎,他一直与丰特奈尔(也有译为"方特奈尔",1657—1757)保持联系,他们相识于孟德斯鸠第一次到巴黎。丰特奈尔是笛卡尔的信徒,他最著名的著作是《关于宇宙多样性的对话》,该书出版于1689年,即孟德斯鸠出生的那一年。孟德斯鸠后来能当选法兰西学术院院士,丰特奈尔功不可没。孟德斯鸠还由贝里克元帅引荐到宫廷,并逐渐进入接近宫廷的社交界里。除此之外,孟德斯鸠还凭借各种关系,频繁出入各种沙龙以及文学团体和学术机构的聚会,他也为聚会提供过像《苏拉与欧克拉底的对话》和《论敬重与声望》这样的论文。此外,他还进行了其他一些方面的创作,包括写作后来提供给狄德罗主编的《百科全书》的《论趣味》的初稿。

孟德斯鸠在巴黎生活的时间越长,他对波尔多高等法院庭长工作的兴趣就越淡,最后,在 1726 年,他决定将庭长这个职位卖掉。我们有理由相信,从有这一想法到作出决定再到最后实施肯定不是一件容易的事,因为这是一个家族的职位,孟德斯鸠要考虑的不只自己,还有自己孩子的未来。最终,孟德斯鸠找到了一位愿意接受可复归性条款的买主。所谓"可复归性条款",指的是如果买主先于孟德斯鸠去世,那么庭长的职位就还给孟德斯鸠;如果孟德斯鸠或他的长子在买主之前去世,那么买主可以将这个职位买断;在此期间,孟德斯鸠每年可以得到 5200 利弗尔。就这笔买卖来说,孟德斯鸠将自己作为律师和商人的精明展示得淋漓尽致。

卖掉庭长的职位后,孟德斯鸠一门心思所想的,就是去巴黎,争取进入法兰西学术院,成为一名"不朽者",这是当时文人的最高理想。① 1727 年 10 月,在一名院士去世之后,孟德

---

① 关于法兰西学术院的名称,国内有的著作翻译为"法兰西学院",有的翻译为"法兰西学术院",许明龙先生主张翻译为现名称。法兰西学术院由宰相、枢机主教黎塞留于 1635 年建立,路易十三下诏书予以批准,其主要任务是规范法国语言、保护各种艺术。学术院由四十名院士组成,院士为终身制,去世一名才能由本院院士选举补充一名。院士的"不朽者"称号来自黎塞留为学院所制印章上的铭文"献给不朽"。

斯鸠在朋友们的支持下提出了申请。初看之下,他成功的希望并不大,因为迄今为止,他能拿得出手的唯一有分量的成果就是《波斯人信札》,虽然他的作者是谁早就不是秘密了,但这部作品是匿名出版的。然而,孟德斯鸠却不能公开承认自己是《波斯人信札》的作者,因为新院士是由老院士们选举产生的,而在《波斯人信札》的第 73 封信中,孟德斯鸠对法兰西学术院极尽讽刺挖苦之能事,说它是一个不受人尊敬的"法庭",其成员"除了喋喋不休地高谈阔论,便无所事事"。这样的话显然是不能取悦老院士们的。另外,孟德斯鸠想竞选院士,还需要得到红衣主教弗勒里和国王的同意,而在《波斯人信札》(特别是第 24 封信)中,他对国王和教皇也没有留一点情面,说他们是"大魔法师",因为国王左右着臣民的精神,而教皇支配着国王的精神,他们都能让人们对那些荒诞不经之事信以为真。

但是,在朋友们的帮助下,孟德斯鸠克服了这些困难,当选为学术院院士。其间进行了一些什么样的交易,当事人没有说,我们也就无从知道了,不过我们有理由相信孟德斯鸠是作了某种屈服的。孟德斯鸠正式被接受为院士的时间是1728 年 1 月 24 日。在接受孟德斯鸠为学术院院士的答词中,学术院院长马勒对孟德斯鸠说:"请您尽快地发表您的作品,去迎接您应该享有的荣耀。"①这显然是对孟德斯鸠凭《波斯人信札》这部匿名作品当选为院士所作的嘲讽。因此,孟

---

① 〔法〕路易·戴格拉夫:《孟德斯鸠传》,许明龙、赵克非译,浙江大学出版社 2016 年版,第 168 页。

德斯鸠心里清楚,成为法兰西学术院院士不是他荣誉的终点,而是他荣誉的起点。他需要发表新的作品,而这一新的作品能让他配得上"不朽者"的称号。

三

在《论法的精神》的"序言"中,孟德斯鸠说该书是他集20年心血的一部著作。如果这一说法属实,那么我们就可以说,他至少从1728年就开始构思这部著作了。但是,我们在1728年的孟德斯鸠身上还不能直接看到这一点,因为这时的孟德斯鸠并没有蛰伏于书斋进行研究和创作,而是选择了外出游历。从这一年4月开始,孟德斯鸠在欧洲作了一次长途旅行:他经过德国和奥地利去了意大利,然后回头经过荷兰去了英国,直至1731年返回。在当时,出国游历几乎是贵族子弟成长过程中的一堂必修课,通过这种方式他们可以结交朋友、增长见闻、扩大视野以及培养情趣。孟德斯鸠出行时已近40岁,这个年龄与其他出游者相比稍微大了些,但也有有利的一面,那就是他不但处于心智上最成熟的时期,而且刚刚获得的法兰西学术院院士的身份能给他带来极大的便利。孟德斯鸠写了这次旅行的笔记,从1728年5月20日抵达奥地利开始,到1729年10月17日在海牙上船结束;在英国期间他也写了笔记,可惜后来散失了,只剩下一些片断。

1728年4月,孟德斯鸠在沃尔德格里夫勋爵的陪同下离开巴黎前往奥地利。沃尔德格里夫是贝里克元帅的外甥,被英王乔治二世任命为驻奥地利的大使。在维也纳,他觐见了皇帝查理六世,并结识了欧仁亲王,他们一起讨论了法国的宗教情况。孟德斯鸠还绕道去了一趟匈牙利,他此行的目的一是想对匈牙利的矿山作地质学的考察,二是想考察匈牙利的习惯和风俗。回到法国之后,他利用旅行中的笔记,写了《关于矿山的论文》。在《论法的精神》第二十一章第二十二节中,孟德斯鸠谈论了德意志和匈牙利的矿业,并将它们与西班牙人以及葡萄牙人的做法作了比较。

回到维也纳之后,孟德斯鸠收到贝里克公爵长子利里亚公爵的邀请,请他去莫斯科访问,然后从那里去君士坦丁堡,再取道海路前往威尼斯。孟德斯鸠最终没有接受这一邀请。这时候的孟德斯鸠有进入外交界的想法,他为此作了一些努力,结果却无疾而终。之后孟德斯鸠便离开维也纳直接前往意大利,他于1728年8月抵达威尼斯。

孟德斯鸠在意大利旅行的线路大致是这样:他在威尼斯逗留一段时间后先去了米兰,然后途经都灵到热那亚,又经比萨来到佛罗伦萨。他在佛罗伦萨访问了六个星期,之后去了罗马。在罗马住了三个月后,孟德斯鸠继续往南到达那不勒斯,在那里度过了两个星期,之后返回罗马住了近两个月,然后往东北方向继续旅行,去了博洛尼亚、摩德纳和帕尔马等地。1729年7月30日,孟德斯鸠穿过勃伦纳山口,离开了意大利。

在意大利的游历对孟德斯鸠的思想有哪些影响呢?第一个影响应该是艺术修养方面的。在此之前,孟德斯鸠虽然已经在构思写作《论趣味》一文,但他对艺术的了解非常有限。在意大利,他通过参观各地的名胜古迹并与一些行家进行交流,对于建筑、雕塑和绘画等艺术有了更加直观和深入的了解。在《论趣味》中,孟德斯鸠谈到圣彼得大教堂时说:"在刚刚看到它的时候,它并不像实际那样大,因为我们一时不知道以什么为依据来判断它的大小。如果它窄一些,我们会因它的高度而吃惊,如果它低一些,我们又会因它的宽度而吃惊了。我们越是细看,就越是觉得它大,于是我们就增加了惊讶的程度。"①这话显然只有在亲眼看了圣彼得大教堂之后才能写得出来。

我们知道,孟德斯鸠从小就对罗马史感兴趣,那么,在意大利特别是在罗马的见闻对他后来写作《罗马盛衰原因论》有什么影响呢?孟德斯鸠初到罗马时对它的印象并不好,他觉得这个城市枯燥乏味,但不久之后他的看法就发生了改变,他喜欢上了这里,并向朋友表达了退休之后来罗马居住的愿望。在罗马,孟德斯鸠与许多本地的或在此逗留的名流有来往,其中不少都是宗教人士。孟德斯鸠去了这个城市的许多地方,但令人奇怪的是,他似乎对那些古代遗迹不屑一顾。他对于考古学没有表示出一丁点的热情,看不到它们对历史研究有什么帮助。在《罗马盛衰原因论》中,孟德斯鸠唯一提到的一处遗迹就是切塞纳附近的那个碑铭,他说自己在旅行时曾亲眼见过这篇碑铭,内容是记载元老院发布的一项布告的全文,布告陈请神灵和国家迁怒于任何敢于带领军队跨过卢比孔河的军事将领。但是,这篇碑铭是后人伪造的,孟德斯鸠

---

① [法]孟德斯鸠:《罗马盛衰原因论》,婉玲译,商务印书馆 1962 年版,第 156 页。

在世时,许多认真的学者已经怀疑其真实性。①

那么政治制度方面呢?在《论法的精神》中,孟德斯鸠对罗马和威尼斯共和国有很多论述,这些论述受到他意大利之行多大的影响呢?罗马固然已成了历史,但威尼斯共和国却是实实在在存在的,孟德斯鸠在这里的所见所闻,是否影响到他对共和政体的看法呢?比较普遍的说法是,早期的孟德斯鸠对共和政体青睐有加,但在威尼斯的见闻让他颇为失望。在《论法的精神》中,孟德斯鸠在多个地方谈到了威尼斯共和国,比如在最为著名的"英格兰政制"一节中,他就说:在意大利各共和国里,由于立法、行政和司法这三种权力合而为一,所以那里的自由还比不上君主政体的国家;而由于一切权力合而为一,所以这些国家虽然没有专制君主国家的那种外表和场面,但是人们却时时刻刻感到君主专制的存在。(《法》,11.6)早期的孟德斯鸠对共和政体的看法究竟如何姑且不论,他对意大利各共和国观感不佳则为不争之事实。

从1729年7月底离开意大利到10月底乘船赴英国这三个月里,孟德斯鸠走遍了德国和荷兰,其间除了在慕尼黑住了两个星期外,他在其他城市停留的时间都不算长。孟德斯鸠一路走,一路观察沿途各国的政治、财政和社会制度,对宗教和外交问题也非常关注。孟德斯鸠就其见闻做了大量的笔记,这些笔记在写作《论法的精神》时为他提供了丰富的素材。

---

① 参见〔英〕罗伯特·夏克尔顿:《孟德斯鸠评传》,沈永兴、许明龙、刘明臣译,上海人民出版社2018年版,第163页。

　　1729 年 10 月 31 日,孟德斯鸠离开海牙前往英国,于 11 月 3 日抵达伦敦。关于孟德斯鸠去英国的目的,最为普遍的观点就是他是为了研究英国君主制政府的实际运行状况。但这一点找不到孟德斯鸠本人说法的依据。可以肯定的是,孟德斯鸠一开始并没有决定去英国,这一决定是在旅途中作出的。在当时,英国的贵族和学者到欧陆旅行很普遍,而去英国旅行对欧陆的贵族和学者还没有成为一种风气,那些去过的人对英国的天气、住宿和膳食等往往多有抱怨。另外,不说考虑到英国一直都被法国人视为世仇这一点,在当时,越过英吉利海峡也是一件风险极高的事。不过,对有的人来说,英国也有吸引人的地方,它有《大宪章》,有《权利法案》,有宗教宽容,有霍布斯(1588—1679)、洛克(1632—1704)、蒲柏(1688—1744)和牛顿(1643—1727)。伏尔泰(1694—1778)就曾被这些东西吸引,在英国住了三年左右的时间(1726—1728)。现在,孟德斯鸠也来到英国,我们确实有理由相信他也是被这些东西吸引来的。

　　孟德斯鸠在来英国之前就读了不少有关英国的著作,还结识了一些英国的朋友,包括他在波尔多就认识的贝里克公爵。在巴黎,他与流亡法国的詹姆斯二世党人建立了友谊。1728 年,他开始旅行时搭的是沃尔德格里夫的便车,在到英国之前他又结识了英国驻海牙大使切斯特菲尔德勋爵。沃尔德格里夫和切斯特菲尔德把孟德斯鸠介绍给了英国政界,还把他引荐给了宫廷(孟德斯鸠在汉诺威就已见过英王乔治二世,那一次国王请他谈了旅途的各种见闻,1730 年 10 月,他再次拜会了乔治二世)。我们在孟德斯鸠的任何文字中都找不到他对于这种社交活动的不适感。

孟德斯鸠到英国的时候，正值英国政治制度发展过程中的一个转型期，包括国王与议会权力关系的变化、政党的产生以及责任内阁制的形成等。孟德斯鸠与许多政界人物都有来往，他们中既有托利党人也有辉格党人（他在旅居伦敦期间还加入了共济会），但奇怪的是，他在《论法的精神》中对英国谈论得非常多，却丝毫没有谈到英国的政党制度，这是不是因为他对于政党在政治制度中发挥的作用还认识不足呢？另外，英国之行对孟德斯鸠的思想产生了什么影响？他对英国政治制度的看法是否在亲临英国之后发生了变化？这些都是研究孟德斯鸠思想的人关心的问题。

四

1731 年春，孟德斯鸠离开伦敦回到法国，在巴黎稍事停留之后回到了家乡，并在那里一直住到 1733 年春季。孟德斯鸠利用这段时间对搜集的资料进行了整理，同时也进一步搜集新的资料。他有一个写作计划，但还没有成型。从他所考虑的书名来看，孟德斯鸠一直对西班牙感兴趣，这与他对当时欧洲政治局势的关注有密切关系。这部著作没有能够写出来，代替它的，是一篇名为《论欧洲统一王国》的论文。这是孟德斯鸠发表的第一篇关于政治问题的论述，《论法的精神》中的某些思想在这篇论文中已现雏形。另外，根据夏克尔顿等人的研究成果，《论法的精神》第十一章第六节最初是孟德斯鸠在这一时期所完成的关于英国政治制度的一篇论文，他原打算立即发表,但最终没有这样做,而是在几经修改后放入了《论法的精神》中。

孟德斯鸠在这一时期花费大量精力去做的另一件事就是搜集、研读有关罗马史的著作,并就这一题材进行写作。1733年初,他完成了《罗马盛衰原因论》的写作;5月,他去了巴黎,研究出版的可能性。最后,孟德斯鸠决定还是像先前的《波斯人信札》一样,将该书拿到荷兰出版。1734年6月初,该书上架出售;7月,在巴黎出版。

《罗马盛衰原因论》是孟德斯鸠当选为法兰西学术院院士后出版的第一部著作,它可以说是孟德斯鸠本人的一部"正名"之作,孟德斯鸠要通过它来证明自己有研究学术的能力,证明自己不是靠一部"不严肃"的作品和裙带关系当选为院士的。但这部作品在法国反应平平,至少它没有像《波斯人信札》出版时那样受到追捧。孟德斯鸠本人对这部著作也谈论得不多,在某种意义上说,《罗马盛衰原因论》只是《波斯人信札》与《论法的精神》的一个过渡环节——在该书写完之后,孟德斯鸠就将全部精力投入《论法的精神》的写作中去了。就算从1734年算起,孟德斯鸠为写作《论法的精神》,也整整花费了14年的时间。

从1733年至1748年,孟德斯鸠在巴黎与波尔多之间换着居住,除了准备和写作《论法的精神》,他还有其他的一些事情要做:他要教育孩子,管理财产,另外就是许多社交活动。孟德斯鸠曾说:"对待我的孩子,我一直像对待我的朋友一样。"我们猜想,这里说的"像朋友一样",意思是说既关心同时又保持一定的距离,不随意干涉孩子自己的事。孟德斯鸠共育有一子两女。长子让-巴蒂斯特出生于 1716 年 2 月,长女玛丽出生于 1717 年 1 月,次女戴妮丝出生于 1727 年 2 月。

对于长子让-巴蒂斯特,孟德斯鸠一直关注着他的成长,带他参加自己的一些活动,并为他取得的每一个成就而骄傲。让-巴蒂斯特像父亲一样很早就表现出对自然科学的兴趣,在 1734 年他成了波尔多科学院的常驻院士,看起来将来很有可能走上父亲曾走过的路。孟德斯鸠也有意为儿子未来的道路作一些铺垫,故而当初出卖庭长职位时保留了赎回这一职位的可能性。1736 年,孟德斯鸠为让-巴蒂斯特购买了波尔多高等法院推事职位承继人的指定权,后来又为他安排了一门门当户对的婚事。但与父亲一样,让-巴蒂斯特同样对法院的工作缺乏兴趣,他希望继续从事自然科学方面的研究。孟德斯鸠尊重了他的意愿,就这点来说,孟德斯鸠的确是一位开明的父亲,这大概就是后来所谓的启蒙运动的气质吧!

对于孟德斯鸠与长女玛丽的关系,人们所知甚少,相比之下,对于他与次女戴妮丝的关系,人们知道得要多得多,这里面最经常被人提起的,是孟德斯鸠在写作《论法的精神》时戴妮丝给他当秘书的事。由于在写作《论法的精神》时孟德斯鸠的眼疾已比较严重,因此他主要是通过自己口述、秘书记录的方式来写作的,而他需要看的书,也是由秘书读给他听。孟德斯鸠有过多位秘书,不过有谁能比自己的女儿更贴心呢?后来,在让-巴蒂斯特没有子嗣的情况下,孟德斯鸠为了避免家族财产落入外姓之手,将戴妮丝嫁给了她的一位堂兄。让家产保值和增值始终是孟德斯鸠最为关注的问题之一。

孟德斯鸠不仅关心孩子的成长和未来,他还努力为他们提供最好的物质条件。对于财产,孟德斯鸠不像有的贵族那样对它采取蔑视的态度,因为他相信,财产虽然不能代表德行,但"代表着地位"。当然,这可能是因为孟德斯鸠知道自己出身并不高贵,所以他希望通过财富来提高自己的社会地位。孟德斯鸠的父亲去世时,留下来的除了拉布莱德古堡和马尔蒂亚克古堡外,还有 12.6 万利弗尔的钱财,扣除债务2.86 万利弗尔,净值为 9.74 万利弗尔。1714 年孟德斯鸠买下波尔多法院的推事职位时,用了 2.4 万利弗尔,首付一半,另外的分六年付清,利息 5%。后来孟德斯鸠继承了伯父的遗产和庭长的职位,伯父的遗产让他还清了所欠的债务,但庭长的职位并没有带来什么实际的收益。在当时,官职只是社会地位的体现而不是谋生的手段,比如推事的年薪是 375 利弗尔,庭长的年薪也不过 750 利弗尔。官员们主要的收入来自田产,因此土地才是社会地位的基础。土地可以用来出租,也可以用来养殖种植(以及在此基础上的加工产业,孟德斯鸠的主要产业是葡萄酒生产)。在这方面孟德斯鸠可以说深谙此道,他一生当中通过各种方式来扩大自己的地产,并采取多种经营方式。① 在《随想录》中,他自豪地说:"我丝毫不喜

① 孟德斯鸠拥有大量地产这一点从他的合法全称中就可以窥见一斑。孟德斯鸠的合法全称是:高贵而有权势的夏尔-德·色贡达·孟德斯鸠阁下大人,孟德斯鸠男爵,拉布莱德、马尔蒂亚克、圣莫里永、德·拉布莱德和德·雷蒙等领地的领主,波尔多法院前庭长,法兰西学术院四十名院士之一。夏克尔顿说,除此之外,孟德斯鸠的地产还包括古拉特的地产、两处从其伯父那里继承下来的领地、阿让市附近的卡斯泰尔诺本和波尔多南边的塔朗斯的地产。参见[英]罗伯特·夏克尔顿:《孟德斯鸠评传》,沈永兴、许明龙、刘明臣译,上海人民出版社 2018 年版,第 203 页。

欢通过宫廷走门路而得到发迹;我想通过经营地产而达到目的,并借助神灵之手得以保持。"①在捍卫自己的封建权益和特权方面,孟德斯鸠和其他贵族并无二致;而在生产经营方面,他又表现得像一个精明的资本家,这使得他的财产一直都在增加。

至于孟德斯鸠的财产究竟有多少,这方面没有非常准确的数字,只能作一个大致的估算。在 1726 年,孟德斯鸠的岁入是 2.9 万利弗尔,戴格拉夫据此估算出孟德斯鸠当时的财产约为 55 万利弗尔,而夏克尔顿估算的结果是 59.5 万利弗尔。这两个数据差距并不大。在孟德斯鸠去世后,根据其长子让-巴蒂斯特·色贡达与女儿丹妮丝签署的遗产分配协议书,他们继承的总资产为 654563 利弗尔,其中不动产为 53 万利弗尔,可动产为 124563 利弗尔。在 1755 年,价值 53 万利弗尔的不动产的收入约为 1.9 万利弗尔。那么这到底是一笔多大的收入呢? 它能让孟德斯鸠过上一种什么样的生活呢? 在这一点上戴格拉夫与夏克尔顿的看法稍有分歧。戴格拉夫认为,就其田产、产业的管理、实行多种经营以及把葡萄园的经营放在首位而言,孟德斯鸠从这些产业中获得的各种收入使他在 18 世纪那些以土地作为家产主要部分的高等法院贵族中名列前茅;②夏克尔顿则认为,这些财产称不上"巨额",

---

① [英]罗伯特·夏克尔顿:《孟德斯鸠评传》,沈永兴、许明龙、刘明臣译,上海人民出版社 2018 年版,第 204 页。

② 参见[法]路易·戴格拉夫:《孟德斯鸠传》,许明龙、赵克非译,浙江大学出版社 2016 年版,第 80 页。

它们使孟德斯鸠能维持很体面的生活,却不能铺张挥霍。①
不管怎样说,考虑到孟德斯鸠的日常开销巨大,而他在维持自
己体面的生活之余,还能给子女留下一笔可观的遗产,这已经
很了不起了。

五

　　1748 年对于法国来说称得上是一个转折点。这一年,席
卷了大半个欧洲的奥地利王位继承战争结束,法国在这场战
争中几乎耗尽了全部财源却一无所获,这为半个世纪后大革
命的爆发埋下了种子。这一年,孟德斯鸠出版了《论法的精
神》,这既是他一生事业的总结,也可以说是法国启蒙运动前
一阶段的终结。在这之后,启蒙运动进入一个新阶段,其标志
就是一年后卢梭的《论科学与艺术》的诞生以及三年后由狄
德罗和达朗贝尔等人编辑的《百科全书》第一卷的出版。18
世纪的法国后来被称为卢梭与伏尔泰的时代,不过在这个世
纪中期的时候,思想的桂冠无疑属于《论法的精神》的作者孟
德斯鸠男爵。

　　关于《论法的精神》的写作时间,按孟德斯鸠的这是他
"20 年心血的著作"的说法,他是在 1728 年左右开始酝酿或
写作的,这一点在他于 1749 年写给朋友的一封信中得到印
证。孟德斯鸠在这封信中说,他是在 1728 年前后发现他的

---

　　①　参见[英]罗伯特·夏克尔顿:《孟德斯鸠评传》,沈永兴、许明龙、
刘明臣译,上海人民出版社 2018 年版,第 210—211 页。

"原则"的。但是否在那个时候孟德斯鸠就已经开始动笔写作这部著作了呢？对此人们有不同的看法。有学者认为《论法的精神》的某些章节产生于 1731 年甚至在 1728 年以前,而夏克尔顿和戴格拉夫则都认为孟德斯鸠是从 1734 年末或 1735 年初正式着手这一工作的。

不过,就算孟德斯鸠的确是在 1734 年以后才将主要精力投入到《论法的精神》的写作中来的,我们也有充足的理由相信他为此而作的准备工作的时间要早得多。孟德斯鸠一直都有很多的研究和写作计划,为此他搜集和阅读了大量书籍,并做了大量笔记,这些笔记汇成了若干的集子,留存至今的主要有三种,即《随笔集》、《随想录》和《地理篇》。《随想录》共三册,所记内容的时间段为 1720 年到 1755 年。按孟德斯鸠自己的说法,《随笔集》中所记载的,都是一些他尚未深化的想法,记录下来是由于来不及进一步思考,以留待将来利用时再想。其实《随想录》不只记有孟德斯鸠的一些零星思考,还包括他对所读之书所作的一些摘录以及一些未完成的著作的片段,如"我打算撰写的《法国史》的一些片段"、"《嫉妒史》的片段"、"《耶稣会史》序言"、"我计划撰写《论责任》的片段"以及"《对话》的若干片段"等。

《随笔集》写作时间起于 1718 年 1 月,止于 1749 年 10 月,其中虽然也记下了孟德斯鸠的一些思考,但大部分内容是书摘、报刊摘录、手稿以及剪报,它们的许多内容都与经济有关。《随笔集》还包含了孟德斯鸠在英国和意大利时的谈话记录。因此,《随笔集》相当于一个资料库,而孟德斯鸠对这些资料所作的旁注说明了他选择这些资料的原因,我们也可以由此窥见孟德斯鸠的思想来源和发展过程。

《地理篇》则是孟德斯鸠所做的专题笔记。根据各种资料的记载，特别是根据《随想录》中的记载，孟德斯鸠应该做了很多本这样的专题笔记，包括《地理篇》、《政治篇》、《政治——历史篇》、《法律篇》、《神话与古代篇》、《解剖篇》、《通史篇》以及《商业篇》，其中前两种每一种至少有两本，但保留下来的只有《地理篇》的第二本，所记时间段为1733年至1743年。这本笔记的主要内容是对几本游记著作的摘录，通常很长，有的是概括，有的还有评语。这些著作在孟德斯鸠的作品中都有引用。另外，孟德斯鸠与中国旅行家黄嘉略的谈话记录也记在这本笔记中。

我们有理由相信孟德斯鸠不是先有了写作一部政治法律理论著作的想法，然后再有针对性地去搜集相关资料，而是先掌握了许多资料，又加上平时的思考，才逐渐萌生出写作一部这样的著作的念头。孟德斯鸠一直缺的不是资料，而是缺一个将手头的各种资料串起来的主题。他有过很多的研究和写作计划，但大多半途而废，只是在他找到了"法的精神"这一主题后，之前所积累的所有资料才一下子鲜活起来。的确，如果不是平时的日积月累，只靠一时的心血来潮，是不可能写作《论法的精神》这样一部百科全书式的著作的。

但即便如此，《论法的精神》的写作也不是一件容易的事。在该书的"序言"中，孟德斯鸠就说："这部著作，我多次提笔，又多次搁笔。我曾无数次扔掉草稿，让它们随风飘去，我每天都觉得慈父之手垂落下去，尽管我主观上并无意图，实际上却在追求我的目标，我既不懂得规则，也不知道什么是例外。我找到了真理,却又丢失了。然而,当我一旦发现了我的原则,我所追寻的一切便一股脑儿向我涌来。在20年间,我眼看着我的这部著作萌生、成长、成熟和完成。"①

孟德斯鸠最早告诉朋友自己在写作这部作品的时间是1741年;到1742年初,他宣布已经完成了18章。根据夏克尔顿对孟德斯鸠全部手稿的研究,《论法的精神》的写作可以分为四个阶段:第一阶段为1741年以前,在此阶段写出了若干片段的原始稿;第二阶段介于1741年至1743年,在此阶段写出了全书的基础稿;第三阶段始于1743年,在此阶段进行了第一次修改;而此后直至1746年底为第四阶段,在这一阶段进行了第二次修改。该书显然不是一气呵成之作。

该书写作上的困难是完全可以想见的,这一点我们从该书的主题就可以看出来。书中要论述的"法的精神"涉及法律与自然以及社会中各种因素之间的关系,诸如气候、土壤、政体、人口、人民的生活方式、宗教、贸易、风俗习惯等,这无疑是一个宏大而艰巨的任务。这样的鸿篇巨制在结构上应该怎样安排才更加合理? 这又需要阅读多少资料,掌握多少知识? 不夸张地说,写作这样一部著作,就像以一己之力来建造一部航母,不仅要亲自设计航母的结构,还要亲手打造并安装每一个零件。这无疑是一个规模浩大的工程。孟德斯鸠在写作上非常认真,几乎对每一句话每一个字都仔细斟酌,反复修改,直到满意为止(因为涉及审查问题,所以还不能只是自己满

---

① [法]孟德斯鸠:《论法的精神》,许明龙译,商务印书馆2012年版,第5页。

意,还要朋友和出版商都认为没有问题才行)。

实际上孟德斯鸠想让自己满意都难以做到,因为在这个时候他的眼疾已经非常严重了,无论是查阅资料还是伏案写作对他来说都是巨大的折磨,因此只能通过口授的方式来完成这一巨著。该书在出版上也是几经周折,这又耗费了他很大的精力。该书是在日内瓦印刷的,1749 年 1 月在巴黎上市,很快又在欧洲其他地方出版。到 1749 年底,据孟德斯鸠本人统计,他的著作在整个欧洲已有 22 个版本,这应该能反映出它受欢迎的程度。孟德斯鸠的朋友们纷纷向他表示祝贺,尽管其中也有一些人委婉地指出了书中存在的不足之处。

然而,在一片称赞声中还是夹杂着一些批评意见,对这些批评意见,孟德斯鸠的回应是:"一个为求知而辩论的人不屑与一个为糊口而辩论的人为伍。"①但是,当教会人士介入之后,孟德斯鸠就不能坐视不理了。教会指责《论法的精神》攻击了基督教,要求孟德斯鸠对此作出解释,后来还告到了宗教法庭和罗马的审书局以及巴黎的索尔邦神学院。1750 年 2 月,孟德斯鸠发表了《为〈论法的精神〉辩护》一文,回应来自教会的攻击。这篇文章分为三部分,第一部分是回答那些"一般性指责",第二部分是回答那些"专题指责",第三部分是表明自己对批评者使用的方法的看法。孟德斯鸠答辩的要点是:尽管《论法的精神》是一部纯粹的政治学和法学著作,而不是神学著作,但他在书中还是努力让人热爱基督教;作者

---

①　转引自[法]路易·戴格拉夫:《孟德斯鸠传》,许明龙、赵克非译,浙江大学出版社 2016 年版,第 352 页。

不是斯宾诺莎主义者,不是无神论者、宿命论者和自然神论者;作者不仅信仰基督教,而且热爱基督教;那些批评《论法的精神》,把它说成是一部危险著作的人没有读懂该书,他们的攻击是无的放矢。可以说,孟德斯鸠虽然无意触怒教会,但在观点问题上,他一点也不愿作出让步。因此,尽管孟德斯鸠和他的朋友们作了很大的努力,在1751年11月,罗马审书局还是宣布将《论法的精神》列为禁书;之后,在1754年6月,索尔邦神学院决定对《论法的精神》发布禁令,禁止该书发行。不过在孟德斯鸠生前,这一禁令并没有公开。

六

为《论法的精神》辩护耗费了孟德斯鸠生命中最后几年的大量精力,不过,孟德斯鸠知道,他人生的使命已经接近完成。他证明了自己的才能,看到了自己的成功,也相信自己著作的价值,对他来说,这一切已经足够了。因为对手术的效果有顾虑,他放弃了治疗眼疾,这使得他在生命的最后几年里一直苦于视力不佳。不过,他的生活没有大的变化,仍然是不断地往来于拉布莱德和巴黎之间:他既需要照顾自己的产业,也需要巴黎的社交生活。社交生活占据了孟德斯鸠的大部分时间,因为这个时候的孟德斯鸠已经是享誉欧洲的人物,他现在完全配得上"不朽者"这个称号;他是各种沙龙的宠儿,人们争相去拜访他和邀请他;大家记下他说的每一句隽语,珍藏他写的每一封信。因此,一点也不令人奇怪的是,这几年留下来的关于孟德斯鸠的资料是最多的,通过这些资料,人们不仅进一步了解他的思想,同时对他的个性也有了更多的认识。

　　关于孟德斯鸠的个性,人们说得最多的一点是:他性格特别活跃。不过,他也不是在任何场合都活跃,在与某些人相处时,他会显得局促不安。看起来他更喜欢参加那种小规模的、由兴趣相投的人组成的聚会,在这样的场合,他表现得和蔼可亲、轻松愉快,谈吐高雅。年轻时候的孟德斯鸠在维护家人和朋友的利益时表现得很好斗,但随着年事渐高,他也变得越来越无欲无求,越来越温和。他喜欢和家人及朋友在一起,也喜欢提携年轻人。总的来说,孟德斯鸠是一个随和的人,虽然他有时在维护自己的利益和捍卫自己的观点的时候表现得像一个战士,但他从来就不是一个叛逆者。他在高层有许多朋友,与宫廷也保持着良好的关系。为了迎合社会习俗,他也会委屈自己做一些礼仪要求的事(当然也可能他根本不认为这是委屈,因为他一直就赋予作为社会规则之一的风俗习惯以很高的地位)。他知道什么时候要坚持,什么时候又应该放弃。他是一位贵族,言行举止也表现得像一位贵族。

　　闲暇之余,孟德斯鸠继续写一些东西,另外就是完善自己已发表的著作,这包括修改《论法的精神》以及准备新版的《波斯人信札》。这两部著作的新版都在 1754 年问世。修改已出版的著作,既是对长期存在的批评的回应,也是孟德斯鸠希望给后人留下最完美的作品。由于眼疾严重,这一时期他的新作很有限,值得一提的是他为狄德罗主编的《百科全书》写的《论情趣》词条。最初达朗贝尔希望他能写"民主"和"专制主义"这两个词条,但孟德斯鸠没有同意,因为他认为自己对它们没有新东西可说,于是选了"情趣"这一词条,而这一词条本来是安排伏尔泰写的。顺便说一下，孟德斯鸠与百科全书派的一些成员，如狄德罗（1713—1784）、达朗贝尔（1717—1783）、爱尔维修（1715—1771）和路易·德·若库尔（1704—1779）①都有着良好的关系，其中最为人们所熟知的是孟德斯鸠对达朗贝尔的提携和达朗贝尔对孟德斯鸠的推崇。达朗贝尔在 1751 年出版的《百科全书》第一卷的"前言"中对孟德斯鸠大加赞扬，他称赞孟德斯鸠是一位"极富判断力的作家"，同时又是一位"好公民和大哲学家"，而《论法的精神》是"作者的天才和品德不朽的丰碑"。孟德斯鸠成为法兰西学术院院长后大力支持对达朗贝尔的提名。孟德斯鸠去世后，达朗贝尔创作了《孟德斯鸠庭长先生颂词》（首次发表在《百科全书》第五卷卷首），对他给予高度评价。另一件事就是狄德罗是唯一参加了孟德斯鸠葬礼的文人。

但是孟德斯鸠与伏尔泰的关系却一直不佳。伏尔泰生于 1694 年，比孟德斯鸠小 5 岁，但比孟德斯鸠成名更早。早在 1715 年，伏尔泰就因为写诗讽刺摄政王奥尔良公爵而被流放，两年后又因为讽刺宫廷生活而被投入巴士底狱。1718 年，伏尔泰以其《俄狄浦斯王》赢得了"法兰西最优秀诗人"的桂冠，之后其声誉仍不断上升，被誉为"法兰西思想之王"和"欧洲的良心"，也是后人所公认的启蒙运动的旗手。伏尔泰的尖酸刻薄是众所周知的（不过总的来说对待朋友伏尔泰是宽容大度的），他对孟德斯鸠的著作多有批评，或许就是因为

---

① 路易·德·若库尔是《百科全书》的主要撰稿人和出版主持者，狄德罗的主要助手，在孟德斯鸠弥留之际一直陪在他身边。

这个原因导致孟德斯鸠对其没有好感。这两人之间可能没有过直接的来往,他们或许在一些社交场合偶遇过,但也因为彼此厌恶而没有交流。不过,虽然不喜欢,两人之间基本的互相敬重还是有的。孟德斯鸠不否认伏尔泰是一位天才,而伏尔泰也曾为《论法的精神》辩护。顺便也说一句,对于孟德斯鸠在世时还没什么名声的卢梭(1712—1778),我们没有见到任何资料表明他们之间有过直接的往来。①

年老的孟德斯鸠仍然渴望学习新知识,为此还萌生过再次出国旅行的念头,他的多位朋友也极力促成此事,但后来因为诸多原因未能成行。1751 年,伏尔泰前往柏林,法国宫廷史官的职位出现空缺,孟德斯鸠想得到这个职位,然而最终未能如愿。

1755 年 1 月,孟德斯鸠在巴黎染上流行病,很快病情就恶化了,并于十多天后的 2 月 10 日与世长辞,享年 66 岁。②关于孟德斯鸠生命的最后时刻,人们关注得比较多的一个问题是:他是否做了临终忏悔?这个问题不仅涉及孟德斯鸠本人的信仰,也涉及他的作品中对基督教的真实态度。根据现有的资料来看,孟德斯鸠做了临终忏悔,他对忏悔神甫提出的

---

①　在《论法的精神》发表之后,总包税人杜宾(也有的翻译为"迪班"或"杜邦")与其夫人及另外两位合作者写了一本《评〈论法的精神〉的若干章节》的书对之展开批评,卢梭当时是杜宾夫人的秘书,负责誊抄该书。这是我们找到的卢梭与孟德斯鸠的唯一联系。在《忏悔录》中,卢梭谈了给杜宾夫人当秘书的事,但没有提抄书稿的事。

②　孟德斯鸠去世后被安葬在苏尔比斯教堂里的圣日诺维也芙小教堂中,在法国大革命期间,他的遗骸被扔到底下墓穴中,后来没有找到,失去了改葬在先贤祠的殊荣。

问题"以令人欣慰的忏悔和虔诚的神情"全部领受了。① 这是
孟德斯鸠最后对教会所作的妥协,还是说他一直就是一个虔
诚的基督徒呢? 我们有理由认为是后者。正如戴格拉夫所指
出的,孟德斯鸠出生在基督教家庭,生活在基督教家庭,他在
家庭里、在奥拉托利派的朱伊公学中接受了宗教教育,他的近
亲中多人终生献身于宗教,包括三位叔伯和舅父以及两位姑
姑,还有他的弟弟和两位姐妹,而孟德斯鸠与他们一直都保持
着良好的关系;孟德斯鸠的朋友中有许多人都是教会人士,他
们之间的友情从来没有受到宗教观点的影响;孟德斯鸠虽然
不经常参加宗教活动,但他也从来没有脱离过天主教会。②
夏克尔顿则认为,关于孟德斯鸠的宗教信仰,首先必须肯定的
一点是:他坚定不移地相信上帝的存在;但这并不表明孟德斯
鸠是一个坚定的基督徒,其实他真正信仰的,是自然神论:他
关心道德甚于教条,他毕生为之献身的,主要是自然宗教的理
性原则。③ 笔者认为这两种说法之间并没有太大的冲突,因
为就算孟德斯鸠是一位自然神论者(虽然他在《为〈论法的精
神〉辩护》中极力否认这一点),他的自然神论与伏尔泰、狄德
罗、爱尔维修以及卢梭等人的自然神论也有很大不同,它要温
和得多,而一种温和的自然神论和基督教的区别并没有很多

---

① 参见[法]路易·戴格拉夫:《孟德斯鸠传》,许明龙、赵克非译,浙
江大学出版社 2016 年版,第 413 页。

② 参见[法]路易·戴格拉夫:《孟德斯鸠传》,许明龙、赵克非译,浙
江大学出版社 2016 年版,第 415 页。

③ 参见[英]罗伯特·夏克尔顿:《孟德斯鸠评传》,沈永兴、许明龙、
刘明臣译,上海人民出版社 2018 年版,第 352—354 页。

人想象的那么大。① 在孟德斯鸠的所有著作中,我们可以看到他对无神论激烈的批评,可以看到他对教会(包括基督教会)的批评,但是我们没有看到他对于基督教的中心教义的批评。在信仰上,孟德斯鸠从来没有怀疑过上帝的存在,而在思想上,他相信宗教对于社会秩序的作用。从孟德斯鸠的一生来看,他从来没有表现得像一个"异端",他与他生活的社会以及他在其中所处的位置高度适应。即使他内心有自己的信仰,也决不愿意在宗教和神学问题上惹麻烦。因此有理由相信,孟德斯鸠最后的忏悔即使不是内心信仰的明证,也谈不上是对教会的妥协。

　　如何看待孟德斯鸠的一生? 首先,它是一位学者的一生。孟德斯鸠年少而志于学,一直到生命的最后一刻都在不断地学习、思考、写作和交流;在思想史上,他不是作品最多的人,但他无疑可归于读书最勤者之列。不管我们对其著作抱有什么样的态度,都不能否认,它们不仅包罗万象,而且都是认真思考、精雕细琢的产物。我们很难找到一个人比他更符合人们对于 18 世纪的启蒙哲人印象的期待。其次,孟德斯鸠的一生也是一位贵族的一生,这不仅因为他出身贵族,也因为他喜欢贵族的生活方式,他乐此不疲地出入贵妇人的沙龙,结识上流社会的人物。作为一位贵族,孟德斯鸠把荣誉和地位看作生命中最重要的东西,他积累家产、从事著述首先就是为了出

---

　　① 自然神论这一概念的内涵并不是很确定,但总的来说它无疑是一种"有神论"而非"无神论",它相信上帝的存在,但又对所谓的"神启"采取观望的态度(当然也有人持激烈的批判态度),它希望以理性与经验或内心的自然情感来构建信仰(前者如狄德罗,后者如卢梭)。

人头地,同时他也努力捍卫贵族的各项权益。作为一位贵族,孟德斯鸠举止优雅,谈吐风趣,关心家人,与人为善,将人们认为贵族应有的德性体现得淋漓尽致。

孟德斯鸠的一生经历了路易十四和路易十五的统治时期。虽然许多史学家们认为这一时期是法国专制主义统治的鼎盛时期,但不可否认的是,在这一时期,法国社会总体上是和平有序的,社会经济得到了极大的发展,同时思想文化极为活跃。当时的巴黎毫无疑问是欧洲的思想中心,孟德斯鸠躬逢其盛,可谓幸运之至,反过来说,这个时代也因为拥有孟德斯鸠而更加光辉灿烂。孟德斯鸠在各个方面尽了自己最大的能力做了最好的自己,剩下的工作,就交给后来者了。

第二章 《波斯人信札》导读

在今天,除非专门研究孟德斯鸠或 18 世纪欧洲思想之学者,一般读者恐怕很难对《波斯人信札》这部出版于三百多年前的作品产生浓厚的兴趣。在当时,该书以"新奇"和"有趣"吸引了大量读者一睹为快,但当今人们既见识广泛,口味亦发生了巨大改变。当过去的"新奇"成了常识(或是公认的谬误),过去的"有趣"变得乏味(盖因人们的笑点越来越高了),《波斯人信札》还能靠什么吸引人呢? 或许,我们应该不再把它视为一部小说,而是一部哲学或政治思想著作,就像托马斯·莫尔的《乌托邦》、詹姆斯·哈林顿的《大洋国》或者卢梭的《爱弥儿》一样。①

---

① 就《波斯人信札》来说,我国学者虽然对它的研究也有不少,但其中大多数的研究都是从文学的角度来进行的,比如它是不是一部小说的问题,它的人物和地方形象塑造问题,它的构思和写作风格问题等,对此可参见季星星:《〈波斯人信札〉的"小说性"》,《徽州师专学报(哲学社会科学版)》1996 年第 12 期;张增坤:《〈波斯人信札〉是小说吗? ——兼论外国文学史编撰者不该冷落散文名著》,《外国文学研究》1997 年第 4 期;童群霖:《忧郁的漂泊者——〈波斯人信札〉中的郁斯贝克形象》,《江汉论坛》2016 年第 10 期;毛誉澄:《论〈波斯人信札〉中的东方形象》,《名作欣赏》2019 年第 27 期;任现品、王目奎:《〈波斯人信札〉的构思谋略》,《国外文学》1994 年第 4 期;等等。

孟德斯鸠本人都承认《波斯人信札》并不是严肃的作品,它的人物和情节都来自"虚构"。因此,说它是一部小说并不为过,而且它是一部既"时尚"又成功的小说。由于这部小说的作者后来写了《论法的精神》,这就使得后来的人们在读该书时难免有从中去窥探孟德斯鸠思想形成过程的冲动。我们并不打算对《波斯人信札》所包含的思想进行系统的研究,只是针对那些对该书了解不多的读者作一个导读,目的是让他们能够对该书有一个初步且较为全面的了解,然后再由他们自己决定是否要去读原著。

一

《波斯人信札》出版于 1721 年,这一年孟德斯鸠 32 岁,担任着波尔多高等法院的庭长一职已有五年。高等法院庭长的职位是孟德斯鸠去世的伯父留给他的遗产,与庭长职位一同继承的还有"孟德斯鸠男爵"这一称号。不过孟德斯鸠看起来并不热心庭长的工作,他更愿意去做一些自己感兴趣的事情,比如读书和做科学研究。孟德斯鸠是当时成立不久的波尔多科学院的一员,而他之所以能够进入这一学术团体,应该说是由于他的贵族身份以及所担任的高等法院庭长职位,而不是因为他在科学方面作出了什么特别的成就,尽管他在这方面一直都有很高的热情。他写了不少东西,但没有一样给人留下深刻的印象,现在来看也没有什么特别值得一提的。在家乡波尔多,年轻的孟德斯鸠算得上年少有为,也有一定的名气,但从全国范围来看,他不过是一位没有见过什么世面也谈不上有什么影响力的乡下小贵族而已。

但是《波斯人信札》的出版改变了这一切。正是《波斯人信札》让孟德斯鸠一举成名,从一位平庸的庭长变成了全国闻名的博学之士,并在数年后进入了法兰西学术院。《波斯人信札》何以具有如此大的影响力?简单地说就是因为它太受欢迎了。《波斯人信札》刚一问世就引起轰动,风靡欧洲,人们争相购买和阅读,仅在第一年就再版过十次,这在欧洲历史上几乎无先例。对此,孟德斯鸠本人也颇有几分得意地说,《波斯人信札》因为如此畅销,以至于书商想方设法要得到该书的续编,他们遇到人便拉着说:"先生,请您给我写一部《波斯人信札》吧!"

虽然《波斯人信札》一问世就大受欢迎,但在相当长的一段时间里,孟德斯鸠却没有公开承认自己是它的作者。《波斯人信札》不是在法国而是在荷兰的阿姆斯特丹出版的,孟德斯鸠这样做,显然是为了逃避法国的书刊检查制度。在法国,书籍在出版之前要先提出申请,审查通过后才可以印制出版,如果审查没有通过,那么该书就没有见到天日的机会了。① 如果书籍是在海外出版的,这种审查就只能是事后的,而且即使审查没有通过,也只能禁止该书在法国的流通。这一制度在实际执行中有一定的弹性,它很大程度上取决于审查官本人有多大的宽容精神。比如,狄德罗主编的《百科全

---

① 在当时的法国,除了正式的书籍印刷许可证制度之外,还有一种非正式的默许方式。根据后一种方式,官方对某些出版物采取睁一只眼闭一只眼的态度,不过如果这些开始被认为是无害的书籍后来被舆论揭发为危险的,那么官方就可以对这些书籍加以禁止和起诉。

书》就是在得到政府许可后付印的,它也一度遭到当局的谴责和查禁。孟德斯鸠清楚自己写了一本什么样的书,他不愿冒审查通不过的风险,所以决定在国外出版他的著作。他真的找了一个外国的出版商,不像有的人那样偷偷在法国印制,却在封面上印一个外国出版商的名字。

就算这样孟德斯鸠还觉得不放心,因为这部著作迟早都要面对法国的审查人员,于是他决定匿名出版,并印上虚构的地址。最早读到该书的读者会看到,该书是由科隆的皮埃尔·马当或阿姆斯特丹的皮埃尔·布吕纳尔出版的。不过人们很快就知道了该书真正的作者是谁,因为孟德斯鸠除了使用匿名,根本就没有想过要保密——他的秘书和一些朋友已经读过该书的书稿,而且预料到它会大受欢迎。事后孟德斯鸠也从来没有公开否认自己是《波斯人信札》的作者,他愉快地接受了由《波斯人信札》的风行所带来的一切金钱和荣誉。

孟德斯鸠的这种态度很好理解。作为一名自认为有相当的才华而不甘于平庸生活的外省小贵族,孟德斯鸠希望能够一举成名,从而找到一块进入巴黎上层社会的敲门砖,于是他选择了文学创作这条路。在出身几乎完全决定一个人地位的社会里,这是少有的几条向上的通道之一。这就是说,孟德斯鸠写作《波斯人信札》,不是因为他想"说"什么,而是因为他想"做"什么。孟德斯鸠想做的就是出名,是往上走,而这一切的前提当然是不能连现有的生活都保不住。① 孟德斯鸠很

---

① 狄德罗就不同,他年轻时也写了一些迎合大众口味的"不严肃的作品",但他这样做完全是为了生计。

清楚,文学作品要想受欢迎就必须迎合大众的口味,但符合大众口味的东西通常不会被权力当局喜欢,所以他决定采取谨慎的态度。

事先做好成本与收益的比较,这是商人考虑问题常见且应有的态度,而孟德斯鸠就是一位商人。从这个角度来说,《波斯人信札》是一次商业冒险,也是一次试探,孟德斯鸠投石问路,一是要探出位高权重者的容忍度。二是要探出法国社会的口味:如果《波斯人信札》符合大众的口味,那么孟德斯鸠就坐享它所带来的名利;如果《波斯人信札》触怒了掌权者,孟德斯鸠也有一条退路。孟德斯鸠在该书的"序言"中说,他拿出这些信是为了"试试是否合乎公众的口味",但这得有个条件,那就是"人们不知我是何许人"。

孟德斯鸠的冒险成功了。《波斯人信札》在法国既受欢迎也没有被禁,这在一定程度上得益于路易十四去世后出现的相对宽松的舆论环境;同时也说明,《波斯人信札》的言论虽然总的来说比较大胆,但还不算出格,还在当局的容忍度以内。过去国内的一些论者说《波斯人信札》是一部"猛烈抨击封建专制制度的著作"或者说是一部"揭露路易十四君主专制统治的著作",这话有些过了。其实类似《波斯人信札》中那样的大胆言论在它之前就已经有了。孟德斯鸠没有想过要写一部抨击法国专制制度的书,《波斯人信札》不是,后来的《罗马盛衰原因论》和《论法的精神》也不是。批评当然是有的,但在《波斯人信札》中,这种批评带有"戏说"的成分,至多不过算是贵族阶层所发的一些牢骚而已。孟德斯鸠的目的是写一本"好玩"的书,而不是一本号召革命的书。终其一生,孟德斯鸠都不是一个"叛逆者"或"革命者",其言行从来就没有超出过他所从属的阶级和他所处的时代。孟德斯鸠从小接受的就是一般贵族所接受的教育,成年后从事的是作为家族传统的法律工作;他经商,这在当时的贵族中并不罕见;他做研究、游历、著述,这些也都是非常契合他贵族身份的活动。作为贵族,孟德斯鸠对于平民有一定的同情心,但这并不意味着他对欠债者就会网开一面;他参加各种沙龙,努力谋求法兰西学术院院士的席位,并曾试图进入政府从事外交方面的工作,这表明他在精神上从来就没有游离于体制之外。总而言之,在孟德斯鸠的一生当中,我们看不到有任何产生激进思想的土壤,他努力适应这个社会,而这个社会也给予了他足够的回报。

不过,孟德斯鸠的这种既要名利又要逃避风险的想法难免有些一厢情愿。在该书遭受批评时——主要的批评意见来自教会——作为该书的作者,他必须站出来辩护几句。更大的麻烦发生在他申请成为法兰西学术院的院士时,他陷入了两难的境地:如果他承认自己是《波斯人信札》的作者,他就要为书中那些讽刺国王、教皇、主教和法兰西学术院的话负责;如果他否认自己是《波斯人信札》的作者,他就没有任何具有竞争力的成果。作者的身份既然不能否认也否认不了,孟德斯鸠就只能对书中说过的那些大不敬的话负责了。至于他是怎样负责的,或者说孟德斯鸠究竟向当局作了什么样的妥协,人们不得而知,反正结果就是:他凭借此书成功当选为法兰西学术院的院士,获得了一个文人所能得到的最高荣誉。

二

要理解《波斯人信札》为什么这样受欢迎，我们需要先来看看它是一本什么样的书。按照一般的说法，《波斯人信札》是一本"书信体哲理小说"。什么是书信体小说？简单地说，书信体小说就是用"写信"的方式创作的小说，在这类小说中，人物形象的塑造、故事情节的展开以及环境的描绘都是通过书信往来的形式实现的。现在这已经不是一种流行的小说体裁，但在近代早期的欧洲，这种创作方式无论是对于作者还是对于读者都有相当的吸引力。孟德斯鸠不是第一个用这种体裁来写作的，也未必是最有名的一个：卢梭的《新爱洛依丝》和歌德的《少年维特之烦恼》都是书信体小说中的佼佼者。从这些比较成功的书信体小说来看，它们的长处都不在于"讲故事"，而是"表达思想"和"抒发感情"，因为书信体这种形式决定了它是用"第一人称"写的，而且每个写信者都是一个"我"，他们都有自己特有的、丰富的内心世界，这样就能有效地增强故事的"真实感"。在现实中，人们书信往来的内容并不总是遵循故事发展的逻辑，他们可能会谈论各种与"故事情节"不相关的问题。保留这部分内容当然就会弱化情节，但去掉这部分内容，书信体所特有的真实感就不复存在。这是书信体的一个特征或者说矛盾。

这个问题在《波斯人信札》中也存在。从故事性方面来看，《波斯人信札》其实是非常弱的，以至于很多人怀疑它到底能不能称得上是一部小说。孟德斯鸠自己就说："没想到从《波斯人信札》中居然发现这像是一种小说,这是再令人高兴不过的了。"的确,《波斯人信札》只是"像是一种小说",或者说勉强算是一种小说。《波斯人信札》就是"波斯人"的信札,全书由 161 封信组成,这些通信都是在"波斯人"之间进行的。主角郁斯贝克是一位波斯人,家财万贯,妻妾成群,住在首都伊斯法罕,因为"渴望增长知识",所以他决定去法国旅行,同行的还有一位叫作里加的年轻人。他们的大致旅程是这样的:从伊斯法罕(波斯古都,今德黑兰南面)出发,经托里斯(今伊朗大不里士)到土耳其,然后从土耳其的士麦那(今土耳其伊兹密尔)坐船到意大利的里窝那,再从里窝那坐船到马赛,最后从马赛直达巴黎。所有的信件都与他们的这次旅行有关,而大部分信件写于他们在巴黎生活期间(从第 24 封到最后一封),时间跨度有九年之久(从伊斯兰历的 1711 年赛法尔月至 1720 年赖比尔·尼勒·安外鲁月)。

从通信的主体来看,大部分信件都与郁斯贝克有关。总共 161 封信中,郁斯贝克写了 77 封,收到 45 封;里加写了 47 封,收到 3 封。在巴黎期间,郁斯贝克没有与里加生活在一起,所以他们之间也有信件往来。这样的信件共有 15 封。他们通信的对象主要包括两类人:一类是朋友,这包括住在伊斯法罕的吕斯当、内西尔和米尔扎,住在士麦那的伊本以及伊本的侄儿雷迪(后来在威尼斯游学)。总共有 22 封信是写给伊本的,而雷迪则收到了 32 封信,他们是郁斯贝克和里加的主要读者。另一类通信对象是郁斯贝克的家庭成员,包括他的管家和他的妻妾,这类信件有 13 封。另外还有一类信件没有写收信人姓名,但从信件的内容来看,收信人显然是郁斯贝克和里加的朋友,这类信件共有22封。与郁斯贝克和里加都没有关系的书信有4封。

从信件的内容来看,主要分为两类,第一类是郁斯贝克和里加与朋友们的通信,谈论他们的所见所闻和所想;第二类是郁斯贝克和家庭成员的通信,谈论的是他对其后房妻妾的管理。第一类通信是看到什么或想到什么就说什么,无任何情节可言,如果说前后有什么发展变化,那至多不过像孟德斯鸠自己说的,"随着他们在欧洲居住的时间久了,世上这部分地方的风俗在他们的脑子中也就不显得那么奇妙、那么古怪,而根据他们性格的不同,这种古怪和奇妙曾经不同程度地使他们产生强烈的印象"[①],但这显然称不上是一个"故事"。在第二类通信中,多少算是讲了一个故事,用孟德斯鸠自己的话来说那就是:"郁斯贝克在外的时间愈久,他家后房内部愈加混乱,也就是说,怒火日炽,爱情日薄。"[②]但它既谈不上一个爱情故事也谈不上是一个情色故事,而且从全书来看,这部分内容所占的比例也远少于前一部分(大概占全书的30%左右)。

那么,这两部分内容之间有关系吗?孟德斯鸠说:"在普通小说中,不允许有题外之言,除非这些题外话本身就构成另一部小说。普通小说不能夹杂着议论,因为所有人物并不是为了发表议论而聚集于小说中的,因为议论跟小说的意图和

---

① [法]孟德斯鸠:《关于〈波斯人信札〉的几点想法》,见[法]孟德斯鸠:《波斯人信札》,梁守锵译,商务印书馆2011年版,第20页。

② [法]孟德斯鸠:《关于〈波斯人信札〉的几点想法》,见[法]孟德斯鸠:《波斯人信札》,梁守锵译,商务印书馆2011年版,第20页。

性质格格不入。然而在书信中,登场的人物并非经过预先挑选,人们议论的主题不受任何计划、任何既定提纲的约束,以这种形式,作者就有这样的方便,可以把哲学、政治和伦理道德融于小说之中,并把这一切用一条秘密的、而且从某种意义上说是一条人们觉察不到的链条联系起来。"①但是真的存在这样一条秘密的链条吗?这个就不好说了。有人的确对此深信不疑,他们做了大量工作去寻找这一链条(甚至用上了密码学的手段),而且相信自己找到了。但是怀疑者也不在少数。笔者倾向于后一种看法。在笔者看来,郁斯贝克后院起火的确与他离家远行有关,但这只是因为他长时间不在家,而与他去了哪里、看到了什么、听到了什么以及说了什么都没有任何关系。郁斯贝克没有因为旅途中的所见所闻改变自己的思想,至少在对待其管家和妻妾的态度上他始终是一个波斯人(当然是孟德斯鸠所认为的波斯人)。因此,对孟德斯鸠的话我们没有必要太当真,在文学创作中,这种亦真亦假故弄玄虚的手法其实一点都不新鲜。

三

笔者不想指责《波斯人信札》全书没有一个统一的结构。笔者不愿指责的原因不是笔者认为该书有一个统一的结构,而是因为笔者认为,孟德斯鸠写作该书的目的,根本就不是为

---

① [法]孟德斯鸠:《关于〈波斯人信札〉的几点想法》,见[法]孟德斯鸠:《波斯人信札》,梁守锵译,商务印书馆 2011 年版,第 20—21 页。

了给我们讲·个情节完整跌宕的故事,而只是借"波斯人"之眼之耳之口来表达自己对法国社会的某些看法而已。那些后房故事其实连主角的背景材料都谈不上,它们只是为了博时人的眼球而添加的一些佐料而已。在今天,那些愿意再去读《波斯人信札》的人,恐怕没有多少人还会把它当成一部小说来读。今天我们关注该书,主要是因为它是孟德斯鸠人生及思想发展过程中的一个重要环节,也就是说,我们关注的,不是"小说"这部分内容,而是"哲理"这部分内容。当然,就"小说"这部分内容来说,它对于我们了解书中的人物形象并进而认识孟德斯鸠的思想也是有一定作用的。

我们来看看郁斯贝克和里加这两个"波斯人"跟朋友们都谈论了些什么。总的来看,这些谈话的内容非常广泛,涉及他们一路上的所见所闻所想;他们谈到法国的政治、宗教、法律、社会、经济、思想文化、科学、艺术等各个方面。因为这些谈话没有中心,不成体系,我们只能择其要者作一个简单的介绍。

第11—14封信连续讲了一个"特洛格洛迪特人"的故事,这被许多评论家们认为是一个"反霍布斯"寓言①。这个故事是这样的,特洛格洛迪特人是古代穴居人的后代,他们生性残暴,没有任何公平与正义的原则。他们推翻了外族国王的统治,决定从此废除政府,每个人只按自己的本性行事,不用顾及他人的利益,结果社会陷入不断的争斗和残杀之中,最

---

① 也就是说,反对霍布斯在其著作《利维坦》中提出的那种认为没有国家的"自然状态"是一个"每个人反对每个人的战争状态"的观点。

后因瘟疫而几乎灭绝,只有两家人因坚持美德而幸免于难。后来他们的社会在这种精神的指引下重新兴旺起来,大家过着幸福美满的生活。但是,因为人口的增长,特洛格洛迪特人感到有必要推举一位国王,他们选中了一位德高望重的老者。这位老者勉强接受了王位,但他想到这个社会将不再是通过道德而是要通过法律来维系时,不禁潸然泪下。

对于法国国王、大臣和法国政治,多封信里有谈论。第24封信说路易十四是欧洲最强大最富有的君主,他穷兵黩武,卖官鬻爵,而在敛财方面是个大魔法师。第37封信分析了路易十四的性格,说其中有些难以理解的矛盾之处(当然是站在郁斯贝克这个波斯人的角度来看),比如说他既爱他的宗教,又不能忍受一个一丝不苟地恪守教规的主张;他喜欢打胜仗,喜欢战利品,但又害怕他的部队由好将领率领。第92封信谈论了路易十四之死以及摄政王恢复高等法院权力的一些做法,对于担任着波尔多高等法院庭长的孟德斯鸠来说,这是可喜可贺的事,因为在他眼中,高等法院是"代表公众的自由的形象",所以摄政王这样做是"想取悦于人民"。

宗教是"波斯人"喜欢谈论的一个话题,特别是将基督教与伊斯兰教进行对比,或者说是从伊斯兰教的角度来看基督教。第29封信说教皇是一个"古老的偶像,人们出于习惯至今依然对他顶礼膜拜",而主教的工作之一是"制定教规戒律",另一工作是"免除他人履行教规";教士们经常就宗教问题发生冲突,因此"从来没有一个王国其内战之多能与基督的王国相比";而在某些地区,教士们"火焚一个人就像烧稻草一样轻易"。第35封信从伊斯兰教的角度分析了基督教,认为它们可能是同源的。第 46 封信提出宗教的虔诚笃信不在于礼仪形式。第 85 封信提出应实行宗教宽容政策，认为"信奉宽容的宗教的人，通常比信奉占统治地位的宗教的人，对祖国更为有用"，"任何宗教都含有对社会有用的训世箴言"；"只有疯子才居然会强迫他人改信宗教"。

　　有多封信谈论了对政体问题的看法，这些看法与孟德斯鸠后来在《论法的精神》中对政体问题的论述颇有相通之处。第 80 封信说欧洲有"好些不同的政府，不像亚洲，到处都一样"；"最完善的政府，就是以最小的代价达到其目的的政府，因此，能以最合乎民众的天性和好尚的方式领导人民的政府，就是最完善的"；"如果人民在温和的政府下，跟在严厉的政府下一样驯服，则前者更可取，因为它更具理性，而严厉则是使人民驯服的外在原因"；专制制度下的治安管理、司法和公道没有像在共和国之下那样得到很好的奉行，相反，这些国家更容易看到的是"产生不公与欺凌的某种源泉"；专制制度下的君主"虽然本身便是法律，却比其他任何地方都更不能主宰一切"。第 89 封信中说，不同民族对于荣誉的热爱不一样，"荣誉绝不与奴役为伍，臣民享受自由的程度大，追求荣誉的愿望便增长"；法国比波斯自由，所以法国人更热爱荣誉；"荣誉、名声以及道德的祭坛似乎是在各共和国以及人们能够口称'祖国'的那些国家中建立起来的"。第 102—104 封信分析了欧洲各国和亚洲的政制，认为欧洲大部分政府实行的君主制其实只是号称的君主制，因为"要想长期保持纯粹的君主制"是很困难的，"一个必定蜕化为专制或共和的国家，是一个暴虐的国家：权力永远不可能在人民与君主之间平分,从来都难以保持平衡";而在亚洲,"专制而暴虐"的统治方式几乎从来没有什么改变,因为掌握了绝对权力的君主不想改变这一切。

第131封信则谈论了古代各共和国的起源及其历史,其中说最早的政体是君主制政体,后来因为机缘巧合才形成了共和国。共和政体先产生于希腊,后来扩展到欧洲的其他地方。至于亚非,除了小亚细亚的几座城市和迦太基,都处于专制暴政之下。恺撒扼杀了罗马共和国,而来自北方的民族肢解了罗马帝国。在肢解罗马帝国之后,这些民族建立了一些王国,因为他们"生性自由",所以他们"极大地限制国王的权力",使得国王真正说来只是"一些头目或将军而已"。有的民族对其国王若不满意,便"立即废黜",而另一些民族,君主的权力"受到各种各样的限制":大量的领主与国王分享权力,只有得到他们的同意才能进行战争,首领跟士兵平分战利品,君主不能为自己开征捐税,法律由全民大会制定。这便是"所有在罗马废墟上建立的国家的基本原则"。

有几封信谈的是抽象的理论问题。第83封信谈到了正义问题,认为"正义是真正存在于两个事物间的一种恰当的关系"①,它是永恒的,丝毫不取决于世人的习俗。第94封信里说,研究各种社会的起源是什么这个问题"未免可笑",因为"人们生来便是彼此联结在一起的",这显然是对近代以霍布斯和洛克为代表的自然法理论的一种嘲讽。第129封信谈

---

① 这一点可与《论法的精神》开篇提出的"法是由事物的性质产生出来的必然关系"对照来看。

论了立法者和立法精神,这 主题于孟德斯鸠思想的重要性当然是不言而喻的。这封信首先批评说大部分立法者都是见识短浅之人,他们几乎只凭一己的偏见和随心所欲来行事;他们不了解自己工作的伟大和庄严,以制定幼稚可笑的法规为乐事,拘泥于无用的细节,潜心于特殊的情况,这说明他们才具有限,一叶障目,不见森林。立法者应该按自然的公正性而不是逻辑学家的想法来制定法律。一个国家,如果风俗总是比法律更能造就优秀的公民,那就能使全国弊绝风清。风俗是"一切权力中最不会被滥用的权力",是"法律中最神圣的法律",是"唯一不取决于协议,甚至先于协议的法律"。这显然是《论法的精神》基本思想的萌芽。

四

波斯人的信札中着墨最重的还是对法国社会各种现象和各色人等的描述和点评。可以说,在这些书信中,孟德斯鸠给我们描绘了一幅 18 世纪巴黎社会的众生相,国王、贵族、大臣、法官、律师、包税商、僧侣、退伍军人、诗人、学者、女演员、家庭妇女、浪荡儿、收容所的盲人、骗子、炼金术士等一一登场亮相。孟德斯鸠对他们一个个极尽挖苦讽刺之能事,笔法老道,既似白描却又每每能把握精细之处,读之令人忍俊不禁,拍案叫绝。

在第 48 封信中,孟德斯鸠给读者描绘了巴黎上流社会宴会中常见的一些人物。富甲天下的包税商滔滔不绝地跟大家讲他如何宴请权贵,跟公爵亲密无间,跟大臣经常攀谈,但他

"面容猥琐",看起来"并不会给有身份的人增添什么荣光",而且毫无教养,以至于使波斯人认为在法国"有身份的人比其他人要更少教养";布道者看起来"神采飞扬,满面红光,别人一跟他说话,他就和蔼可亲地微笑",但实际上却干着勾引妇女的勾当,人们也并不尊重他;诗人"衣冠不整,有时做做鬼脸,用的语言也跟别人不同,没有风趣却要谈天说地,卖弄风情",他们是"人类中的可笑人物",而且"一生几乎永远是这副德行",所以"大家都对这种人不客气,对他们毫不留情地鄙视";老军人"愁眉苦脸",穿着像"外国人",对"法国发生的一切都大加指责",对自己的政府也不满意,他为使听众忘不了自己,总是滔滔不绝地大谈自己的战功;还有一个年轻人,不务任何正业,专以勾引良家妇女为乐。

第 54 封信里讲了两个人为了在众人面前表现为风趣之士而如何在私下预演。他们商量说要"联合起来",先互相约定每天要说些什么,还要约定"谈到什么地方该表示赞成,什么地方该微笑,什么地方该纵声大笑",这样所有的谈话将由他们左右,而别人会欣赏他们"才思敏捷,巧于应对";为此他们要买几本"为没有才智而又想卖弄才智的人编写的妙语集",使自己能谈一个小时的话而"通篇妙语连珠";光说妙语还不够,还必须把这句话"公之于众";如果按这一方法做,那么"不出六个月就会进入法兰西学术院"。

第 55 封信嘲讽了法国男女关系的放荡,说"法国人几乎从来不提他们的妻子,因为他们怕听众中有人比自己更了解自己的妻子";在法国,好吃醋的丈夫是"十分不幸,可没有人去安慰的人",是"被大家憎恨的人",是"受大家藐视的人";

一个丈夫，若想独占其妻子，则会被视为"公共欢乐的破坏者和企图不让人人分享阳光的疯子"；在法国，一个热爱妻子的丈夫，是个"没有本事让别的女人爱上自己的人，是个滥用强制的法律来弥补自己吸引力不足的人，一个利用自己的一切有利条件而不顾整个社会因而受损的人，一个把只在契约中赋予他的东西据为己有，并竭尽自身之所能，破坏男女双方的默契的人"；一般情况下，容忍妻子不忠的人，不会受人非难，相反别人还称赞他"处事谨慎"。

第56封信说的是法国女人是如何痴迷于赌博而让他们的丈夫倾家荡产的。她们从年轻时的衣着香车，到中年时的幽会偷情，到老年时的吃五喝六。第57封信讲了一个混淆善恶的神甫。第58封信描述了形形色色的骗子行业。第61封信讽刺了虚伪的教士，他们举止谈吐模棱两可以显得高深莫测。第66封信告诉我们说许多作家是多么无聊，他们四处寻找别人著作中的断简残篇，然后把这些剪剪贴贴收在自己的作品中，就像在一个花圃内拼凑上几块草皮。第68封信写了一位无知的法官，他没有自己的工作室，没有藏书，认为法律书籍无用，因为几乎所有的案情都是建立在假设的基础上。第72封信讲述了一些万事通者"博古通今的决断"，这些人在顷刻间解决了三个道德问题、四个历史问题和五个物理学的难点。第74封信写的是一名傲慢的贵族，他是法国最有代表性的人物，但不是因为他比其他人更有礼貌、更可亲，而是因为他让人时时刻刻感觉到他比所有与他接近的人都优越。第82封信嘲讽了那些夸夸其谈的人，他们善于高谈阔论而言之无物，他们谈笑风生两个小时，但是你找不到他们话中有什么漏洞,也不能把他们的话照搬下来或记住他们的片言只语。第 86 封信讲的是忙碌的法庭,审理的都是些千奇百怪的家庭风化案件。第 87 封信辛辣地讽刺了那些社交场上的忙人,他们好像分身有术,总是急急忙忙,走家串户,对门的破坏比狂风暴雨更为严重,其中一个积劳而死的人"曾参加 530 队送葬行列,曾庆贺 2680 个婴儿诞生……他在城里走的马路,总长 9600 斯大特①;在乡下走过的路,总长 36 斯大特……他平时总是准备着 365 个现成的小故事。此外,从年轻时起,他便有 380 条从古书中摘录的箴言警句,用来有机会时炫耀一番"。第 109 封信讲了些无聊的学者,他们就一个字母应该读 Q 还是读 K 激烈地争吵。第 110 封信说的是那些虚荣的社交界妇女,她们贴假痣比三军统帅排兵布阵还要专心致志,而在社交场合,即使再厌倦她们也会强作欢颜。第 128 封信说的是一位刻板的几何学家,一座富丽堂皇的带花园的府邸在他眼中只不过是一个"长 60 法尺②、宽 35 法尺的房子和一个面积 10 阿尔邦③的小树林"。第 130 封信写的是那些穷极无聊的"新闻家",他们对国家完全无用,即使让他们高谈阔论 50 年,而同时如果有人能够 50 年一言不发,两者的效果都别无二致。第 132 封信讲述了几个破产者,他们中就没有一个想着去好好工作的。第 144 封信讲了两个骄傲的学者,其中一个认为他所说的都是真的,因为是他说的;而另一个认为他没

---

① 古希腊长度单位,1 斯大特约合 180 米。

② 法国古代长度单位,1 法尺约合 0.325 米。

③ 法国古代面积单位,其大小视地域而定,故 1 阿尔邦约合多少平方米的说法不一,从一千多平方米到五六千平方米不等。

有说的,都不是真的,因为他没有说过。

另外,第134—137封信辛辣地点评修道院图书馆里各个领域的著作,也是对这些著作的作者的讥讽。其中《圣经》诠释者的著作"占着图书馆整个这一边",但是这些书的作者"并没有在《圣经》里寻找应该相信的东西,而是寻找他们自己所相信的东西。他们不是把《圣经》视为写着他们应当接受的教义的经典,而是视为可以使他们自己的想法具有权威性的作品。正因为如此,他们曲解了《圣经》中所有的意思,篡改了每个段落章节"。语法学家、注释家和评论家的著作都"不通情理",因为"这对他们来说是十分方便的事";演说家的才能是不管有理无理都能说得人口服心服;几何学家迫使一个人即使心里不情愿也要深信不疑;玄学家的书籍讨论的是"至关重要的问题",通篇谈的都是无穷无限;物理学的书籍"奇特神妙的不在于浩瀚宇宙的和谐结构,而在于工匠最简单的机器";医学书籍把癣疥之疾说得像死到临头了一样让人不寒而栗,而谈到药石的奇效时又让我们觉得自己可以永生不死;解剖学的书籍"对人体各部分的描述远远少于给这些部分生造的名词";化学这门学问"有时寓身于济贫所,有时寄居于精神病院";神秘学和星相学的书籍"充满玄虚而无知";历史方面的书籍倒是可以让人学到不少方面的东西,除了教会史和教皇史,读它们是为了修身明德,但"结果却往往适得其反";至于诗人,他们的职业就是"专门悖逆良知,以堆砌辞藻来压抑理性"。

在后来给他进入法兰西学术院带来很大麻烦的第73封信中,孟德斯鸠把法兰西学术院称为一个"法庭",并说这个法庭完全不受人们尊敬,因为"据说这个法庭作出决定,人民便把它推翻,而且把一些法律强加给它,它却不得不遵守"。孟德斯鸠把学术院编撰的词典称为"法典",因为它是经过多年的讨论,结果出版时已不符合实际了,孟德斯鸠便说这个"由许多父亲生下的孩子,几乎在呱呱坠地时便成了老人"。孟德斯鸠还说,这个法庭的成员,"除了喋喋不休地高谈阔论,便无所事事";这个法庭的"40个脑袋,每个脑袋里都充满着辞藻、比喻、反衬用语",他们"口之所言几乎全是惊叹的话语,耳之所闻总是韵律整齐、音调和谐的句子;至于研究,那就谈不上了,似乎这个团体的存在就是为了说话,而不是观察事物"。总之,这是一个"奇特怪诞的机构"。孟德斯鸠对于"受人尊敬的"法兰西学术院说的这些"大不敬"的话当然很对下层民众的胃口,在上层的贵族沙龙中也是有趣的谈资,他们是乐于看到"大人物们"受到嘲弄的。

五

从表面上看,这些话都是"波斯人"说的,是他们的所见所感。用"波斯人"来说出自己想说的话,最直接的目的,就像孟德斯鸠匿名出版《波斯人信札》一样,起着一个"隐身"的作用,让作者在一定程度上与书中所表达的观点划清界限。这一点正如孟德斯鸠在《关于〈波斯人信札〉的几点想法》中所说的:"此书中有些言行,许多人觉得过于大胆,但是请这些读者注意这部作品的性质。在书中扮演重要角色的那些波斯人,骤然置身于欧洲,也就是说置身于另一个世界。我们绝对有必要在一段时间内把他们描绘成十足无知、充满成见的人。我们关注的,只是要让人看到他们各自想法如何产生和发展。"①针对有人指责《波斯人信札》触犯宗教一事,孟德斯鸠也作了类似的辩解,也就是说,他认为自己只是如实地描述了波斯人对西方宗教的不了解,而没有任何批评宗教的意思在内。孟德斯鸠认为这样能够增强作品的真实感,而对于这种真实感带来的问题,他就可以说,这不是他的问题,而是"波斯人"的问题,因为"波斯人"就是这样想的。

当然,这种手法一点也称不上高明,孟德斯鸠自己无疑很清楚"文责自负"的道理,所以他创作"波斯人"的形象,还另有目的。前面我们说过,《波斯人信札》是一次试探,孟德斯鸠想创作一部迎合大众口味的作品。如果他发表的是一部个人的思想集,受众肯定不会太广,但发表一部既带有神秘的东方色彩,又带有一定哲理的小说,结果就有了多种可能性。同样的话由不同的人说出来效果是不一样的。周围的人跟我们说要孝顺父母,说"百善孝为先",我们可能无动于衷,但如果这话出于一个外国人之口,我们可能会为之侧目。"波斯人"的作用就是如此,他们"感到古怪"、"觉得稀奇"、"感到惊讶"以及"感到不可思议",给读者带来了新鲜感,而穿插进去的后房故事也在一定程度上满足了大众的猎奇心理。没有多少人读书时喜欢听作者一本正经地给自己讲道理,大多数人读书时喜欢看到一些跟自己生活不一样的东西,或者从一个

---

① [法]孟德斯鸠:《关于〈波斯人信札〉的几点想法》,见[法]孟德斯鸠:《波斯人信札》,梁守锵译,商务印书馆2011年版,第21页。

新的角度看那些熟悉的东西；他们喜欢在故事中的人物身上找存在感和优越感；他们喜欢轻松的、令人发笑的东西，如果在笑过之后还觉得自己增长了见闻或明白了事理，那就更好不过了。《波斯人信札》恰好就是这样的一本书。

郁斯贝克和里加这两个"波斯人"来到法国，就像刘姥姥进大观园一样，因为文化上的反差，那些生活在其中的人们看来习以为常的事情在这两位初来乍到者的眼中就变成了殊不可解的事，因而产生了特别的艺术和思想效果，它使得孟德斯鸠的现实主义不仅具有批判性，而且具有魔幻主义的色彩。孟德斯鸠自己就说，《波斯人信札》的引人之处，就在于"真实事物与感知这些事物的新奇或怪诞的方式之间始终存在的对照"。比如里加初到巴黎时，跟朋友说"巴黎像伊斯法罕一样大，房屋高得人们会以为居住的人是星相家"，这的确很像一个第一次去大城市的乡下孩子回到家乡后向小伙伴们描述大城市时所说的话。"波斯人"在欧洲人心目中其实就是缺乏见识又渴望了解外部世界的孩子，他们对一切新鲜的事物都有兴趣，而遇到自己不能理解的事情就以为有魔法，因此在"波斯人"眼中，法国国王路易十四就是一位"大魔法师"，因为他能"左右着臣民的精神"；路易十四还会玩无中生有的把戏，"如果国库只有一百万埃居，而他需要二百万，他只要说服臣民一个埃居等于两个埃居，臣民就相信的确如此。如果他在一场战争中打得难解难分，而他又没钱，他只要告诉臣民一张纸片就是钱，他的臣民就立即深信不疑。他甚至可以让臣民们相信，他只要用手摸他们就可以百病皆除"。教皇当然也是一位魔法师，他的魔法甚至比国王还强，因为他可以

"令国王相信三等于一",并使人们相信"人们吃的面包不是面包,人们喝的酒不是酒"。(《波》,24)

"波斯人"就是一面哈哈镜,一切人们习以为常的东西,在这里都发生了扭曲、分解或夸大,让人们能从一个新的角度去观察,从而看到以前没有看到的东西,结果就是一切自以为是的价值都被撕破,都变得无价值乃至荒谬绝伦。所有的人其实都是舞台上戴着面具的演员,一切神圣、高贵、伟大、威严、教养、光鲜、优雅、风度、趣味、博学和睿智都是面具,揭掉这层面具,我们看到的是贪婪、傲慢、虚荣、无聊、空虚、虚伪、无知和刻板。这个面具也就是其后不久的卢梭在《论科学与艺术》中所批判的"文明"。孟德斯鸠揭去了文明的面纱当然也是一种批判,但他只是把那些无价值的东西撕破给人看,以博得读者们哈哈一笑,进而制造出一种喜剧的效果。

就《波斯人信札》来说,这方面的内容也是全书最有意思、最耐读的部分。如果说《波斯人信札》是一部小说,那么它更应被视为"讽刺小说"而不是"哲理小说"。孟德斯鸠只是在挖苦讽刺,至多只能说是"揭露",而谈不上某些学者所谓的"猛烈抨击"。"哲理"当然有,但也就是一些零星的"意见"而已,既不成系统,也很难对普通人具有指导意义,尽管如此,我们不否认它们对于我们了解孟德斯鸠思想的形成过程有帮助。但这都是因为有了后来的《论法的精神》,老实说,如果孟德斯鸠后来没有写作《论法的精神》,有多少人还会关注《波斯人信札》的思想性呢?

孟德斯鸠在《波斯人信札》中的确对于社会政治问题谈了不少自己的看法,比如他赞赏温和政府反对专制制度,主张宗教宽容,但他并没有刻意主张去改变什么。而说到讽刺,任何人都可以看到,孟德斯鸠讽刺的只是"某些人",而这样的人在任何社会中都有,而且现在也不一定比过去少。今天的人们读到这部分还觉得好玩,就是因为大家在其中能找到精神上的共鸣。孟德斯鸠没有否定一切,实际上他还从这一社会以及他所讽刺的对象身上得到了很大乐趣,他应该很享受这种写作过程,他知道"此类小说通常都会成功,因为读者知道自己正身历其境,这就比一切叙述激情的故事更会令人强烈地感受到这些激情"。

六

但郁斯贝克和里加这两个波斯人毕竟不是孩子,他们不是像一张白纸那样来到巴黎的。他们已经有了"东方的智慧",但还是渴望获得新知识。"波斯人"不只是一个"身份",它还是某种思想和生活方式的集中体现。作为初来乍到法国的异域人士,他们在看到任何新鲜的事物时,第一反应都是到脑海中去搜寻与之相似的事物,并将它们进行比较,从这一点来说,《波斯人信札》也算是一部比较文化的著作。在与朋友们的通信中,"波斯人"经常拿波斯与法国比,拿伊斯兰教与基督教比,拿欧洲政体与东方政体比。而在进行这种比较时,"波斯人"突然就变得认真严肃起来,他们既不再是好奇的孩子,也不是未开化的野蛮人,而是成了有着"东方的智慧"的哲学家。在这些东方的哲学家眼中,"波斯人"与"欧洲人"的区别,不是野蛮与文明的区别,不是过去与现代的区别,不是特殊性与普遍性的区别,而是一种地区性文化与另一种地区性文化的区别。

这种视野首先当然是对"欧洲中心论"的某种否定。在西方,自古希腊时候起就把希腊人之外的民族都视为野蛮人,而中世纪基督教会和基督教神学的统治地位更让西方人自以为是宇宙真理的唯一掌握者。然而这一切在近代慢慢地发生了改变。地理大发现之后的殖民活动虽然让许多西方人因为自己在制度上和技术上的优势而志满意得,但也让不少像蒙田这样的西方人意识到自己原来是多么狭隘,因为世界之大已远超过他们以前的认识;其他的民族也有其"历史"和"哲学",而它们并不都是毫无价值的,或者说,西方的生活方式与它们相比并不显得特别有价值。孟德斯鸠写作《波斯人信札》,显然受到了这种思想意识的影响。

但是,孟德斯鸠毕竟是一位18世纪的法国人,他对波斯的了解本身就很有限,而且他也不是打算写一部严肃的学术专著。对他来说,真实的"波斯"和"波斯人"是什么样子并不重要,他只是需要一个背景板来观照法国,这个背景板的色差与法国越大越好,而"波斯"正好满足了他的这个要求:一个"东方"一个"西方",一个"传统"一个"现代",一个"专制"一个"自由",一个"异域"一个"家乡",一个"伊斯兰教"一个"基督教",各种对立的因素都在其中。其实,如果把书中的"波斯人"换成"中国人"或"印度人",该书的内容和观点也无需大的改动,实际上只需要将"伊斯兰教"改为"儒教"或"印度教(或婆罗门教)"就够了。

《波斯人信札》之所以在思想史上具有一定的价值,在笔者看来,是因为孟德斯鸠在(借波斯人之口)比较法国和波斯时,不是简单地将这两个社会摆在一起,罗列出它们的相同点和不同点,而是以某一普遍的准则来衡量它们,这一准则就是"理性"。在第97封信中,郁斯贝克对朋友说,有些西方哲学家,尽管并未达到东方智慧的顶峰,他们却"静默无言地顺着人类理性的足迹前进",这种理性让"他们廓清了混沌,以简单的机械原理,解释了神宇结构的秩序"。理性发现了自然简单而又永恒的规则,理性也能发现人类社会的基本规则。但是在欧洲,理性还受到压抑,因为在欧洲,大部分国家都"屈服于一个绝对的权力",因此"丧失了完全符合理性、人道和自然的那种美好的自由"。(《波》,136)当然,在波斯,人们的生活承受着"比理性更沉重的桎梏"。(《波》,135)

然而,孟德斯鸠所谓的"理性"究竟是什么意思呢?不管是在《波斯人信札》中还是在后来的《论法的精神》中,孟德斯鸠都没有给我们一个明确的解释。不过从他对这一概念的使用情况来看,我们认为,孟德斯鸠所谓的理性,首先指的是一种认知能力,即透过现象认识事物的本质以及由这种本质所产生的关系的能力;其次它也指这种认知能力所发现的有价值的生活,也就是一个"理性"的人所应该过上的生活。因此它既是一种"工具理性",也是一种"价值理性"。"理性"要求的是什么样的生活呢?孟德斯鸠认为,这种生活意味着自由。

法国给波斯人印象最深刻的应该就是生活的自由,而这也正是波斯人所缺乏的。在波斯,女人们都"过着有规律的生活",她们"不赌博,不熬夜,不喝酒,几乎从不抛头露面"

（显然这些都是法国女人喜欢做的），生活平静，毫不刺激，"一切都受服从与义务的约束"，即使欢娱与喜乐也是有节制的，它们实际上是"权威和服从的标志"。至于波斯的男人，在他们身上根本"看不到这里各个等级各种身份的人都有的这种思想自由和心情舒畅"，虽然波斯人比土耳其人还是要强一些，因为在土耳其的"有些家庭里，从建立帝国以来，世世代代没有人笑过"。（《波》，34）法国的家庭"仿佛都是无为而治"，丈夫对妻子只有微小的权利，父亲对子女，主人对奴仆也是如此。他们的一切纠纷，均诉诸法庭，而法庭的判决"永远不利于妒忌的丈夫、愤怒的父亲和苛刻的主人"。（《波》，86）在波斯人眼中，整个巴黎都"洋溢着自由与平等的气氛"，门第出身，道德品行，甚至戎马军功，无论何等煊赫辉煌，也不能使一个人在芸芸众生中超群出众，这里没有各种身份等级之间的互相嫉妒。在波斯，只有君主让他们在政府中有一席之地的人才是权贵。（《波》，88）

对于臣民的自由来说，政体当然是最重要的影响因素，这既取决于掌权者权力的范围，也取决于他们行使权力的方式。波斯人看到，欧洲国王的权力极大，但"他们行使权力的范围没有我们苏丹们那么广：首先是因为他们不愿触犯他国人民的风俗习惯和宗教信仰；其次是因为把权力伸展得这么远于他们并不利"，而"我们的君主们对其臣民权大无边……谁要是惹他们不快，我们的君主们，只要略一示意，便可以将他们处死。这种习俗破坏了作为一切国家的灵魂和使一切帝国保持和谐的论过行罚的准则；而基督教国王则一丝不苟地遵守这一准则，从而使他们比我们的苏丹们拥有无限的优势"。

（《波》,102）

自由总是与"温和政府"联系在一起。在谈到"哪种政府最具理性"这个问题时,郁斯贝克说,最完善的政府"就是以最小的代价达到其目的的政府",因此,"能以最合乎民众天性和好尚的方式领导人民的政府,就是最完善的";"如果人民在温和的政府下,跟在严厉的政府下一样驯服,则前者更为可取,因为它更具理性";而"一个偏于严酷的国家,并不会使人们因此更加守法",相反,我们会"看到产生不公与欺凌的某种源泉"。（《波》,80）

自由与宗教宽容也密不可分。对此,波斯人既看到了基督教国家对异端分子的迫害极其残酷,并庆幸"先知的后裔居住的地方多么幸福啊！在我们的故土,没有这些悲惨的场面。天使们给我们送来的神圣宗教,靠真理来捍卫,而不需要用这些暴力手段来维持自己",（《波》,29）但也承认"各国历史都充满宗教战争",狂热的穆斯林也迫害过琐罗亚斯德教徒。发生宗教战争就是由于"自以为居于统治地位的那一种宗教的不宽容精神"。其实,"任何宗教都含有对社会有用的训世箴言,所以都得到热情的遵奉,这是大有裨益的",从实际来看,信奉宽容的宗教的人,通常比信奉占统治地位的宗教的人"对祖国更为有用"。（《波》,85）

自由与荣誉也总是结合在一起。荣誉对于我们的价值在于它"与一切生物所具有的保全生命的本能并无区别",它是我们获得的"新的生命",与我们受之于天的生命"一样可贵"。在任何国家,荣誉"绝不与奴役为伍"（这话在《论法的精神》中重复出现过）,因此臣民享受自由的程度与追求荣誉的愿望是成正比的。正因为如此,法国比波斯自由,法国人也就比波斯人更热爱荣誉。在法国靠荣誉人们就去做的事情在波斯只能迫之以刑或诱之以奖人们才会去做。

显而易见的是,"波斯人"的这种"理性"的眼光并不是所谓的"东方的智慧",它就是"西方的智慧",是西方近代兴起的思想解放运动即启蒙运动的基本主张。从这一点来说,孟德斯鸠的确是 18 世纪法国启蒙运动的先驱,虽然他或许没有发起一场这样的运动的故意,但他确实鼓舞了这一运动的蓬勃发展。

七

但是,我们知道,"波斯人"郁斯贝克不仅有自己的"哲学",他还有自己的"历史"和"生活"。我们说,《波斯人信札》一条线索就是讲郁斯贝克如何管理其后房的。那么,在这方面郁斯贝克是怎样做的呢?他的生活和他的哲学是一致的吗?

郁斯贝克一离开家,就给黑人阉奴总管写信,说自己把"这世上最珍贵的东西"托付给他,命他无论白天黑夜都要尽心尽力看守好这些"珍宝",让她们务必遵守妇道,在"维持风化与节操的纲纪可能松弛"时,要"以主子的身份发号施令";在她们出行时,要"派人清道,把出现在她们跟前的男人赶走"。(《波》,2)在听说妻子扎茜跟一个白人阉奴单独待在一起时,郁斯贝克怒火中烧,他写信警告她说,如果她不改变她的行为,他会"怒气发作的",后果会很严重,因为他可能会是一个"严厉的审判者"。(《波》,20)为此事郁斯贝克也给白人阉奴总管写了一封措辞严厉的信,信中说道:"你们是什么东西,你们只不过是我可以随意捏碎的工具,你们只有唯命是从,才得以生存;你们在这世上,只是根据我的法律而活着,我叫你们死,你们就得去死! 你们现在活着,仅仅因为我的幸福,我的爱情,甚至我的妒忌需要你们奴颜婢膝的服务。总之,你们除了服从,不可能有别的命运;除了我的意志,不可能有别的灵魂,除了让我快乐,不可能有别的希望。"如果你们不遵守我的命令,那么"严厉的惩罚随时都会落到这些人和你自己头上"。(《波》,21)

在黑人阉奴总管报告后房混乱,要求授权他来重建秩序后,郁斯贝克又写信警告他的妻子们,要她们改变她们的行为,否则他会采纳人们向他提出的不利于她们的"自由和安宁的建议"。(《波》,65)他赞成对女儿实行紧闭式的养育,他希望"有十个阉奴看守着她"来保护其贞洁。(《波》,71)

全书的最后一部分,阉奴总管报告后房混乱,包括一个妻妾去清真寺时"让自己的面纱掉落下来,几乎完全抛头露面于众人面前";一个妻妾"跟她的一个婢女同床";一封不知道写给谁的信以及后院花园中发现了一个年轻人,他要求把这些女人交给他处置。郁斯贝克就授予了他管理整个后房的"无限制的权力",他告诉阉奴总管说:"在你所到之处,你必须带去畏惧和恐怖;你必须挨门逐室实行处罚和惩戒;你要使所有的人终日惊慌失措,让所有的人在你面前痛哭流涕。审问后院所有的人,先从婢女开始。对我宠爱的人也不要姑息。所有的人都要受你可怕的审判,把最隐秘的秘密揭露于光天化日之下,洗涤这个场所的无耻行为,恢复被践踏的道德。"
(《波》,148)在给阉奴总管的继任者的信中,郁斯贝克说:"我
把武器放在你的手中。我把我目前在世上最要紧的事托付给
你,那就是为我报仇……切勿温情和怜悯……你要把我的后
房恢复得像我离开时那样还给我。但你必须先着手让后房的
人为此付出代价。清除有罪的人,让企图犯罪的人颤抖……"
(《波》,153)他对妻子们说:"但愿这封信犹如霹雳,挟带闪电
和暴雨自空劈下。索利姆是你们的阉奴总管,并非仅要他看
管你们,而是要惩罚你们。整个后房必须对他俯首听命。他
先要审判你们过去的行为,而将来,他要用沉重的枷锁束缚你
们的生活,叫你们即使不为有失妇道而懊悔,也要懊悔丧失的
自由。"(《波》,154)索利姆忠实地执行了主人的命令,郁斯贝
克的妻妾无法忍受这种侮辱和残忍,他的妻子毒死了众阉奴
之后也服毒自尽,在留给郁斯贝克的信中,她承认自己欺骗了
郁斯贝克,她把"这可怕的后房变成了寻欢作乐的场所"。她
告诉郁斯贝克,她活在世上并不是为了喜爱他的"短暂爱
情",不,她"虽然生活在奴役之中",但她"始终是自由的",她
的精神"一直保持着独立",她对郁斯贝克的忠实都是"装出
来的"。(《波》,161)

　　这个郁斯贝克显然不是前面那个在巴黎与朋友们通信的
郁斯贝克,那个郁斯贝克通情达理、崇尚自由并尊重荣誉,而
这个郁斯贝克无疑是一个赤裸裸的暴君,而且自始至终如此,
即便沐浴了欧风美雨之后也没有丝毫的改变。他们怎么可能
是同一个人呢?那个郁斯贝克在跟友人谈到伊斯兰教国家的
多妻制时还说过这样一些话:"我觉得没有什么比神圣的《古

兰经》一方面允许多妻,另一方面又命令丈夫满足女人的需要更为自相矛盾的了……妻妾众多总是使我们……精疲力竭,而不是使我们得到满足……不仅如此,这些被迫禁欲的女人,需要有人看管,而这些人只能是阉奴,因为,宗教、妒忌,甚至理智都不允许别的男人接近这些女人,这样一来,看守的阉奴必须很多,以便或者在这些女人不断进行的战争中维持后房的平静,或者为了阻止外部的勾引。因此,一个人如有十个妻妾,用十个阉奴来看管也不为多。但是,这么大量生下来就等于死的人,对于社会来说,是多大的损失!这岂不是必然要造成人口的减少!"(《波》,114)

这就不只是思想的冲突,而是人格的分裂了。如果这两个郁斯贝克是同一个人,那他一定是长了两张脸,一张脸上写着理性和自由,另一张脸上写着暴君与恐怖。根据我们的经验,这后一张脸应该是他的真实面目。然而,开明的郁斯贝克显然也是真实的。因此笔者认为,这样的郁斯贝克在现实中是不存在的。有论者说,有这么一些现代的"波斯人",他们在巴黎地区装出一副进步人士、人权捍卫者的样子,可是一回到国内,他们就脱下西方的旧衣服,毫无愧怍地沉湎于在某些国家肆虐的那种狂热的危害极大的偏见之中。我们承认确实存在这一现象,但郁斯贝克不是这种人,因为那种"双面人"有一面是虚伪的,而郁斯贝克的两面都是真实的。孟德斯鸠丝毫没有把郁斯贝克写成一个伪君子的意图。孟德斯鸠创造出郁斯贝克这个人物,是想通过他来针砭时弊,传达进步观念,因此这个郁斯贝克必须是理性的、开明的;但是孟德斯鸠又希望在这个人物身上添加一些吸引读者的异域元素,于是又编造了一个带些香艳的后房故事。在这个故事中,如果郁斯贝克依旧是开明的,那么读者们就看不出这个郁斯贝克与西方人有什么区别。在西方人眼中,东方都是专制国家,因此把家庭生活中的郁斯贝克设计为一位暴君更符合他们的期待。孟德斯鸠的计划确实大获成功,《波斯人信札》不仅流行一时,而且直到今天也不失其吸引力,但从文学的角度来看,郁斯贝克这个人物形象的塑造显然难说成功。

八

尽管存在着这样那样的瑕疵,但是《波斯人信札》仍然称得上是一部十分"成功"的著作。《波斯人信札》的成功首先得益于孟德斯鸠对时代精神灵敏的嗅觉。任何作品都不可能是凭空产生的,就像一颗种子一样,都是在适宜的土壤和气候生根发芽成长起来的。孟德斯鸠写作《波斯人信札》的时间,大概在1716—1720年。在此前的1715年,法国国王路易十四去世。路易十四统治法国长达72年,他在位期间,采取了各种措施来加强君主专制,激起了包括贵族在内的几乎各个阶层的人的不满。人们早就盼望着这位"太阳王"驾崩,盼望着来一位新的君主给国家带来一些新气象。路易十四的去世和年幼新王的继位让久受压抑的法国社会各个阶层都长吁了一口气。每个人都想好好享受一下这份难得的轻松自由,以前只能偷偷摸摸私底下说的话现在成了公共话题。然而这种乐观的情绪并没有持续多久,法国的专制统治并没有任何松动的迹象,而财政状况却日趋恶化。

第 98 封信讲述了法国的社会经济状况,郁斯贝克对朋友说,在法国"每隔十年,便会发生革命,使富人陷入贫困,使穷人迅速鼓着双翅,飞向富有的顶峰"。包税人虽然"畅游于财富的海洋之中",但他们都是白手起家的,而目前的处境极为糟糕,因为新成立的一个称为"司法厅"的法庭要将他们的财产一掠而空。仆役虽然地位低微,却受人尊敬,因为这是跻身贵人行列的预备班,是其他行业出缺的候补团。总之,在法国,财富与德行之间根本就没有什么联系。第 138 封信谈到了法国为解决财政问题的一些做法:内阁大臣们一个接一个地走马上任,此生彼灭,财政制度改变了四次,但新政却没有起到什么作用。"人们感到现状不佳,但不知如何改善",先王去世时,法国如多病之躯,在用了许多猛药之后,法国只是变得浮肿而已。"贫富两极,从未如此近在咫尺"。

对看不到希望的人们来说,娱乐大概是最容易让他们兴奋起来的东西。可以说,《波斯人信札》的出版正如甘霖降落在久旱的巴黎街头,给所有受专制统治之伤的法国人做了一次集体的精神按摩。人们在《波斯人信札》中看到了他们想看到的一切东西:对先王路易十四的调侃、对自由空气的享受、对大人物的嘲讽、对世风的讽刺等。为了吸引读者,《波斯人信札》还加入了异域风情和情色故事这样的元素。孟德斯鸠这样做是因为当时的法国人对来自异域的东西的兴趣不断增长。人们已经知道了世界之大、世界之奇,他们渴望了解那些不同的事物,而这也刺激了以遥远的异域人为主角的文学创作。现在我们知道,在《波斯人信札》之前,已经有着不少类似题材及体裁的著作,如以假名圣埃弗勒蒙发表的《一个西西里人写给友人的意大利文信》、杜弗雷尼的《严肃与诙谐的娱乐》①、贝尔纳尔的《论当代风俗的道德、诙谐与讽刺》和约瑟夫·博内的《致米萨拉的信》等,而这后两部著作中甚至就包含了波斯书信。孟德斯鸠创作《波斯人信札》无疑受到了之前这些著作的启发。不过,学者们几乎公认,对孟德斯鸠写作《波斯人信札》影响最大的当属意大利人乔瓦尼·保罗·马拉纳所著的《一个土耳其间谍的书信》,该书的法文名为《宫中谍影》,孟德斯鸠拥有该书 1717 年的版本。在 1721 年重印《波斯人信札》的第一版时,孟德斯鸠在书名页上就声明该书"具有《宫中谍影》的风格"。在当时,这类作品非常受欢迎,但现在大都已经湮灭在故纸堆中了,人们之所以还会提到它们,很大程度上就是由于《波斯人信札》的缘故。

《波斯人信札》的成功也是孟德斯鸠对于各种知识日积月累的结果。孟德斯鸠一直就有读书、藏书以及做笔记搜集整理各种资料的爱好,在我们所知道的作者中,很少有像他那样读了那么多书又做了那么多笔记的人。除了读和记,孟德斯鸠还勤于写作,他有很多的写作计划,虽然大多数最终并没有完成,但这些手稿中相当一部分内容还是被他用到了正式出版的著作中。孟德斯鸠对东方文化一直有着浓厚的兴趣,他阅读了很多关于东方的历史文化作品,包括一些西方旅行家所写的游记,他在写作《波斯人信札》时都用到了这些

---

① 作者说:"我将用一个暹罗旅行者的眼光来看问题,这样我就多少能发现,某些由习惯的偏见使我们觉得合理和自然的事,会使他如何感到吃惊。"这与孟德斯鸠关于《波斯人信札》写作手法的说法是何等相似!

材料。

《波斯人信札》之所以能够在这些同类型的题材或体裁的著作中脱颖而出，当然还因为它在文学性方面的成就。孟德斯鸠的传记作者夏克尔顿说，《波斯人信札》之所以能在法国文学史上占有重要地位，首先是因为书中对东方的描写具有真实的地方色彩；其次是因为它对所谓的"情感主义"在法国文学中的发展起了明显的推进作用。这两点应该说没有问题，不过笔者认为，《波斯人信札》首先应该是法国讽刺文学史上的一个里程碑，在某种意义上说，孟德斯鸠是继承和发扬了法国文学史上由拉伯雷（1494—1553）的《巨人传》、拉·封丹（1621—1695）的寓言诗以及莫里哀（1622—1673）的喜剧所开创的讽刺文学传统，而这一传统后来在巴尔扎克、雨果、福楼拜、莫泊桑以及当代的《查理周刊》手中进一步得到了发扬光大。

最后的但非最不重要的，是《波斯人信札》中透露出的对历史进步的希望。《波斯人信札》不只是冷嘲热讽的"好玩"，不只是吸引人眼球的异域元素，不只是作者的文学技巧和思想见解，它还有希望。看不到希望的人们是不可能真正笑出来的。但希望不是在英明的君主身上，也不是在贵族、僧侣、富豪及学者这些"大人物"身上，而是在每一个普通人身上，在普通人的"理性"身上。要有希望，我们就必须相信一些东西，坚持一些东西。这一点孟德斯鸠没有明确地说出来，但却是每一位读者都能深切感受到的。

第三章 《罗马盛衰原因论》导读

凡谈论孟德斯鸠者,一般都会提及他除了著有《波斯人信札》和《论法的精神》外,还是《罗马盛衰原因论》一书的作者。不过相比于前两者,人们对《罗马盛衰原因论》确实谈不上关注。对于《罗马盛衰原因论》的重要性——不管是对于孟德斯鸠的思想还是对于整个西方政治思想史来说——似乎并没有人否定,但这个重要性究竟体现在哪里,却没有多少人愿意去探究。为什么会这样?《罗马盛衰原因论》到底是一本什么样的书,它说了些什么,今天还值不值得我们读呢?本章即是针对这些问题的一个简要的回答。

一

《罗马盛衰原因论》出版于 1734 年,这一年孟德斯鸠 45岁。六年前,孟德斯鸠当选为法兰西学术院的院士,但他获得这一至高无上的荣誉所凭借的,不过是一部匿名出版的流行小说,这难免会招来一些物议,也给孟德斯鸠带来证明自己不是"完全缺乏天才"的压力。为此,孟德斯鸠外出进行了为期三年的学术旅行,以开阔视野,积累资料,而在回国之后,他就将自己的主要精力放在著述上。《罗马盛衰原因论》即为他这一时期最重要的学术成果。

然而,该书面世之后,其受欢迎的程度远不及之前的那本"不严肃的著作"《波斯人信札》。不过这并不难理解,毕竟《罗马盛衰原因论》本来就不是一部面向大众的著作,它设定的阅读对象是思想界学术界人士。这些思想界学术界人士的反应又如何呢?总体来看就是:平淡并且评价不高。对该书的批评意见主要集中在这样一些方面:缺乏连贯性,含糊其辞,晦涩,自相矛盾;更有刻薄者将该书称为"孟德斯鸠的衰落",这一说法经尖刻的伏尔泰引用后深入人心。在写给友人的一封信中,伏尔泰说:

> 您看了孟德斯鸠写的那本关于罗马帝国衰亡的小册子吗?那是一本小得不能再小了的小册子,有人把这本书叫作孟德斯鸠的衰亡。真的,这本书实在太名不副实了。不过,书中却也有不少值得一看的东西,而这也正是最令我对作者感到不满的地方:他竟如此轻率地处理这样重大的题材。全书通篇都是概述,与其说是一本书,还不如说是一本用奇怪的风格写成的精巧目录。[1]

当然,赞扬的声音也是有的,比如达朗贝尔在那篇著名的

---

[1] [法]路易·戴格拉夫:《孟德斯鸠传》,许明龙、赵克非译,浙江大学出版社 2016 年版,第 297 页。

《孟德斯鸠庭长先生颂词》中就说：

> 孟德斯鸠先生仅用本小册子就把（罗马的兴衰）这样一幅有趣和壮观的图画展现在我们眼前。作者不拘泥于细节，而是紧紧抓住与主题有关的几条内容丰富的主线，他把大量辨认得非常清晰的对象浓缩在很小的篇幅中，快速地呈现给读者，让人读起来毫不费力。这部书让人看到了许多东西，而且留下了更多的东西让人思考。①

只不过达朗贝尔说这话时孟德斯鸠已经听不到了。

对一部著作，有褒有贬是很正常的事，如果这种褒贬分别来自朋友和对手的话，那就更正常不过了。只是，这一切掩盖不了这样一个事实，那就是《罗马盛衰原因论》在孟德斯鸠的三部主要著作中处于一个非常尴尬的位置。这种尴尬表现在：一方面，人们大都没有否认《罗马盛衰原因论》是孟德斯鸠的一部重要著作，甚至给予它相当高的评价；但另一方面，人们对这部著作又明显缺乏研究的兴趣。从有限的资料来看，除了像夏克尔顿的《孟德斯鸠评传》、戴格拉夫的《孟德斯鸠传》和斯克拉的《孟德斯鸠》这样的专门研究孟德斯鸠生平和思想的著作外，一般的思想史著作在谈到孟德斯鸠时，甚少提及《罗马盛衰原因论》，就算提通常也只是礼貌性地提一下书名——在这一点上它不仅没法与《论法的精神》相比，连作

① ［法］达朗贝尔：《孟德斯鸠庭长先生颂词》，见［法］孟德斯鸠：《论法的精神》，许明龙译，商务印书馆2012年版，第13页。

为小说的《波斯人信札》都比不上。我们没有看到专门研究《罗马盛衰原因论》的著作,论文只有屈指可数的几篇,而且年代都比较早。考虑到孟德斯鸠在思想史上的地位,这一点确实令人感到尴尬。

为什么会出现这种状况呢?我们可以先从孟德斯鸠为什么要写这本著作说起。前面说过,孟德斯鸠本人一直希望通过一本学术著作来为自己"正名",所以才有了这本书。不过,孟德斯鸠在写作《罗马盛衰原因论》的时候,同时还在写其他一些文章和著作,而在该书出版之后,他立即将精力转移到《论法的精神》的写作上去了。他知道,而且实际情况确实也是:《论法的精神》将奠定他在西方思想史上的地位。孟德斯鸠的确非常想证明自己,但他清楚这一证明不可能来自《罗马盛衰原因论》,而只可能是《论法的精神》。他说过《论法的精神》是一部花费了 20 年心血的著作,这意味着他至少从当选法兰西学术院院士的时候开始就已经在构思这部著作了,而他之所以抽空来写作《罗马盛衰原因论》一书,主要源于他对罗马历史由来已久的兴趣。

我们知道,孟德斯鸠一直对罗马史感兴趣,他少年时第一篇作品(虽然只是一篇读书笔记)是《罗马史》,他在波尔多科学院宣读的第一篇论文题目是《罗马人的宗教政策》,他还写过《苏拉与欧克拉底的对话》。因此,写作一部关于罗马历史的著作,可以说是孟德斯鸠的一个夙愿。在这里我们也有必要指出,孟德斯鸠对罗马史的这种兴趣很大程度上也是由法国当时的思想环境培养出来的。法国人(包括其他许多欧洲国家的人)对罗马史感兴趣不是偶然的,因为法国历史上就是罗马帝国的一部分,而这意味着罗马的历史(至少是其中的一部分)在某种意义上就是法国的历史。但是这是一段什么样的历史呢?罗马首先无疑是法国(高卢)的征服者,然而之后的从法兰克王国开始的法国,它是罗马的继承者还是罗马的征服者?这个问题就有很大争议了。从17世纪末到18世纪中期,法国的史学家们就这个问题进行了长期的争论,由此形成了关于法国君主制起源的两种理论,即拉丁起源论和日耳曼起源论。孟德斯鸠一直在思考这个问题,而《罗马盛衰原因论》可以说就是这一思考的结果。此后他也没有停止对这个问题的研究兴趣,在后来的《论法的精神》中,他又专门写了"法兰克人的封建法律理论和君主国的建立"这一章来系统地阐述了自己的观点。

当然,我们也知道,在很多人看来,《罗马盛衰原因论》作为一部历史著作的地位是令人生疑的。这样说的人基于的可能是两种完全不同的立场。一种观点认为,作为一部历史著作,《罗马盛衰原因论》是不合格的。前面我们提到伏尔泰就是这种观点的一个代表(伏尔泰本人作为历史学家的地位当然是毋庸置疑的)。孟德斯鸠的传记作者夏克尔顿则认为,伏尔泰说《罗马盛衰原因论》不是书有些过了,但说它不能称为罗马史则没有什么问题。夏克尔顿说,如果从历史学的角度去看,该书无论是从研究方法还是从对史料的辨正和选择方面都是有问题的。夏克尔顿指出,孟德斯鸠很少考查他所引用的作者的资料是否可靠,有时对佐证夸大其词,他也没有用考古学的佐证来弥补对引文处理的疏漏;他对罗马的历史感兴趣,然而在罗马游历的时候,他没有表现出对古迹遗物的兴趣;他只在一个地方使用了考古学方面的证据,而且这唯一的一处也属于以讹传讹(即我们前面提到的切塞纳附近的那个碑铭)。

孟德斯鸠本人对自己著作这方面的不足应该也是有认识的。他在提到该书时,用的是"我的关于罗马人的著作"或"关于罗马人的论文"这一类的说法,而没有说是他的罗马史的著作。正是由于认识到该书在史料方面的不足,另外一些人就认为,对于该书来说,罗马的历史更像是一个背景,孟德斯鸠不过是利用它来阐述自己的某些主张而已。他们认为,对《罗马盛衰原因论》,我们与其把它"看作一本历史著作,毋宁把它看作一本政治论著更为切合该书的性质和作者的原意";孟德斯鸠"不过是利用罗马的有关史料来阐发他的政治主张,来论证政治制度、法律制度的重要性,来为共和国提出历史的、理论的辩护,用以反对当时的专制暴政"①。从这一点来说,我们可以把《罗马盛衰原因论》看作《论法的精神》的"前奏"或"绪论部分",也可以将之视为对马基雅维利的《李维史论》的一个回应。②

① [法]孟德斯鸠:《罗马盛衰原因论》,婉玲译,商务印书馆 1962 年版,"出版说明"第 1 页。

② 我国学者对《罗马盛衰原因论》的解读总的来说是从孟德斯鸠的启蒙思想的角度来展开的,这种观点认为,"政治意识强"是启蒙史学的特色,这种史学的重点不是学术探讨,而是使史学在社会上起良好的宣传作用,借历史之灵来阐明自己的某种政治主张;而《罗马盛衰原因论》就是"以罗马盛衰为主线,阐述政治制度等政史问题,通过一些政治性观点的阐述,发挥史学的启蒙作用,表达资产阶级意识"。对此可参见夏祖思:《启蒙史学的特色——兼评〈罗马盛衰原因论〉》,《福建师范大学学报(哲学社会科学版)》2002 年第 3 期;韩震:《论孟德斯鸠的历史哲学》,《青海社会科学》1991 年第 4 期。

　　但是这样说就能提高《罗马盛衰原因论》的历史地位吗？笔者认为未必。我们前面说到,孟德斯鸠在写作《罗马盛衰原因论》时,就已经在构思《论法的精神》了,但是后一项工作他一直进行得很艰难。他在该书的"序言"中就说,他"屡次着手去写",也"屡次搁置下来";他"曾无数次把写好的手稿投弃给清风去玩弄";他"每天都觉得写这本书的双手日益失去执笔的能力"。之所以会这样,是因为孟德斯鸠感到自己在追求自己的目标时"没有一定的计划",他不懂"什么是原则,什么是例外";只是在他发现了自己的"原则"之后,一切才豁然开朗,然后就看到自己的著作"开始、增长、成熟、完成"。这说明什么呢？应该说这说明了在写作《罗马盛衰原因论》时,孟德斯鸠的思想还不成熟,他有了一些想法,然而找不到一个基本原则将它们有机地组织成为一个整体。这是不是就意味着《罗马盛衰原因论》本身就是一部不成熟的作品呢？如果是这样的话,那么研究孟德斯鸠的思想,看《论法的精神》就够了;除非我们想深入研究孟德斯鸠的思想经历了一个什么样的发展阶段,否则《罗马盛衰原因论》对于我们就没有什么意义。从这个意义来说,如果我们想把《罗马盛衰原因论》看作一部政治论著,那它就是一部"多余的"著作。换一个角度来说,如果孟德斯鸠后来没有写出《论法的精神》,那么他的这本《罗马盛衰原因论》会不会像他以前写的那些关于罗马的论文一样湮没在历史的故纸堆中呢(即使孟德斯鸠已因为《波斯人信札》而在法国文学史上留下了一席之地)？很难说情况不会是这样。

　　历史著作当然可以包含作者的政治主张;进一步来说,一

部历史著作同样也可以成为政治学的经典,比如修昔底德的
《伯罗奔尼撒战争史》和托克维尔的《旧制度与大革命》,但是
如果是一部包含"不成熟的"思想而自身又有缺陷的历史著
作,我们该如何来评价它呢?① 它还值得我们今天继续去读
吗? 对这个问题,我们能做的,只能是告诉读者我们在这本书
里读到了什么,至于读者如何选择,那要他们自己决定。

二

《罗马盛衰原因论》一书共二十三章,从罗马的起源写到
东罗马帝国的灭亡。尽管如此,其篇幅并不长,译成汉语约十
万字左右。全书按内容大致可以分为两大部分,每一大部分
又可以分成两个小部分。第一部分从第一章"早期罗马、它
的历次战争"到第十一章"苏拉、庞培和恺撒",讲的是罗马共
和国从起源到灭亡,其中前七章是论述其崛起,后四章是论述
其灭亡;第二部分从第十二章"恺撒死后罗马的情状"到第二
十三章"东罗马帝国长期存在的原因、它的覆灭",讲的是罗
马帝国灭亡的过程,其中前八章是论述西罗马帝国的历史,后
四章是论述东罗马帝国的历史。 总的来看,该书的结构和条
理还是比较清晰的,这在孟德斯鸠的著作中并不常见。当然,
这与孟德斯鸠选择写作的题材是密切相关的。

---

① 卡西勒倒是对孟德斯鸠的历史哲学给了高度评价,但他称赞的
是《论法的精神》而非《罗马盛衰原因论》。参见［德］恩斯特·卡西勒:《启
蒙哲学》,顾伟铭等译,山东人民出版社 1988 年版,第 203 页。

从内容上来看,顾名思义,该书是一部分析总结罗马"盛"与"衰"的原因的著作。这里,我们暂不考虑孟德斯鸠所选取的史料是否得当以及引用的观点是否正确这样的问题,而只着眼于梳理他对于罗马盛衰的原因提出了一些什么样的看法。不过,在具体谈这个问题之前,我们有必要先从宏观上来梳理孟德斯鸠在该书中所提出的历史观,这是因为该书采取的是一种夹述夹议的写作方式。如果我们只关注其具体的论述,难免会挂一漏万;而一旦宏观上把握了其基本思想,某些细节上的遗漏就不是大的问题了。

关于《罗马盛衰原因论》一书的历史观,学术界基本上有一个共识,那就是认为在孟德斯鸠看来,在影响一个国家命运的诸多因素中,有些是必然的,有些是偶然的;必然的因素决定了国家发展的方向,而偶然的因素则在一定程度上影响到其进程;必然的因素也可以说是事物发展的"原因",而偶然的因素则是事物发展的"诱因"。在全书的开篇,孟德斯鸠谈到了罗马王政时期的末代国王塔克文被赶下台,而人民之所以发起这一革命,表面看来是因为他的儿子塞克思图斯强奸了卢克蕾提娅导致其死亡这一事件,实际上是因为在这一革命之前塔克文就已经进行了两次革命:他把政权变成世袭的以及他把政权变成专制的。人们不可能长期忍受这一政权,至少对于一个"气概豪迈、雄心勃勃、大胆勇敢"的民族来说是这样,总会有一天他们会起而反抗,会起来推翻暴君的统治,而卢克蕾提娅之死就提供了这样一个"诱因"。孟德斯鸠认为,之所以会这样,就是因为"无论什么时候,人们的感情始终相同",因此"引发重大变革的机遇不同,原因却始终相同"①。

对于原因与诱因,孟德斯鸠在后面又提出了一个更加明确的说法。在谈到罗马帝国所采取的那些不同于共和国时期的方针所导致的不同后果时,孟德斯鸠说:

> 支配世界的不是命运。罗马人可以为此提供证明。当他们采用一种办法治国时,罗马持续不断地繁荣富强,当他们采用另一种办法治国时,挫折接连不断。对每一个国家都起作用的一些总体原因,使罗马兴起、维持或坠入深渊,所有偶发事件都受制于这些总体原因。倘若一场偶发的战争即一个特殊的原因把一个国家毁掉了,肯定有一个总体原因促使这个国家因一次战败而消亡。总而言之,所有个别偶发事件都是总趋势带动的结果。②(《罗》,18)

显然,在孟德斯鸠看来,"总体原因"是事物发展的根本原因,它决定历史发展的方向,其他因素都是通过它而起作用的;"总体原因"同时又是普遍的原因,它决定了每一个国家的命运。"偶发的事件"是事物发展的"特殊的原因"或"诱

---

① [法]孟德斯鸠:《罗马盛衰原因论》,许明龙译,商务印书馆2016年版,第3页。在这一点上,孟德斯鸠应该说是受到了马基雅维利思想的影响,那就是认为我们之所以能从过去的历史中学到一些东西,是因为历史的发展是有规律可循的;而历史的发展之所以有规律可循,是因为古往今来的人性是一样的,它们没有随时间的变化而发生变化。

② [法]孟德斯鸠:《罗马盛衰原因论》,许明龙译,商务印书馆2016年版,第135页。

因",它们会影响历史发展的进程,但是不可能改变其方向。历史看起来是一系列偶发事件的结果,但这些事件的发生其实都受制于某些根本的原因,这也就是说,偶然性当中存在着必然性。这一观点在现在的我们听来很耳熟,是不是？其实在当时它也不是全新的说法,夏克尔顿就指出,除了孟德斯鸠之外,别的作者也有这种观点,比如意大利学者维科以及维科的朋友保罗·玛蒂亚·多利亚;甚至,孟德斯鸠上面这段话,就是直接受多利亚的《市民生活》启发而写的。①

就罗马共和国来说,孟德斯鸠认为,罗马共和国的灭亡是必然的,问题只是要知道它如何被推翻,为谁所推翻罢了。这是什么意思呢？我们知道,在实际中,共和国是亡于恺撒之手,在某种意义上我们可以说这带有某种必然性。要理解这一点,我们可以将恺撒和他的对手苏拉及庞培作一个对比。他们三个都是野心勃勃的人,都曾大权在揽,都想终结罗马的共和制度,但表现却不一样。以苏拉来说,他先是残暴,最后却放弃了独裁官的权力,他作出一种姿态,好像他只是愿意生活在他自己所制定的法律的保护之下,但孟德斯鸠说,他的这种温和却是他的残暴行径的结果。以庞培来说,他的野心与恺撒相比要节制和温和一些,他不想采用强制的方法获得最高权力,而希望人们主动地把权力交到他手里;他有两次机会取消共和国,但都放弃了。然而由于人民对他的好感并不是永久不变的,而当庞培感到自己的威信开始衰退时,他采取了

---

① 参见[英]罗伯特·夏克尔顿:《孟德斯鸠评传》,沈永兴、许明龙、刘明臣译,上海人民出版社 2018 年版,第 173 页。

一些不明智的做法，结果让自己处于很不利的地步。至于恺撒，他的野心可谓路人皆知，他丝毫不想掩饰它，这大概是因为他认为自己有资本这样做。恺撒的胜利中确实包含着很多偶然的因素，除了他自己的好运之外，对手的不断犯错也一再给了他机会。

我们说恺撒在与庞培的斗争中取得胜利有某种必然性，这是因为庞培的思想、性格和能力决定了他只能走那么远，而恺撒的决心和坚持使他成为最后的胜利者。或许庞培可以十次击败恺撒，但恺撒还是恺撒，而恺撒只要击败庞培一次，庞培就不是庞培了。这就像罗马的早期扩张过程，它也曾多次被敌人打败，但是最后的胜利，一定属于罗马人。

然而在更深的层次上，罗马共和国亡于恺撒之手却又可以说是偶然的，不过这与其说是有许多偶然的事件都可能改变这一结果（但是不是像有的人说的埃及艳后克丽奥佩特拉的鼻子长一分或短一分这样的事情），不如说罗马共和国的灭亡是必然会发生的事。即使罗马共和国没有亡于恺撒之手，它最后还是会亡于另一个人之手，因为"恺撒和庞培倘若如同加图那样想，其他人就会像恺撒和庞培那样野心勃勃；那么，注定要把共和国推向悬崖的就会是另一只手"①。

因此，共和国亡于恺撒之手说到底还只是一个"特殊的原因"，那么，导致罗马共和国灭亡的"总体原因"是什么呢？孟德斯鸠认为，这个总体原因是道德或心理方面的，在后面，

---

① ［法］孟德斯鸠:《罗马盛衰原因论》，许明龙译，商务印书馆 2016年版，第 81 页。

他又将这个道德或生理方面的因素称为每个民族的"普遍精神"①。孟德斯鸠说,每个国家的权力就是建立在这一精神之上的,如果权力伤害这一精神,那么它伤害的是自己:它会使自己不能再行使权力。罗马共和国的灭亡说到底就是因为它的民族精神受到了权力的伤害,导致它不能够再承载共和制度。

虽然就像孟德斯鸠最为著名的"法的精神"概念一样,"普遍精神"这一概念也有诸多不明确之处,不过我们还是可以从孟德斯鸠的叙述中看出,每个民族的普遍精神都各不相同,而且每个民族的普遍精神又不是固定不变的。由于每个国家的兴起和覆灭都是普遍精神在发生作用,因此,研究一个国家兴衰的过程,就是考察该民族的普遍精神的形成和演变过程。这样一来,历史的流变就不再只是事件的堆砌,而是精神与环境相互作用的结果。这也就是说,历史的发展是受到规律支配的,而只有把历史发展看作有规律的东西,历史学才有可能成为一门科学。

三

那么,罗马的普遍精神如何,它经历了一个什么样的产

---

① 在后来的《论法的精神》中,孟德斯鸠又用到了"普遍精神"(张雁深译本称之为"一般精神")这一概念,他说:"人受气候、宗教、法律、施政的准则、先例、习俗、风俗等多种因素的支配,结果是由此而形成了普遍精神";"只要民族精神与政体原则不相违背,立法者就应尊重这种民族精神,因为,只有当我们自由自在地依照天赋秉性行事时,才能做得最好"。(《法》,19.4—5)

生、发展和变化的过程,其中的主要影响因素又有哪些呢?孟德斯鸠是从罗马的起源开始探讨这一问题的。关于罗马的起源,孟德斯鸠首先就指出,罗马是为了贮藏战利品、牲畜和粮食而修建的,罗马城的建立者罗慕洛斯和他的继承者为了争夺公民、妇女和土地,几乎永远都在和他们的邻人作战。他们每次回城都要带着从被征服的民族那里得来的战利品,这就是凯旋庆典的起源,而凯旋庆典在后来也正是这座城市所以变得伟大的主要原因。因此,罗马是因战争而兴的,而好战也可以说就是罗马人普遍精神的第一个表现。

罗马人之所以好战,这首先是由环境决定的,这个环境包括自然环境和社会环境两个方面。从自然环境来看,罗马面积不大,自然条件不好,因此国弱民贫;从社会环境来看,罗马生活在众多民族的包围之中,这些民族虽然并不都是好战的,但为了生存,它们之间被迫不断地进行你死我活的战争。罗马人的好战,就是对这一生存挑战的回应。孟德斯鸠显然认为贫穷是进行战争的最大动力。那些富裕的民族会由于财富和奢侈而变得柔弱,而那些征服者在取得大量胜利之后可能迅速地从贫穷走向富足,再从富足走向腐化堕落,但罗马成功地避开了这一陷阱,这是因为罗马在前进的道路上始终都遇到障碍,这使得它一刻都不能松懈。

罗马人好战也是由他们的制度决定的,这个制度就是共和国。孟德斯鸠认为,共和国比其他政体更加好战。君主可能在经过一个野心勃勃的阶段后变得纵情享乐(我们可以看到罗马共和国在变成帝国之后就改变其扩张政策了),但共和国的领袖为了重新当选会不断追求赫赫战功,他们每时每刻都不放松表现自己的雄心;他们劝说元老院建议人民发动战争,他们每天都向人民指出新的敌人。元老院和人民也愿意进行战争。对元老院来说,对外战争可以转移人民的视线,缓和国内矛盾;而对人民来说,战争会带来战利品。对罗马这个既没有工业也没有商业的城市来说,对外战争几乎是所有人发家致富的唯一途径。因此,罗马人崇尚战争,他们"永远在打仗",而这些战争又永远是激烈的战争,因为这些战争的结果要么是胜利,要么是自身的毁灭。这样的战争原则当然会遭到对手们的极力反抗和报复,但这不过是加强了罗马人"坚忍不拔和一往无前"的品质,而这些品质与"对自己和家庭以及祖国的热爱难以区分",与"人对一切值得珍惜的事物的热爱无法分离"。①

共和国不仅培养罗马人好战的精神,也给他们带来了自由。孟德斯鸠并没有具体解释他说的自由是什么,但显而易见的是,在他看来,自由是共和国这一制度的应有之义,是共和制度与其他制度的根本区别之所在。有自由则有共和国,无自由则无共和国。因此,自由可以说是罗马人普遍精神的第二个表现,它与好战结合在一起,两者相辅相成,构成了罗马崛起的内在驱动力。

孟德斯鸠接下来就叙述了罗马是如何从众多的为生存而战的民族中脱颖而出的。孟德斯鸠认为,这首先与罗马人的战术有关,而罗马人在战术上最大的创新是组建了军团。军

---

① 〔法〕孟德斯鸠:《罗马盛衰原因论》,许明龙译,商务印书馆 2016 年版,第 6 页。

团的核心是重装士兵,他们拥有比其他任何民族都要有力、都要沉重的攻防武器;军团有一支轻装士兵,他们能够迅速出击和收回;军团还拥有骑兵队、射手队及各种各样的战争器械,这些器械都随军团行动。当军团驻扎下来的时候,它就是一个设防的营地。

为保证军团的战斗力,罗马人一是强化军事训练,二是强化军事纪律。这使得罗马的军队虽然人数不多,但他们比敌人要更强壮也更有勇气。他们不会因为陷入敌阵而混乱,也不会因为被优势的敌人打败而一蹶不振。罗马也是一个善于向敌人学习的民族。对于其他民族的优点,或者说任何在罗马人看来对战争有用的东西,不管是武器还是技艺,他们都会马上把它学习过来。

孟德斯鸠说,罗马人能够强大起来,还与其供养的军队的人数有关系,而供养的军队的人数与共和国的土地制度有密切关系。罗马共和国实行土地的平均分配,这不仅能使人民强大起来,也能造就一支庞大与精良的军队。说庞大,是因为士兵占成年人口的比例高;说精良,是因为这样的军队"人人对保卫祖国寄予同样重大的关注"①。相比之下,一个土地转到富人手中的腐化国家,它的由奴隶和手工业者所组成的军队是没有战斗力的。

罗马的对手们的各种缺陷也是罗马强大起来的原因。高卢人虽然也像罗马人一样爱荣誉,不怕死,有顽强的胜利意

---

① [法]孟德斯鸠:《罗马盛衰原因论》,许明龙译,商务印书馆 2016年版,第 16 页。

志,但他们武器落后,而且不愿意向敌人学习;迦太基人的问题是他们比罗马早富足而早堕落,所以尽管他们在与罗马人的战争中取得了不少胜利,甚至一度使罗马的存在岌岌可危,但最终的胜利还是属于罗马人;希腊人有众多的城市和士兵,也有制度上的长处并且也爱好战争,精通战术,但他们却处于分裂的状态而未能结合成一体;马其顿人虽然勤劳勇敢不知疲倦,但它的国王们却无法维持一支庞大的军队;叙利亚的国王们在亚历山大的继承者中是最强大的,其主要弱点则来自宫廷,它的宫廷有着奢华、虚荣和柔弱的风气,这种风气也传染到人民和士兵的身上;至于埃及,由于自身的诸多有利条件本来是一支可怕的力量,但国王们的残暴、贪婪、低能和纵欲使他们受到臣民的憎恨,如果没有罗马人给他们撑腰,他们恐怕早就垮台了。

这就意味着罗马人的胜利几乎是天意注定、不可避免的了。当然,这里所说的"天意"一词并不合适。孟德斯鸠不相信天意,不相信命运,他相信的是人的精神。那么罗马人是如何征服其他民族的呢?这就一言难尽了。我们可以从几个层次来看。第一个层次是,罗马人征服过程中为了胜利可以说是不择手段,我们把马基雅维利在《君主论》中推荐的策略全部拿出来展示一遍可能都远远不够。他们冷酷、冷静,专心致志地盯着自己的猎物,而在敌人被打败之后,他们就用最务实的方式审判他们,削弱他们,让他们俯首帖耳;他们总是"在适当的时刻,以适当的方式,向适当的敌人开战";他们"从未真心实意与人媾和",而是想侵占一切,因而"他们签订的合约其实只是暂时停战而已";他们"在合约中提出的条件总是让那些接受这些条件的国家开始走向毁灭";他们"甚至专横地任意解释条约的含义";有时他们是在公正的条件下同一个国王缔结和约的,可是当履行这些条件时,他们"又提出另一些令人难以接受的条件,结果导致重新开战"①。

第二个层次是,罗马人特别擅长结盟和分化的手段。当罗马人身旁有许多敌人的时候,他们就和那些比较软弱的敌人缔结一项停战协定。一方面,罗马人有各种各样的同盟者,他们用不同的方式来维系与同盟者的关系。这些同盟者,要不是已经或正在逐渐沦为罗马的臣民,要不就是在同盟关系破裂后被征服而再次落入罗马的控制之下。另一方面,善于利用结盟则意味着分而治之,罗马人也是这方面的行家里手。他们在给予某些城市自由的时候,会在那里制造两个派别;他们不允许其他国家与已和罗马结盟的国家结盟;他们在征服一个大国之后,就会要求他们在和罗马的同盟者发生争端时不得诉诸战争而是要请求罗马的仲裁;他们还是所有同盟者的仲裁人;他们禁止亚细亚的国王进入欧洲;他们在其他国家发生冲突时加入到较弱的一方去。

第三个层次是,罗马只打败敌人,削弱乃至摧毁敌人,但是他们并不夺占被征服的土地。这不是因为罗马人不想这样做,而是因为时机还不成熟,还必须等待一下,即必须等到他们以自由人或同盟者的身份习惯于服从的时候,他们自然就会在共和国中丧失自我。罗马人也不强行规定任何共同的法

---

① [法]孟德斯鸠:《罗马盛衰原因论》,许明龙译,商务印书馆2016年版,第42—49页。

律,在他们看来,强行将法律和风俗习惯加诸一切民族是一件愚不可及的事情,因此在罗马,各民族之间"没有任何危险的联系",他们"都是罗马人",却不是同一个国家的同胞。在孟德斯鸠看来,这样的罗马"既非君主国,也不是共和国",而是"由全世界各族人民组成的那个躯体的头颅"①。

等到庞培彻底打败亚洲的米特拉达梯之后,罗马这一壮丽而伟大的工程就宣告完工。但在孟德斯鸠看来,庞培把众多的地区并入罗马帝国,这"与其说增强了罗马的实力,毋宁说是为罗马雄伟和庄严的景象增了光、添了彩"。也正是从这个时候起,"公众的自由受到了更大的威胁"②。这可以说是罗马由盛转衰的开始。

四

如果说罗马人好战和自由的精神是罗马共和国兴盛的原因的话,那么失去了好战和自由的精神就是罗马共和国灭亡的原因。罗马是如何失去其普遍精神的呢? 孟德斯鸠说,这有两个原因:其一是帝国的"广袤幅员",其二是"城市的巨大规模"。这是什么意思呢?

孟德斯鸠说,当罗马的统治局限在意大利境内的时候,共和国是容易维持下去的:所有的士兵同时都是公民;每个执政

① [法]孟德斯鸠:《罗马盛衰原因论》,许明龙译,商务印书馆 2016 年版,第 52 页。

② [法]孟德斯鸠:《罗马盛衰原因论》,许明龙译,商务印书馆 2016 年版,第 56 页。

官都征召一支军队,其余公民在下一任执政官的统率下奔赴前线。军队的人数既然不是太多,人们就注意只把关心保存城市的有相当财产的人吸收到军队里来。最后,元老院密切注视着将领们的一举一动,打消他们的一切非分之想。

但是,当罗马的军团越过了阿尔卑斯山和大海的时候,许多事情就发生了变化。士兵们因不得不留驻在他们所征服的地方而逐渐失去了公民意识,他们眼里只有自己的统帅,因而与罗马的关系日益疏远。他们不再是共和国的士兵,而是他们的将领的士兵了。至于他们的将领,由于感到自己的力量强大,就不想再听命于别人。到了这个时候,罗马就再也分不清"率领一支军队驻守在某个行省中的那个人,究竟是自己领地的将领抑或是自己的敌人"①。由于这些将领得到了人民的拥戴,所以元老院就算再有智慧也无能为力,共和国的覆灭就事所必然了。

如果说帝国的广袤幅员毁掉了共和国,那么城市的巨大规模同样会毁掉共和国。孟德斯鸠这里说的城市的巨大规模指的是公民权的扩大。当公民权局限于罗马人时,人民是被一种"同样的精神",即"一种同样对自由的爱、一种同样对暴政的憎恨"所鼓舞的,人民对于元老院的权力和显贵的特权的嫉妒总是和尊敬混合在一起,而这种含着嫉妒的尊敬不过是对平等的一种渴求而已。② 当意大利各民族成为罗马的公

---

① ［法］孟德斯鸠:《罗马盛衰原因论》,许明龙译,商务印书馆2016年版,第64页。

② 参见［法］孟德斯鸠:《罗马盛衰原因论》,许明龙译,商务印书馆2016年版,第66页。

民以后,他们关心的是自己的特殊利益,罗马就不再是一个统一的整体了。这时,人们就不再用先前相同的眼光看待罗马,人们也不再像从前那样地爱自己的祖国,对罗马的眷恋之情也随之消失了。

孟德斯鸠批评了那种认为罗马是由于纷争而覆亡的观点。他说,罗马一直都有纷争,而且只要它存在,将来仍会有纷争,因为罗马的士兵就是公民,他们对敌作战时一向是英气逼人、勇往直前、令人胆寒的,所以他们在面对国内事务不可能是温文尔雅的。罗马的这种纷争并不是不团结,相反,它是一种和谐的联合,其中的各个方面无论表面上有多么对立,却都是为了社会的普遍福祉,因此这种纷争就像"音乐中的不协和音有助于整体协和一样"。罗马共和国的确是亡于分裂,亡于内战,但导致内战的分裂的根源就是因为共和国规模太大。因为国家规模的变大,原来的法律已无力再统治共和国,所以其腐化堕落也就是必然的了。因此,孟德斯鸠说,罗马之所以失去它的自由是因为"它过早成就了它的事业"①。

孟德斯鸠接下来分析了罗马人腐化堕落的过程。孟德斯鸠首先说到伊壁鸠鲁学派对罗马人的心灵和精神的腐蚀作用,他举的例子是罗马人的誓言不再可信。说到这里有人可能会有疑问,罗马人在征服过程中不是毫无信用可言吗? 是这样的,他们对敌人是不择手段的,但是对自己人,他们一向说到做到。但现在他们对自己人也开始不讲信用了。当一个

---

① [法]孟德斯鸠:《罗马盛衰原因论》,许明龙译,商务印书馆 2016年版,第 69 页。

罗马人对其他罗马人说的话已不再可信的时候,国家还可以说是一个整体吗?

对罗马人的心灵和精神起了腐蚀作用的另一个因素是国家的伟大带来的巨大财富。这些财富虽然是有限的,但它带来的奢靡和挥霍却是无限的。有人因富有而堕落,也有人因贫穷而堕落,有人起初因富有而堕落后来又因贫穷而堕落。那些拥有超出私人生活所需的财富所有者很难是好公民,而那些因失去巨大财富而懊恼并试图失而复得的人,会不惜铤而走险干任何坏事。

不过,尽管到这个时候罗马已经非常腐化,但它还没有到不可救药的地步,这是因为它的制度还有很大的力量,它还保留着军事方面的美德。然而这一切很快也要失去了。使罗马失去其军事美德的,恰恰就是它最为著名的几位军事将领,特别是苏拉、庞培和恺撒。

苏拉是摧毁罗马军事美德的始作俑者。在远征亚细亚的时候,他就彻底破坏了军纪,致使士兵们劫掠成风;他凭借武力进入罗马,开了一个非常恶劣的先例;他把公民的土地分给士兵,从而养成他们无止境的贪婪;他开创了放逐制度,使人们不敢忠诚于共和国而选择投靠野心家。

庞培为了笼络人心,废除了苏拉制定的所有限制民众权利的法律,通过这种方式他得到了民众的拥戴。庞培希望人民拱手把权力交给他,但当他发现自己的威望下降了以后,就开始倒行逆施,比如用金钱腐蚀民众,再就是雇用无赖干扰政府的工作,以期造成无政府的局面,好让自己来收拾残局。当这些手段不奏效的时候,他试图与恺撒合作,结果却是搬起石头砸自己的脚。

至于恺撒,他一直就是野心勃勃的,因为他不仅把共和国的士兵完全变成了自己的士兵,还让他们公然违背元老院的命令越过卢比孔河进入罗马。从法律上来说,从恺撒和他的士兵越过卢比孔河之日起,他们就不再是共和国的保护者,而变成"共和国的叛徒"。正是因为这个原因,恺撒的凯旋之日,就是共和国丧钟的敲响之时。

共和国的确死于恺撒之手,但这是因为它总要死于某个人之手。即使恺撒没有毁灭共和国,迟早也会有另一个人这样做的。反过来说,即使刺杀了恺撒,共和国也不可能再死而复生,这是因为"导致共和国倾覆的那些原因依然存在"①。暴君是没有了,但自由也没有了。庞培、克拉苏和恺撒都想在共和国里造成一种无政府状态而且都取得了成功。他们取消了一切可以防止风俗败坏的东西,取消了一切可以建立良好社会秩序的东西,他们学会了用金钱来贿买人民,他们拼命地要把他们的公民变得尽可能地坏,设法使人民讨厌自己的权力,设法把共和国的统治弄得极不方便,最终使自己成为必不可缺的人物。

屋大维(奥古斯都)在成为罗马的主人之后,设法恢复了秩序,但这种秩序不过是一种持久的奴役罢了,因为"在一个最高权力刚刚被篡夺的自由国家里,凡是能够确立唯一统治者无限权力的一切,都被称作规则"②。屋大维建立的是一个

---

① [法]孟德斯鸠:《罗马盛衰原因论》,许明龙译,商务印书馆 2016 年版,第 85 页。

② [法]孟德斯鸠:《罗马盛衰原因论》,许明龙译,商务印书馆 2016 年版,第 93 页。

不折不扣的君主政体,他的一切行动,他的一切命令,无一不是显而易见地建立君主政体①;他宣称会卸下担子,但这不过是在故作姿态;他用柔和的办法把罗马人引向奴役,而人民却还以为他们是自由的。

屋大维取消了凯旋庆典的习俗,或者更准确地说,他把凯旋庆典变成了君主独享的特权,这样一来,那些高级将领们就再也得不到这种提高他们声望的荣誉了。实际上,维护和平已经取代进行战争成了罗马帝国的行动准则,因为人们认为胜利只会使军队找他们的麻烦,军队会因为胜利而要求过高的价钱的。对那些手握军权的人来说,他们也害怕接受重任,因此他们都努力把自己的荣誉缩减到这样的地步,那就是:事情只能引起君主的注意,却又不使他嫉妒,还应当不在他面前过分显露光芒,使他无法忍受。

一旦没有了好战和自由的精神,罗马实际上就死了。这不仅是说,现在的罗马无论是在制度、法律还是在人民的心灵和精神上都与过去的罗马不同,它还意味着这个罗马已经失去了生命力,它之后所做的一切都不过是苟延残喘而已。这个罗马的皇帝集大权于一身,贵族们变成了谄媚者,军队失去了战斗力,人民变成了天下一切民族中最可恶的一个民族,到这个时候,它已经无可救药,像统治者的个人品质以及外部环境这样一些偶然因素只能是加速或延缓

---

① 在《罗马盛衰原因论》中,孟德斯鸠的政体分类思想显然还没有像《论法的精神》中那样明确,这主要表现在他经常用君主政体或暴君制的说法来指《论法的精神》中的专制政体。

它的死亡而已。

　　从第十二章到第二十三章,孟德斯鸠叙述了罗马帝国的死亡过程。有许多因素或直接或间接地加速了这一进程,如帝国的分裂、受亚洲风俗的影响、皇帝个人的品格、入侵者的逐渐强大等。不过它们其实已经不重要了。这就像树上的一个果子,在它完全成熟之后,它的命运就已经注定了,就算它没有被什么动物吃掉,它自己最后也会因为腐烂而落入泥土之中。罗马帝国迟早是要灭亡的,就像河流最终要汇入大海一样。至于是东罗马帝国先灭亡还是西罗马帝国先灭亡,以及它们是死于这个民族之手还是死于那个民族之手,区别已经不大了。

五

　　上面我们所说的,就是作为一部历史学著作的《罗马盛衰原因论》告诉我们的东西。我们说,孟德斯鸠写作该书,目的之一就是通过考察罗马盛衰的原因来阐述自己对于历史发展的规律和动力的见解,而这个动力,就是民族的"普遍精神"。孟德斯鸠认为,罗马共和国的兴起和强盛,靠的就是"好战"和"自由"的精神,而在这些精神丧失之后,共和国的覆灭就成了历史的必然。那么,孟德斯鸠写作《罗马盛衰原因论》的目的,究竟是在为罗马共和国唱一首赞歌还是在唱一首挽歌?他是不是像有些学者说的是"为共和制度提供历史的、理论的辩护,用以反对当时的专制暴政"呢?我们从罗马盛衰的原因当中,又能够得到什么样的经验或教训?

可以看到,在《罗马盛衰原因论》中,孟德斯鸠的确给予了共和国高度的评价,而对专制暴政予以激烈的批判。在孟德斯鸠看来,共和与专制的区别就在于有没有自由,而有没有自由取决于能否防止权力的滥用。共和国是通过将权力分散掌握在各个阶层的人手里来实现防止滥用权力从而保障自由的。正如孟德斯鸠所说的,罗马政体的优良之处就在于"这个政体自建立以来,借助人民的精神、元老院的力量和某些官员的威望,所有滥权行为都得到了矫正"①。在罗马,贵族与人民的确从共和国建立之初就相互倾轧,因而使国家经常处于动荡的局面,但在孟德斯鸠看来不仅无碍于自由,反而是自由的体现,因而应当永远延续下去。与之相对的专制暴政则是将国家所有权力集中在某个人或某一些人手上,这正是苏拉、庞培、恺撒和屋大维等人所做的事:苏拉制定法律加强了元老院的权力,压制了人民的权力;继之而起的庞培取消了这些法律,但他所采取的措施改变了共和国的制度,那就是最有势力的公民们使人民把一些非常的任务托付给他们,而这样做就消灭了人民和高级官吏的权力,并使得一个人或几个人能够把全部国家大事掌握到自己手里;至于恺撒,他完全视元老院如无物,直接替元老院作决定。的确,是恺撒消灭了共和国,但孟德斯鸠说,在这一点上不应该责怪某些个别人物的野心,应该责怪的是人:他越是有权力,就越是拼命想取得权力;

① [法]孟德斯鸠:《罗马盛衰原因论》,许明龙译,商务印书馆 2016 年版,第 63 页。

正是因为他已经有了许多,所以要求占有一切。这一点在其后的历史进一步得到了证明。我们看到,在恺撒之后,皇帝的地位成了一切罗马高级官吏职位的总和,他的权力,就是一种"暴君的权力"。孟德斯鸠对此是极为痛恨的,他明确地说:"以为世上有一种在任何方面都能独断专行的人间权力,这是一种错误的观点,这种人间权力从来没有,今后也绝不会有,权力再大也有边。"①追求无限的权力,必然会导致自我的灭亡。从这一点说,颂扬共和制度,批判专制制度,的确是《罗马盛衰原因论》的一个基本思想。

　　然而我们也要看到,罗马共和国的普遍精神,除了自由,还有好战,而且这两者是不可分割的。共和国的自由催化了罗马人好战的精神,而好战的精神推动了共和国的扩张,但共和国的扩张最终又导致了它的毁灭。这一点又该如何看待呢?孟德斯鸠说,自由国家之所以寿命短于其他国家,原因在于它们所遇到的福与祸,几乎无一例外地使它们丧失自由。②如果是这样的话,那么这岂不是说,共和国自身就埋下了灭亡的种子,它就是自己的掘墓人?如此一来,共和制度的价值又在哪里?历史发展的方向又在哪里?

---

　　①　[法]孟德斯鸠:《罗马盛衰原因论》,许明龙译,商务印书馆 2016年版,第 172 页。

　　②　在《论法的精神》的第十一章第六节,孟德斯鸠论述了英国的政体是如何建立起政治自由的(这通常被视为他分权学说的体现),但他又说,人世间的一切事物都有一个终结,我们所谈的这个国家也终于有朝一日会失去自由,也会陷入灭亡。由此可见,孟德斯鸠的这一思想并非一时兴起的念头,而是根深蒂固的。

孟德斯鸠没有告诉我们这些问题的答案。在《罗马盛衰原因论》中,最接近的答案是这样一句话:共和国若是足够明智,那就不应进行结局凶吉不明的冒险,它唯一追求的便是国祚永续。(《罗》,9)孟德斯鸠的意思是说共和国不应实行扩张政策吗?看起来应该是这样,因为他在后面接着说,"罗马的法律后来变得软弱无力,难以继续治理共和国。但是,我们始终看到的一个事实是,一个小共和国一旦变成大共和国后,当初促成这个变化的那些优良法律反而变成了负担;究其原因,这些法律理应发挥的作用是缔造一个大国,而非治理一个大国"。(《罗》,9)在后来的《论法的精神》中,孟德斯鸠更明确地指出:"从自然特质来说,小国宜于共和政体,中等国宜于由君主治理,大国宜于由专制君主治理"。因此,要维持一个国家原有政体的原则,就必须"维持原有的疆域",因为"疆域的缩小或扩张都会变更国家的精神"。(《法》,8.20)

因此,如果孟德斯鸠确实认可共和制度的价值的话,如果共和制度的价值确实在于人民的自由的话,那么我们从他的论述中最有可能得出的结论就是:共和国不应致力于对外扩张,而应该将疆域控制在一定范围内,从而避免专制的出现。但这样一来,孟德斯鸠所反对的,与其说是专制主义,不如说是帝国主义,因为一个国家的扩张,不管是成功还是失败,人民得到的都会是奴役。如果我们把共和国之外的那些被征服民族的命运加进去考虑的话,这一点就更明确了。一个国家对外征服的结果,就是把众多的其他民族置于自己的统治之下。如果它不能平等地对待这些新加入者,那么这个国家对他们来说就不是共和而是专制;① 如果它把所有民族组成一个联盟,这样的联盟也不可能是一个和谐的整体,而作为一个和谐的整体正是早期罗马生命力的源泉。罗马共和国能够通过主动改变法律来适应版图的扩大吗? 孟德斯鸠的答案是否定的,他以现代的某个正在扩张的共和国为例说,当它扩大了一定的规模后,必然会变更自己的法律,但是这一行为将不是立法者的作为,而是腐败使然。就这一点来说,孟德斯鸠虽然承认历史的发展是有规律的,但他的结论有着宿命论的意味,其历史观很难说是进步的。

当然,这一切都只是笔者个人对《罗马盛衰原因论》的理解。《罗马盛衰原因论》究竟说了什么,最终还是需要每位读者自己去寻找答案。或许它的确像有的人说的那样是一本很"晦涩"的书,而他在该书的前半部分对罗马征服过程的大肆铺陈以及在一定程度上的赞赏即使与该书的论旨不是"自相矛盾的",也具有相当强的反讽意味。对于该书,笔者的基本看法是:它还是一部值得我们认真去研读的著作,虽然它不像《波斯人信札》那样有趣,也不如《论法的精神》那样成熟,但它是孟德斯鸠思想发展的一个重要环节,而且也比较典型地反映了 18 世纪的哲人们对历史的某种理解。孟德斯鸠的历史观虽然还不够成熟,但它已经完全摆脱了基督教神学思想的影响,试图从生活在一定社会中的人的精神状态来把握历

_____

① 关于一个共和国对外征服的后果,孟德斯鸠在《论法的精神》的第十章中也有论述,其中说到,如果一个民主共和国征服一个民族,为的是把该民族当作臣属来治理的话,它便是把自己的自由放置到危险的境地。这一论断"也适用于贵族政治的国家"。(《法》,10.6—8)

史发展的规律。① 另外,该书在文学史上也有一定的价值。夏克尔顿就说,《罗马盛衰原因论》中所使用的法语达到了"炉火纯青"的地步;孟德斯鸠的语言"朴实而又简洁";偶尔采用的比喻、突如其来的对偶、字字珠玑的格言,更是引人入胜。② 读过该书的人都会承认,这一评价并不过分。

---

① 当时及之后有很多人批评孟德斯鸠写罗马历史却不写基督教,他们大概是没有注意到孟德斯鸠的这些话:希腊人从来不知道教会权力的性质和界限,也不知道世俗权力的性质和界限各在何处,因而接连不断地时而向东,时而向西,总是迷失正确方向。孟德斯鸠认为:"人民的安宁有赖于教会权力和世俗权力的上述重大区分,这种区分不但建立在宗教的基础之上,也建立在理性和自然的基础之上。依据理性和自然的要求,有些事物应该切切实实地彼此分开,永远不能混同,唯有分开才能持续地存在。"见〔法〕孟德斯鸠:《罗马盛衰原因论》,许明龙译,商务印书馆 2016 年版,第 172 页。笔者认为,孟德斯鸠的这些话里包含了这样一个意思,那就是教会权力由于不是建立在"理性和自然"的基础上,因此无规律可循,故而不适合作为历史学的研究对象。

② 参见〔英〕罗伯特·夏克尔顿:《孟德斯鸠评传》,沈永兴、许明龙、刘明臣译,上海人民出版社 2018 年版,第 174 页。

第四章 《论法的精神》导读之一：基本内容

就名气而论,在西方近代政治思想史上,能与孟德斯鸠的《论法的精神》相提并论的著作屈指可数;而就地位而论,《论法的精神》自面世之日起就被时人誉为堪比亚里士多德的《政治学》的一部巨著,这一评价的确也经受了历史的考验。该书立论之宏大,涉及领域之广泛,引用资料之丰富,文笔之生动活泼,无一不给读者留下深刻的印象。不过另一方面,该书又因其篇幅长、内容庞杂、条理性貌似不足而被许多读者视为畏途。另外,围绕该书的主题、思想和结构还存在着许多争论,这些争论说到底其实就是针对这样一个问题,那就是孟德斯鸠在书中究竟说了些什么。要回答这个问题,我们有必要先将全书的内容通览一遍。

一

我们现在读到的《论法的精神》共三十一章,六百零六节,每个章节都有编号和概括其内容的标题。这三十一章共分为六卷,但每卷都没有标题。有不少人都尝试过去归纳每卷的内容,但最终发现这是费力不讨好的事。当然,有的卷比较容易归纳,而有的卷则比较困难。这其中的一个原因,是因为各卷的划分并不完全是出于内容上的考虑,它还因为出版上的需要。另外,这部鸿篇巨制我们现在都称之为《论法的精神》,因此很容易想当然地认为它全部的内容都是在论述所谓的"法的精神",但其实《论法的精神》只是一个简称,该书出版时的全名叫《论法的精神或论法律与各类政体、风俗、气候、宗教、商业等之间的关系,附加作者对罗马继承法、法国法律和封建法律的最新研究》。这里顺便说一句,给一本书起这么长的名字在近代早期的欧洲是一种流行的做法,比如霍布斯的《利维坦》的全名是《利维坦,或教会国家和市民社会的实质、形式和权力》,洛克的《政府论两篇》的上下篇的全名分别是《罗伯特·菲尔麦爵士及其追随者的错误的原则和基础》和《公民政府真正的起源、延伸与终结》,而伏尔泰的《风俗论》的全名则是《自查理曼大帝至路易十三时代的通史和世界各国的民族精神、礼仪、风俗习惯》。① 从《论法的精神》的原书名我们可以看出,该书的部分内容其实与"法的精神"这一主题之间关系并不大,但由于它们与其他章节夹杂在一起合为一卷,所以我们确实难以用一个简洁明确的标题

---

① 这还不算夸张的,像我们熟悉的英国作家笛福的《鲁宾逊漂流记》,它的全名是"约克镇海员鲁滨逊·克鲁索自述他的生涯及惊奇冒险;他独居美洲海边奥龙诺克河口附近的荒岛上达28年,同舟者都于海难中丧生,鲁滨逊·克鲁索一人独自漂流岸上,侥幸余生;最后同样情节奇特,一只海盗船将他从岛上救出"。这已经完全是剧情简介了。

去概括其内容。

不过我们确实认为《论法的精神》一书的主题就是在论述所谓的"法的精神"。对这句话,不了解情况的人可能会认为它是一句废话,而了解情况的人则可能认为它是错误的。这个问题我们暂时不讨论,而只想指出这样一点:这句话是孟德斯鸠自己说的。在《论法的精神》第一章中,在对"法"与"法的精神"这两个概念作了界定之后,孟德斯鸠就说,研讨"法的精神"就是他"打算在这本书中所要进行的工作"。(《法》,1.3)至于他是不是完全做到了这一点,笔者的看法是:没有。主要理由有二:第一,孟德斯鸠在书中不只是论述了"法的精神",他还论述了其他的东西(即使除开"罗马继承法、法国法律和封建法律的最新研究"这几部分);第二,孟德斯鸠并没有完整地论述所谓的"法的精神"。这个问题很复杂,我们后面会单独再谈。这里我们先从《论法的精神》各部分的内容来看看孟德斯鸠在书中到底说了些什么。

我们从正文前面的作者自序说起。孟德斯鸠的这篇自序篇幅不长,是他对写作该书的基本原则、目的和过程的一个简单说明。一般来说,作者自序里的话是需要认真对待的,比如"读者对一本 20 年的著作不要读一会儿就进行论断;要对整本书,而不是对几句话,加以赞许或非议"这句话;当然还有这句话:"我建立了一些原则。我看见了:个别的情况是服从这些原则的,仿佛是由原则引申而出的;所有国家的历史都不过是由这些原则而来的结果;每一个个别的法律都和另一个法律联系着,或是依赖于一个更具一般性的法律。"但有些话可能也不用太当真,比如"我要感谢天,使我出生在我生活所寄托的政府之下"这句话;还有"在这本书里,人们是找不到奇趣奔逸的笔墨的"这句话。特别是这后一句,我们只要随意翻开《论法的精神》读上几页就会认为它其实是欲盖弥彰。关于孟德斯鸠的笔法问题我们后面会专门谈到。就该书的写作目的来说,孟德斯鸠告诉我们,他撰写本书,不是为了"非难任何国家中已经建立了的东西",而是想"启迪人民",即向每个人提供新的理由去"爱他的责任、爱他的君主、爱他的祖国、爱他的法律",让他们在每一个国家、每一个政府和每一个岗位上都更加感到幸福;他的另一个目的是让"那些发号施令的人增加他们应该发布什么命令的知识",并"使那些服从命令的人从服从上找到新的乐趣"。孟德斯鸠相信自己的著作能获得成功,这一是因为其"主题的庄严性",二是因为自己不是"完全缺乏天才的"。

第一卷共有八章,除第一章《一般的法》可作为全书的总论之外,其他七章谈论的是"政体"和"政体原则"。在第一章中,孟德斯鸠首先给出了一个"法"的定义("从最广泛的意义来说,法是由事物的性质产生出来的必然关系"),然后以此为据区分了不同类型的"法"(包括上帝的法、物质世界的法、高于人类的智灵们的法、兽类的法和人类的法)。孟德斯鸠并没有打算论述所有的法,他要论述的只是人类的法。人类的法包括"自然法"①和"人为法",人为法又分为国际法、政

---

① 不少学者把孟德斯鸠归于近代自然法理论家之列,这一点可能值得商榷,因为我们可以看到孟德斯鸠所谓的自然法与之前的霍布斯和洛克等人说的自然法不同,它指的是所有生物都遵循的法则而不是人类所特有的法则,它并不在孟德斯鸠所要论述的"法"的范围内。

治法和民法。国际法、政治法和民法就是孟德斯鸠所要论述的"法"，而重点又在后两者——当孟德斯鸠说专制政体没有法律时，他主要的意思就是说它没有政治法和民法。接下来孟德斯鸠说"法"是人类理性，每个国家的政治法规和民事法规只是把这种理性适用于个别的情况。法如何是由事物本性产生出来的"必然关系"同时又是"人类理性"的体现呢？这两种说法之间显然存在跳跃，需要加以梳理。由于各国的法律是人类理性在各个具体场合的实际应用，而不同的国家由于制度、自然条件以及人民的生活方式等的不同，因此适合于它们的法律也各不相同。法律与其环境的各种因素之间的关系就构成了所谓的"法的精神"，而探讨"法的精神"也就是孟德斯鸠在本书中给自己设定的任务。

由于"政体的原则对法律有最大的影响"，所以孟德斯鸠"首先研究法律同每一种政体的性质和原则的关系"。为此，他在第二章"由政体的性质直接引申出来的法律"中，首先将政体分为君主、共和与专制三种政体①（其中共和政体又可以分为民主政治和贵族政治两种），它们的性质分别是：共和政体是全体人民或仅仅一部分人民握有最高权力的政体；君主

---

① 孟德斯鸠在提出这种政体三分法时，说自己是"假定了三个定义"，又说这"毋宁说是三个事实"。这引起了一些争议，有的学者认为孟德斯鸠是把现实中的各种政体划分为三种类型，而有的则认为他的三种类型的政体划分只是一种理论上的"理想"模型。对此，笔者的看法是，任何用来作为分析工具的概念都像马克斯·韦伯所说的那样是一种精神的构建，都带有"理想类型"的特征，它抽象出事物最核心的特征而忽略其他特点，故而它基于现实但又不可能穷尽现实，也不提供任何道德上的理想。

政体是由单独一个人执政,不过遵照固定的和确立了的法律;专制政体是既无法律又无规章,由单独一个人按照一己的意志与反复无常的性情领导一切。孟德斯鸠对政体的这种分类很值得我们细细去体会。从表面看来它是有问题的,因为它同时使用了两个标准:共和政体与君主政体和专制政体的区分在于掌权者的人数,而君主政体和专制政体的区分在于是否按法律统治。这在逻辑上肯定是有问题的,这一点如何理解需要我们进一步的思考。笔者认为这个问题非常重要,它涉及我们对于孟德斯鸠整个政治思想的内容和性质的理解,对此我们后面将有详述。这里也顺便说一句,有人认为孟德斯鸠的贵族政治是由少数人统治,这并不符合孟德斯鸠的原意,他只说一部分人,这一部分人可能是少数,但也可能是多数。本章后面几节中孟德斯鸠谈的是与几种政体的性质有关的法律,我们就不多说了,这里面特别值得我们关注的可能是民主政治"只有人民可以制定法律"、"最好的贵族政治是没有参与国家权力的那部分人民数目很少并且很穷"、"君主政体的性质是'中间的'、'附属的'和'依赖的'这些权力所构成"以及"专制的国家没有任何法律"这样一些说法。

第三章论述的是"三种政体的原则"。孟德斯鸠所谓的政体的原则指的是"使政体行动的东西",是使政体运动的"人类的感情",也可以说是维持一个政体所需要的精神力量。孟德斯鸠所说的各类政体的原则我们都耳熟能详了,它们分别是:民主政治的原则是品德,贵族政治的原则是以品德为基础的节制,君主政体的原则是荣誉,而专制政体的原则是恐怖。这里需要特别提一下的是,孟德斯鸠多次强调他所谓的品德是政治上的品德,即爱祖国、爱平等。但是,政治品德与私人品德之间是什么关系,用亚里士多德的话来说就是:一个好公民也应该是一个善人吗? 孟德斯鸠思想中的这个问题也值得我们关注。他在下一章谈到了这一点,他的说法是:政治品德是私人品德的根源,私人的品德不过是以公共利益为重而已。(《法》,4.5)当然,这只是就共和政体而言。把某种类型的政体与人类的某种道德的或精神的状态联系在一起,这种做法在西方历史上古已有之,在近代也并不鲜见,不过孟德斯鸠确实可以说是对之进行系统论述的第一人。

第四章论述的是三种政体下教育的法律是如何与各自的政体原则相适应的。为何首先论述教育的法律? 这是因为孟德斯鸠认为教育的法律"是我们最先接受的法律"。既然每种类型的政体的维系都与某种人类的精神状态相关,那么培育这种精神对于每种政体来说当然就是头等重要的事。很显然,不同的政体教育的目的要与其原则相一致。比如在君主国中,荣誉就"应该在各处都引导我们";(《法》,4.2)反之,对专制政体来说,教育"就必须是奴隶性的了",因为专制政体要求的是"绝对的服从",而这就意味着"服从者是愚蠢的"。因此,在专制国家,教育从某些方面来说"是等于零的"。(《法》,4.3)相应地,共和政体之下的教育就在于激发人们"对法律与国家的爱"。(《法》,4.5)对民众教育的重视也是西方政治思想史的一个传统,我们所熟知的像古代的柏拉图和亚里士多德以及近代的洛克和卢梭等人都花费了大量笔墨来论述这个问题。

第五章论述的是"立法应与政体的原则相适应",其内容应该不难猜到,原则上来说也应该如此。具体就各种政体来说,民主政治应该将爱平等和爱俭朴订入法律,因为"财富的平等保持着俭朴,而俭朴保持着财富的平等",两者"互为因果",不能分别存在;(《法》,5.6)贵族政治下法律应该尽可能地鼓励宽和的精神,并努力恢复国家在体制上所必然会失去的平等;(《法》,5.8)君主政体下法律应该努力支持贵族,因为"荣誉可以说就是贵族的产儿,又是贵族的生父";(《法》,5.9)至于专制政体,因其原则是恐怖,所以"人民是不需要很多法律的",它的宗教的影响比什么都大,它是"恐怖之上再加恐怖"。(《法》,5.14)本章给人们留下最深刻印象的可能是孟德斯鸠在第十三节中对专制主义的一个论断,这一节的标题是"专制主义的意义",其全部内容就是这样一句话:路易斯安纳的野蛮人要果子的时候,便把树从根柢砍倒,采摘果实。这就是专制政体。孟德斯鸠的写作风格由此可见一斑。

第六章谈论的是"各政体原则的结果和民、刑法的繁简、判决的形式、处刑等的关系"。一般认为,本章是孟德斯鸠法治思想的一个集中体现。在民法和刑法的繁简方面,孟德斯鸠说,君主国"法律上的规条、限制和引申极多,产生了浩繁的特殊案例",所以必须要有法院,而人民也不能不求助于法院;专制国家的情况则迥然不同,它几乎没有民法,司法程序也很简单,对它来说,结案的方式无关紧要,只要结了案就行了。孟德斯鸠认为,如果我们从"司法程序同公民的自由和安全的关系"去考虑的话,就会看到"司法上的麻烦、费用、延迟,甚至危险性,都是每一个公民为着他的自由所付出的代价"。(《法》,6.2)孟德斯鸠明确地表示了对严刑峻法的反对,他说:"治理人类不要用极端的方法;我们对于自然所给与我们领导人类的手段,应该谨慎地使用。如果我们研究人类所以腐败的一切原因的话,我们便会看到,这是因为对犯罪不加处罚,而不是因为刑罚的宽和。"(《法》,6.12)

第七章谈论的是"政体原则与节俭法律、奢侈以及妇女身份的关系",其内容简单地说就是:孟德斯鸠认为民主政治和贵族政治需要节俭的法律,但对君主政体和专制政体来说,奢侈是必要的。不过,君主政体和专制政体需要奢侈的原因并不一样:"在君主国,奢侈是人们享受他们从自由中得到的东西;在专制国家,奢侈是人们滥用他们从奴役中所得到的好处。"(《法》,7.4)"妇女身份"这一部分谈的是"妇女执政"问题,对此孟德斯鸠持肯定态度,他认为妇女因为"软弱",所以"较为仁厚宽和",这"比严峻残暴的性格更能施行善政"。这一观点是否正确姑且不论,关键是我们很难看出这一部分内容与本章主题之间有什么联系,即使把它放在刑罚的轻重那一部分也会显得很合适。

第八章谈论的是"三种政体原则的腐化"。所有单一性质的政体都会腐化,都会走向它的反面或变成另一种性质的政体,这种思想在西方历史上有着悠久的历史,孟德斯鸠可以说就是继承了这一思想传统。孟德斯鸠认为,政体的腐化是从其原则的腐化开始的。就民主政治来说,当人们不但丧失了平等的精神,而且产生了极端平等的精神的时候,其原则就腐化了;贵族政治的腐化在于贵族们的权力变成了专横的;君主政体的腐化在于君主将贵族和地方的权力集于自己一身;至于专制政体,它的原则是在不断腐化的,因为这个原则"在性质上就是腐化的东西"。(《法》,8.10)孟德斯鸠认为,政体的原则一旦腐化,最好的法律也要变坏,反而对国家有害;但是在原则健全的时候,就是坏的法律也会发生好的法律效果。原则的力量带动一切。(《法》,8.11)孟德斯鸠还提出防止政体原则腐化的方法,很有意思的是,他认为这个问题的关键在于国家领土的面积。他的基本观点是:如果从自然特质来说,小国宜于共和政体,中等国宜于由君主治理,大帝国宜于由专制君主治理的话,那么,要维持原有政体的原则,就应该维持原有的疆域,疆域的缩小或扩张都会变更国家的精神。(《法》,8.20)这一点在他的思想中饱受非议,如何看待它无疑会涉及对孟德斯鸠"法的精神"的理解。

二

第二卷从第九章到第十三章。这一卷的核心概念应该说是"自由",不过第九、十两章与此的关系似乎并不密切。或许有人认为第九章《法律与防御力量的关系》谈论的是安全问题,而第十章《法律与攻击力量的关系》也说到了被征服民族的自由问题,因此它们都与自由问题相关,但这样说过于牵强。就第九章来说,一般认为它最有价值的部分就是提出了"联邦共和国"的概念。按传统的政治理论,一个小共和国容易亡于外力,而一个大共和国则容易亡于内乱,而联邦共和国为解决这个两难的问题提供了一个可能的方案。我们知道,这就是美国1787年宪法的联邦主义方案的理论渊源。第十章主要谈论的是对外征服问题。这部分如果说跟法律有什么关系的话,那么它主要是国际法而非国内法。从思想来看,孟德斯鸠并不反对征服,相反,他认为征服对于被征服民族来说还能带来一些好处,但他反对由征服带来的奴役;另外,孟德斯鸠强调了对被征服民族风俗的保留。

第十一章《规定政治自由的法律和政制的关系》可能是《论法的精神》一书中被谈论最多同时也被认为是最有价值的章节,孟德斯鸠最为人所熟知的分权思想,主要就出自该章第六节《英格兰政制》,它也是《论法的精神》中篇幅最长的一节。在本章中,孟德斯鸠首先给出了自己的"自由"定义(自由仅仅是一个人能够做他应该做的事情,而不被强迫去做他不应该做的事情),然后就考察什么样的政制下有自由。为此,他不仅考察了英格兰的政制,还花了大量的篇幅来考察其他"宽和政体"特别是罗马共和国的三权分配情况。这个问题太重要了,后面我们有专门的论述,这里暂不多说。

第十二章谈论的是"建立政治自由的法律和公民的关系",从"自由"的角度来看,它可以说是对上一章内容的补充。孟德斯鸠在这两章标题中提到的"政治自由"、"法律"、"政制"和"公民"几个概念之间关系的说法很拗口,其实简单一点说就是:上一章谈的是公民自由与政制的关系,这个"政制"主要与一个国家的基本法律(可以说就是宪法)有关;本章谈的是公民自由与风俗、规矩、惯例和刑法及民法的关系,其中最重要的是刑法,因为孟德斯鸠认为,公民的自由"主要依靠良好的刑法"。(《法》,12.2)孟德斯鸠说,刑罚应该根据犯罪的特殊性质去规定,不能滥用,据此他提出了一系列的法治原则,如法律只能惩罚外部的行为,不能惩罚思想;法律几乎不可能因言语而处人以死刑等。这一章可以和第六章结合起来看，它既集中体现了孟德斯鸠的自由思想，也集中体现了他的法治思想。

第十三章谈的是"赋税、国库收入的多寡与自由的关系"。就国家收入来说，孟德斯鸠认为它是"每个公民所付出的自己财产的一部分，以确保他所剩余财产的安全或快乐地享用这一财产"，故而其规定"应该兼顾国家和国民两方面的需要"。(《法》,13.1)对于一个国家应该征收哪些税，征收多重的税，孟德斯鸠认为这要考虑到"政体"和"有无农奴"这两个方面的因素，而不能简单地认为重税本身就是好的。总的来说，孟德斯鸠认为专制政府的赋税应该特别轻，否则就"没有谁愿意自找麻烦去耕种土地"，而且专制政府下的国民"所付出的东西从没有以任何东西去补偿"，(《法》,13.10)所以他们也没有能力去缴纳重税；反之，在政治宽和的国家，就可征较重的赋税，这是因为"自由"可以补偿人民的付出。(《法》,13.12)

第三卷从第十四章至第十九章，它谈的是法律与气候、土壤以及"构成一个民族的一般精神、风俗与习惯的那些原则"的关系。其中第十四章是对法律与"气候的性质"的关系的一个总论，这也是人们经常谈论的一个章节。从地理环境因素来解释人们的精神状态进而解释一个国家的社会政治制度，孟德斯鸠不是始作俑者，以前的亚里士多德和布丹等人都这样做过。这种做法不管其最终的结论如何，在某种意义上它都可以说是想把政治学变成一门科学的尝试。孟德斯鸠认为，人的精神气质和内心的感情因气候的差异而不同，比如在寒冷的地方，冷空气把我们身体外部纤维的末端紧缩起来，这会减少这些纤维的长度，从而增加它们的力量，因此寒冷气候下的人便有充沛的精力，并因而有"较强的自信"、"较少复仇的愿望"、"较为直爽，较少猜疑、策略和诡计"；炎热气候条件下的人则刚好相反。(《法》，14.2)孟德斯鸠相信一个国家的宗教、风俗、习惯和法律都受气候的影响，比如"东方各国"的人民因为"器官的纤弱"而产生"精神上的懒惰"，从而使他们的法律、风俗、习惯千百年来保持不变。(《法》，14.4)孟德斯鸠仅仅把气候区分为"寒冷"和"炎热"两种类型显然是太简单化了，他关于不同的气候造就了不同的生理和心理状态的说法也很难说是科学的，但我们能不能据此说他是一位地理环境决定论者呢？这个问题在孟德斯鸠研究中一直有着争议。不过值得注意的是，在谈论气候对一个国家的法律及风俗习惯的影响之后，孟德斯鸠又说，不和气候的弱点相抗争的是坏的立法者。(《法》，14.5)这句话应该如何理解？我们的理解是，在人类社会早期，他们的社会制度受气候的影响比较大，但发展到一定程度后，就可以有意识地去克服气候的不利因素。①

　　第十五章的标题是《民事奴隶制的法律和气候的性质的关系》。所谓"民事奴隶制"是与后面两章要谈的"家庭奴隶

---

　　① 　对于地理环境因素对人类历史发展的影响，美国学者贾雷德·戴蒙德在《枪炮、病菌与钢铁——人类社会的命运》一书中指出，不同地区的人们以不同的速度发展，其原因就在于民族环境的差异，而不是民族自身在生物学上的差异。参见［美］贾雷德·戴蒙德：《枪炮、病菌与钢铁——人类社会的命运》，谢延光译，上海译文出版社2016年版，第3—15页。

制"(对妇女的奴役)和"政治奴隶制"(国家对人民的奴役)相对而言的,它指的是公民对其他人的奴役。孟德斯鸠其实并没怎么谈论这一制度与气候的关系,而是明确地表示了对它的反对态度,他认为奴隶制"在性质上就不是好制度",它"无论对主人或是奴隶都没有益处"①。(《法》,15.1)奴隶制是"违反自然的",因为"一切人生来就是平等的"。(《法》,15.7)对于君主国和共和国来说,奴隶的存在都是违背政制的精神的。孟德斯鸠考察了奴役权的起源问题,认为其根源就在于专制政府之下的"政治性的奴役"毁灭了"民事上的自由",即人们为了自己的利益"自由地"选择了一个主人。(《法》,15.6)认为成为奴隶是人们自己选择的结果,这种说法显然值得商榷。对于实际存在的奴隶制,孟德斯鸠主张,民法一方面"应该努力消除它的弊端";另一方面"应该防止它的危险",这一点对政治宽和的国家来说尤其重要。(《法》,15.11)

第十六章《家庭奴隶制的法律和气候的性质的关系》讲的是妇女的奴役问题,特别是一夫多妻制下妇女的地位问题。对一夫多妻制的成因,孟德斯鸠谈到了气候(寒、温、热)的影

---

① 孟德斯鸠说,奴隶制对每个国家中的那一小部分富裕、淫逸的人是"有用处的",但是"从另外一种观点来看,我想这部分人当中没有一个愿意抽签决定谁应该做国家的自由人,谁应做奴隶。那些最尽力为奴隶制辩护的人,便是那些最害怕这种抽签的人,而最穷苦的人也将一直害怕。因此,赞成奴隶制的叫嚷,就是奢侈和淫逸的叫嚷而已,并不是爱护公共幸福的呼声"。(《法》,12.9)这段话可以说是罗尔斯在《正义论》中提出的无知之幕下的公平程序的先驱。

响,他认为欧洲的气候宜于一夫一妻制,而一夫多妻制则适合于热带地区。之所以如此,除了气候对男女性情和容貌等方面的影响外,还因为"在炎热的气候里,人们的需要较少,赡养妻子和子女的费用也较少,所以能够娶较多的妻"(《法》,16.3)。这个说法给人的感觉很牵强,不过跟下面的说法比起来还算是有道理的,因为孟德斯鸠接着就说,一夫多妻制还有一点也与气候有关,那就是"欧洲生男多于生女",而"亚洲和非洲则相反"。(《法》,16.4)孟德斯鸠这方面的一些论述容易让人们对他所依靠的资料特别是关于亚洲妇女的资料的准确性产生怀疑。如果他得到的是一些不同的数据的话(比如印度某地妇女对男子数目的比例不是十比一而是一比一),我们不知道他是否会修正自己的观点。

第十七章《政治奴役的法律和气候的性质的关系》本身没有多少新意,它不过是重复了第十四章的观点,即认为炎热和寒冷会对人的精神和身体产生不同的影响,结果就是热带民族易于成为奴隶而寒冷气候的民族能够维护自己的自由。(《法》17.2)为了证明自己的这一观点,孟德斯鸠声称"亚细亚是没有温带的",它"和严寒的地区紧接着的就是炎热的地区"。(《法》,17.3)这种说法自然会遭到我国学者的反对。另外还有一点就是,孟德斯鸠如何解释俄罗斯的专制主义呢?这个极端寒冷的国家,这个"你要剥了俄罗斯人的皮才能使他有感觉"的民族,为什么不是世界上最热爱自由的国家呢?(《法》,14.2)对这个问题,孟德斯鸠这里的说法是:"俄罗斯的贵族有一个君主,他使他们处于被奴役的地位,但是他们常常暴露出不能忍耐的神色,这种表现在南方气候之下是绝对看不见的。我们不是已经看见俄罗斯曾在几天中建立起贵族政府了么?"(《法》,17.3)但是我们可以看到,这一说法与该书中其他地方对俄罗斯制度的论述并不完全一致。①

第十八章谈论的是"法律和土壤的性质的关系"。不过除了"土壤的性质"(主要涉及土地是肥沃还是贫瘠以及是岛屿还是大陆这两方面)外,孟德斯鸠谈得更多的是与土地相关的人们的谋生方式和货币制度,这些人包括野蛮和半野蛮民族、不耕种土地的民族、懂得和不懂得使用货币的民族等。这部分内容孟德斯鸠谈得很多,也提出了一些具有普遍性的论断,如"土地肥沃的国家常常是单人统治的政体,土地不肥沃的国家常常是数人统治的政体"(《法》,18.1)、"多山的国家,保存着比较宽和的政体"(《法》,18.2)、"岛屿的人民比大陆的人民爱好自由"(《法》,18.5)等。这些论述给人的一个普遍印象就是简单化(这点与孟德斯鸠的论证方式有关,后面有详述),而且它主要谈论的是土地与政体而非与法律的关系(上一章谈论气候与法律的关系也存在这个问题)。

第十九章《法律和构成一个民族的一般精神、风俗和习惯的那些原则的关系》无疑也是本书非常引人关注的一章,它涉及的范围非常广,用孟德斯鸠自己的话来说就是"无数的思想呈现在我的脑子里"。(《法》,19.1)在我们看来,这一

---

① 在《论法的精神》的前面,孟德斯鸠说"俄罗斯企图脱离专制主义",但是还有一些因素"也许要把它拖进它企图逃脱的苦难中去"。(《法》,5.14)而在该书的后面,孟德斯鸠说,"俄罗斯就是愿意脱离它的专制主义的话,也是不可能的";这个帝国的全体人民都"是由奴隶组成的"。(《法》,22.14)这样一个国家怎么可能在几天之内就建立起贵族政治呢?

章也许放在第二十五章与第二十六章之间会比较合适一些。孟德斯鸠在这一章中又提出了"一般的精神"的概念,所谓"一般的精神"(或翻译为"总的精神"),指的是一个民族在受到气候、宗教、法律、施政的准则、先例、风俗和习惯这些因素的影响时,如果某一因素在其中起了突出的作用,它就塑造了该民族的"一般的精神"。比如,孟德斯鸠认为,大自然和气候"几乎是野蛮人的唯一的统治者",中国人受风俗的支配,日本人则受法律的压制。就法律与民族的一般精神的关系,孟德斯鸠的基本思想就是:在不违反政体原则的限度内,遵从民族的精神是立法者的职责。如果他们想改变什么,他们应该知道什么是可以改变的什么又是不能改变的,他们还应该知道要用什么样的方法去改变。比如,对法律确立的东西就应该用法律去改变,对习惯确立的东西就应该用习惯去改变。(《法》,18.14)在本章的最后一节,孟德斯鸠又专门谈了英国的制度,谈了英国自由的来源、表现和好处。我们不清楚孟德斯鸠这样安排的目的何在。对这一节,我们最好还是把它和第十一章第六节结合来读。

三

第四卷从第二十章到第二十三章,谈论的是法律与贸易、货币与人口的关系,它可以说是孟德斯鸠对于经济问题的看法。这一卷的卷首有一篇《向缪斯女神们祈祷》的短文,这是当时文人写作的一个习惯,跟全书的主题没有什么关系,基本可以忽略不计。第二十章谈论的是"从贸易的本质和特点论法律与贸易的关系",那些主张孟德斯鸠的政治理想是商业共和国的学者无疑很看重这一章,而从本章的一些说法来看,孟德斯鸠的确对商业和贸易是高度肯定的。孟德斯鸠认为商业"能够治疗破坏性的偏见",因此"哪里有善良的风俗,哪里就有商业;哪里有商业,哪里就有善良的风俗";贸易的法律"使风俗纯良",它的确也破坏风俗,但它也"使野蛮的风俗日趋典雅与温厚";(《法》,20.1)贸易的精神"在人们的思想中产生一种特别精确的公道的观念",这种观念一方面"和抢劫的观念势不两立",另一方面"同某些道德观念极不相容",这些道德"认为一个人不必总是斤斤计较自己的利益,尽可以为别人的利益而忽略自己的利益"。(《法》,20.2)这一说法显然是对资本主义商业伦理的肯定。孟德斯鸠认为贸易与政体有着密切的关系,具体一点说就是:在君主统治的政体下,贸易通常建立在奢侈的基础上;在多人统治的政体下,贸易通常建立在节俭的基础上。从总体上来看,贸易上的巨大事业不适合君主国,而适合多人统治的政体。(《法》,20.4)孟德斯鸠也对英国的贸易精神表示了高度的赞扬,他说:"别的国家为了政治的利益而牺牲商务的利益;英国却总是为了商务的利益而牺牲政治的利益。它是世界上最能够同时以宗教、贸易和自由这三种伟大事业自负的民族。"(《法》,20.7)孟德斯鸠从商业的角度肯定了共和政体,但这能不能说商业共和国就是他的政治理想呢?至少在逻辑上我们还不能顺理成章地得出这一结论。

第二十一章《从世界贸易的变革论法律与贸易的关系》可以看作一篇关于世界贸易史的论文。孟德斯鸠认为贸易虽然可能发生巨大的变化,但某些天然的原因,如土壤或气候的性质,也能使贸易的性质永恒不变。(《法》,21.1)他按历史顺序分别考察了古人的贸易、希腊人的贸易、罗马人的贸易、中世纪的贸易和地理大发现后欧洲的贸易。值得一提的是孟德斯鸠对西班牙殖民贸易的批判。西班牙从殖民地攫取了大量财富,但结果却是自己的衰落,孟德斯鸠认为原因就在于:那种不凭借国家的工业、居民的数目和土地的耕种,而仅靠偶然因素获得的财富是不好的。西班牙的国王是富有的,但他的臣民因为并没有参与到这一贸易之中,他们仍是贫穷的。(《法》21.22)其实我们可以说,西班牙所从事的事业,根本就不是贸易,而是掠夺,所以它不仅没有导致国家的强大,反而导致了其衰落。另外,我们也想指出,在本章和上一章中,孟德斯鸠论述的主要是贸易与政体的关系而非贸易与法律的关系。

第二十二章《法律与使用货币的关系》是前面两章内容的一个延伸,因为货币与贸易密切相关。由于货币只是物品价值的标记而非物品本身,所以它是一个不固定的东西,如何使之保持稳定从而不损害贸易(因为贸易本身就是极不固定的东西)是孟德斯鸠在本章所关心的核心问题。为此孟德斯鸠谈论了不同国家在物价的确定、兑换率、公债、借贷以及利息等问题上的一些具体做法,不过我们很难从中找出一些具有普遍性的观点。孟德斯鸠告诉了我们是怎样的,但没有告诉我们为什么是这样的以及是不是都是这样的。

第二十三章《法律与人口的关系》一开始谈的是婚姻、家庭和子女的身份等问题,旁征博引,但很难看出其主旨何在。中间部分谈的是不同国家的自然条件、工艺和制度对人口状况的影响,比如,游牧地区因为只有很少的人有事做而人烟稀少,麦田则需要较多的人工作,而葡萄园则需要更多的人手。(《法》23.14)有的国家在人口的增减方面,自然把一切都做了,在那里,气候和土壤促进人口的繁衍,但饥馑把他们又摧毁了,根本不需要法律去做什么;有的国家的人口情况则是由政体造成的,比如希腊城邦对公民数量的控制。后面部分重点是谈法律如何来促进人口的增加,因为孟德斯鸠认为欧洲国家大多数地区人口比以前都减少了。不过,孟德斯鸠说,如果一个国家人口的减退由来已久,而且是由于内部的邪恶和政府的腐败所造成的话,那么这个灾祸就几乎是无法挽救的。(《法》,23.28)孟德斯鸠对人口问题的看法,可以结合《波斯人信札》的第 112 封信至第 122 封信来看。

　　第五卷包括第二十四章、第二十五章和第二十六章,这三章的内容很难用一个标题来概括。第二十四章是《从宗教惯例和宗教本身来考察各国国家建立的宗教和法律的关系》,在这一章中我们能看到孟德斯鸠本人对宗教问题的态度。①

---

　　①　在本章的第二十三节,孟德斯鸠说,有一种宗教,它抑制一切情欲;它不但控制行为,而且控制欲望和思想;它不是用几条链子,而是用千丝万线系住我们;它把人类的正义标准放在一边而另立一种正义标准;它的使命是不断地引领人们由忏悔达到仁爱,又由仁爱达到忏悔;它在裁判者和罪人之间设立一个伟大的中介人,在义人和中介人之间设立一个伟大的裁判者。夏克尔顿认为,这是孟德斯鸠全部著作中他信仰或接近基督教的唯一的一段话。

孟德斯鸠首先批判了无神论思想，他说，从"没有神明存在的思想"，将会产生"背谬的思想"，会让人认为自己是不受约束的；宗教不仅约束人民，也约束统治者，特别是对于那些专制统治者来说，宗教几乎是约束他们的唯一缰绳。（《法》，24.2）接下来孟德斯鸠把基督教和伊斯兰教、天主教和新教进行了比较，他认为宽和政体比较宜于基督教，专制政体则比较宜于伊斯兰教，君主国宜于天主教，而共和国则宜于新教。孟德斯鸠还将宗教与法律作了比较，他认为宗教和法律一样都是通过设立规矩来约束人们，不过法律的规矩是"戒律"，它必须得到遵守，而宗教的规矩是"劝说"，它为的不是"优"，而是"最优"；为的不是"善"，而是"至善"。（《法》，24.7）仅就这一点来说，孟德斯鸠无疑是反对教会具有强制性权力的。孟德斯鸠认为，在建立社会秩序以及使人们成为好公民方面，应该使宗教和法律两者相互协调，使它们能克服对方存在的弊端，但不能把它们混为一谈或相互代替。

　　第二十五章《法律和各国宗教的建立及对外政策的关系》中最有价值的地方当属孟德斯鸠的政教分离（教长的职务与国家分开）和宗教自由的主张。孟德斯鸠说："如果一个国家的法律认为应该容忍好几种宗教的话，那么法律就必须要求这些宗教彼此互相容忍。一切受到压制的宗教，自己必将成为压制异教的宗教。"（《法》，25.9）在宗教的对外政策方面，孟德斯鸠认为，如果一个国家有自由接受或拒绝一种新的宗教的话，它就应该拒绝在它的国内设教；如果已经在国内设教的话，就应该容忍它。（《法》，25.10）孟德斯鸠提出对宗教应避免使用刑法，这不是因为刑法过于严厉，而是因为人们对刑法的畏惧不一定比得过对宗教的畏惧。诱导比刑罚是更有力的做法。为此孟德斯鸠还严厉地谴责了西班牙和葡萄牙的宗教法庭,他警告它们说:"倘使将来有人敢说,在我们所处的时代,欧洲的人民是文明的话,人们将要引你们为例,来证明他们是半野蛮的。人们对于你们的看法将使你们的时代受到羞辱,并将使人们憎恨和你们同时代的一切人。"(《法》,25.14)

第二十六章《法律和它所规定的事物秩序的关系》谈论的是不同类型的法和规则的适用范围。孟德斯鸠说,人类受到诸多种类的法的支配,如自然法、神为法(即宗教的法律)、教会法、国际法、政治法、民法以及家法等,每一种法律都构成一种法律体系,都规定着某一类事物的秩序,因此不能乱用。比如,应该由人为法规定的东西就不应该由神为法规定,应该由民法规定的东西就不应该由自然法规定,应该由自然法来规定的东西就不应该由宗教的法律来规定,等等;反之亦然。至于什么情况下适用什么法律,这需要由理性来作出裁断。也许在这里我们应该回忆一下孟德斯鸠在第一章中对法律的性质和分类的看法,看看这里说的哪些法不在前面所说的法的范围之内,然后思考一下孟德斯鸠强调不同法律体系不能乱用的目的何在。

第六卷从第二十七章到第三十一章,其中第二十七章《罗马法的起源和变革》、第二十八章《法国民法的起源和变革》、第三十章《法兰克人的封建法律理论和君主国的建立》以及第三十一章《法兰克人的封建法律理论对他们的君主国的革命的关系》是四篇独立的法律史论文,跟"法的精神"这一主题的关系并不是那么密切;不过,我们也可以说它们是对《论法的精神》一书的某些观点提出的几个例证。① 第二十九章《制定法律的方式》无疑是特别值得关注的,因为它可以说是全书观点的总结和具体应用。在这一章一开始,孟德斯鸠就说他写这本书的目的,就是要证明这句话:适中宽和的精神应当是立法者的精神。(《法》,29.1)这个说法听起来似乎挺不错,但其实有些奇怪,因为按照《论法的精神》一书的主题,笔者认为孟德斯鸠更应该这样说:尽可能遵循法的精神应当是立法者的精神。那么"法的精神"是不是就是"适中宽和的精神"呢? 这个问题值得我们思考。还有一个值得我们关注的是"立法者"这个说法。孟德斯鸠说的立法者,是古代像梭伦和莱喀古士的那种"神明一般的人物"(卢梭语),还是近代立法机关的组成人员? 这个问题的答案会影响我们对孟德斯鸠思想性质的看法。笔者倾向于认为是前者,不过如果孟德斯鸠提出的这些原则是好的,把它应用于现代立法者的身上当然也不会有什么妨碍。孟德斯鸠提出了一系列立法者应当注意的事项,比如相似的法律未必有相似的效果;立法方式必须得当;相似的法律不一定出自相似的动机;看来相反的法律有时是从相同的精神出发的;法律的体裁要简洁、质朴平易;如果没有充足的理由就不要更改法律;要特别注意法律应如何构想,以免法律和事物的性质相违背;等等。孟德斯鸠还说,一个国家不一定要追求整齐划一的法律。对立法者来说,

---

① 国内几乎没有看到对这几章内容的专门研究,有兴趣的读者可以去读夏克尔顿的《孟德斯鸠评传》第十五章《法律史》中的相关叙述。

有时候整齐划一的思想会占据他们的脑子,但"知道什么情况应当整齐划一,什么情况应当参差互异",才更表现出他们伟大的天才。最后,对于法律,我们还应该永远记住这么一点,那就是它总要遇到立法者的感情和成见。好的情况是,它只染上了感情和成见的色彩;糟糕的情况是,它和感情成见混合在一起。(《法》,29.19)仔细体会一下孟德斯鸠的这些说法,确实能给人以许多有益的启迪。

四

说到《论法的精神》,我们当然不能不提该书在很多地方谈到了中国。实际上,《波斯人信札》和《罗马盛衰原因论》中都提到了中国,但都只是一笔带过;而在《论法的精神》中,对中国的论述占了相当大的篇幅。戴格拉夫研究了孟德斯鸠是如何对中国产生兴趣以及他关于中国的知识是从何而来的①,我国学者则侧重于研究孟德斯鸠对中国的看法。② 这

---

① 参见[法]路易·戴格拉夫:《孟德斯鸠传》,许明龙、赵克非译,浙江大学出版社 2016 年版,第 37—41 页。

② 许明龙编译的《孟德斯鸠论中国》收录了孟德斯鸠已出版的所有著作中涉及中国的文字。我国也有一些学者在这方面作了些研究,如钱林森:《偏见与智慧的混合——孟德斯鸠的中国文化观》,《南京大学学报(哲学·人文科学·社会科学版)》1996 年第 1 期;何辉:《孟德斯鸠著作中的中国形象》(上、下),《国际公关》2004 年第 4 期和第 5 期;曹文刚:《孟德斯鸠与中国》,《山西大同大学学报(社会科学版)》2014 年第 6 期;蒋海松:《孟德斯鸠中国法律观的洞见与误读——基于法律东方主义的反思》,《兰州大学学报(社会科学版)》2017 年第 3 期;等等。

里我们把孟德斯鸠在《论法的精神》中对中国的看法简单地
概括一下。

首先要说的一点是，对中国政体的性质，孟德斯鸠明确地
说是专制政体。《论法的精神》中第一个提到中国的地方是
这样说的：

> 专制政府不应该有监察官是显而易见的。但中
> 国的事例，似乎破坏了这条规律。在本书的后面，我
> 将看到中国设立监察制度的特殊理由。（《法》，
> 5.19）

这句话至少表明了这样两个意思：第一，中国是专制政
体；第二，中国的专制政体有其特殊性。他在后面并没有直
接说明中国设立监察制度的理由，不过他的确谈到了中国
政体特殊性之所在。之后，孟德斯鸠驳斥了那种认为中国
的政体原则是"畏惧、荣誉和品德兼而有之"的观点，坚定地
指出：

> 中国是一个专制的国家，它的原则是恐怖。在
> 最初的那些朝代，疆域没有这么辽阔，政府主张的精
> 神也许稍微差些；但是今天的情况正相反。（《法》，
> 8.21）

后面还有这样一些说法：

> 专制国家还用另一种隔离方法以求自保，这就
> 是在辽远的省份设置藩镇来管理。莫卧儿、波斯、中

国的皇帝都有自己的藩属。(《法》,9.4)

当一个君主征服了一个大国的时候,有一个极好的办法,既可以缓和专制主义,又利于保持征服地;征服中国的人们曾经适用过这个办法。(《法》,10.15)

如果征服地幅员广大,则一定先有专制主义存在。在此情形下,军队驻散各省感到不足。国王身边经常需要有一支特别忠诚的军队,以便随时可以去平定帝国中发生动乱的地方……中国皇帝身边常常有一支很大的鞑靼军队,以备紧急时调遣。(《法》,10.16)

在专制政府下,建立一些观念是好的。因此,中国人把君主看做是人民的父亲。(《法》,12.29)

另外,按孟德斯鸠的说法,中国的专制主义还表现在严刑峻法方面的"父罪子坐"(《法》,6.20)和"大逆罪"(《法》,12.7)以及"对妇女的幽禁"(《法》,16.10—11)等方面。不过,虽然孟德斯鸠认为中国是以恐怖为原则的专制政体,但他又说,"由于特殊的情况,或者是绝无仅有的情况,中国的政府可能没有达到它所应有的腐败程度"。什么样的特殊情况呢?孟德斯鸠认为是"主要来自气候的物理原因曾经对道德发生了有力的影响,并作出了各种奇迹"。(《法》,8.21)中国的气候如何,它又产生了什么道德影响呢?在后面,孟德斯鸠的确谈到了中国气候方面的一些特征以及它对不同地区的人造成的影响,比如说"中国北方的人民比南方的人民勇敢",

(《法》,17.2)谈到了亚洲因为缺乏温带因而受奴役,但他又说,中国的气候对于专制主义也有抵抗的作用,而这原因居然是"中国的气候异样地适宜于人口的繁殖"。孟德斯鸠认为,由于气候的原因,"中国的人口将永远繁殖下去,并战胜暴政"。为什么会这样? 孟德斯鸠说那是因为人口多,如果生计困乏就会突然发生纷乱,因此"腐败的统治很快便受到惩罚",这对君主具有极大的威慑作用,迫使他好好统治。(《法》,8.21)

这样一来,中国的专制主义就不可能是那么"纯粹的"了。君主为维护其统治地位,他就要把安定作为国家的目标。(《法》,11.5)孟德斯鸠说,中国立法者们"比较明白事理",(《法》,14.5)他们的主要目标"是要使他们的人民能够平静地过生活";(《法》,19.16)这些立法者们认为"政府的主要目标是帝国的太平";(《法》,19.19)他又说,中国的立法者们有两个目的:他们"要老百姓服从安静,又要老百姓勤劳刻苦"。(《法》,19.20)在第十八章中,孟德斯鸠还说,有的地方需要人类的勤劳才可以居住,并且需要同样的勤劳才得以生存,这些地方就需要宽和政体。他举的例子中有中国的"江南和浙江"这两个省份。孟德斯鸠说,这两个省份的建立完全出于人力的劳动,而要使之不受毁坏,就要不断地以人力加以必要的防护与保持。这种防护与保持需要的是"一个智慧民族的风俗",而不是"一个淫逸的民族的风俗";是"一个君主的合法权力",而不是"一个暴君的专制统治"。因此,孟德斯鸠说:

虽然由于中国的气候,人们自然地倾向于奴隶性的服从,虽然由于帝国幅员辽阔而发生各种恐怖,但是中国最初的立法者们不能不制定极良好的法律,而政府往往不能不遵守这些法律。(《法》,18.6)

当然,按照孟德斯鸠对于政体性质的看法,专制政体下是没有法律的,但是在中国,这并不意味着君主没有受到任何束缚。中国的君主受到了一些观念的束缚,(《法》,12.29)还受到过去的经典的束缚。中国的皇帝虽然也是宗教的首长,但是"有一些经书,是人人手中都有的,是皇帝自己也要遵守的。有一个皇帝企图废除他们,但是徒劳无功;它们战胜了暴政"。(《法》,25.8)不过,中国的君主更多是受到风俗和礼仪的束缚。在中国,风俗起支配作用,(《法》,19.4)而中国人的礼仪"是不能毁灭的"。(《法》,19.13)风俗和礼仪都不是立法者所能建立的东西,也不是他们愿意建立的东西,但又是他们很难轻易改变的东西,因而必然会对他们产生约束。① 孟德斯鸠说,中国的立法者们"把宗教、法律、风俗、礼仪都混在一起",所有这些东西都是"道德",而它们的箴规,就是所谓的"礼教"。中国的统治者"就是因为严格遵守这种礼教而获得了成功"。那些不以礼而以刑治国的君主们,就是想要借

---

① 北宋时王安石为坚定宋神宗对变法的支持,提出了"三不足"的主张,即"天变不足畏,祖宗不足法,人言不足恤",论者多赞其表现了王安石不畏困难坚定变法的决心,但也有人指出,对于专制君主来说,其权力本来就无法律和制度的约束,如果再连"天命"、"祖训"和"舆论"都不放在眼里,那还有什么能约束他呢?

刑罚去完成刑罚的力量所做不到的事,即树立道德。但是,当整个社会的道德都沦丧了的时候,刑罚就无能为力了,只有一场革命才能挽救无政府状态。(《法》,19.17)

大概就是因为这些方面的原因,孟德斯鸠认为,中国的专制政体不同于其他国家的专制政体。在其《随想录》中,孟德斯鸠对于中国的政体说过这样一段话:

> 中国的政体是一个混合政体,因其君主的广泛权力而具有许多专制主义因素,因其监察制度和建立在父爱和敬老基础之上的美德而具有一些共和政体因素,因其固定不变的法律和规范有序的法庭,视坚忍不拔和冒险说真话的精神为荣耀,而具有一些君主政体的因素。这三种因素都不占强势地位,源自气候条件的某些具体原因使中国得以长期存在。如果说,疆域之大使中国是一个专制政体国家,那么,它或许就是所有专制政体国家中之最佳者。①

这段话应该说比较全面地体现了孟德斯鸠对中国政体性质问题的看法。需要说明的是,这里笔者只是告诉大家孟德斯鸠说了些什么,并没有表示笔者认同他的说法。不过话说回来,我们可以看到,就当时的历史条件来说,孟德斯鸠对于中国的认识虽然有不少错误的地方(这方面那些传教士们的

---

① 孟德斯鸠《随想录》第 1880 条。转引自许明龙编译:《孟德斯鸠论中国》,商务印书馆 2016 年版,第 277 页。

责任当然很大),但总的来说还是比较全面的,某些看法还可以说相当准确。了解别人怎样看待我们的过去总是有价值的,不过这需要我们勇于正视自己的过去,这样才既不至于因他人批评得严厉而恼怒,也不至于因他人一点微不足道的表扬就沾沾自喜。

上面我们粗略概括了《论法的精神》一书的主要内容。这样做的目的,是为那些没有通读过该书但又希望对它的主要内容有所了解的人提供一个简单的指南。笔者相信,就算这样的泛泛而读都能感受到《论法的精神》这部著作非同寻常的力量。在这部著作中,我们看到了孟德斯鸠对自由的热爱,正是因为对自由的热爱,他对以恐怖为原则的专制主义表示了极大的憎恶,对违反自然的奴隶制给予了坚决的否定;我们看到了孟德斯鸠对适中宽和精神的大力提倡,基于这种适中宽和的精神,他批评各种极端主义,包括极端平等和极端自由的精神、宗教上的狂热、各种严刑峻法以及追求整齐划一的念头;我们看到了孟德斯鸠对荣誉的信仰,正是这种信仰让他不知道什么是屈服,也正是对荣誉的追求促使他写作了《论法的精神》;我们看到了孟德斯鸠对于法治的执着,看到了他对于商业精神的倡导,看到了他对于理性主义和科学精神的弘扬。在《论法的精神》中,我们看到了作为一名贵族的孟德斯鸠,也看到了作为一名商人的孟德斯鸠,当然更看到了作为一名学者和思想家的孟德斯鸠;我们看到了孟德斯鸠的博学,也看到了他的坚持;看到了他的机智,也看到了他的"原则";看到了他的单纯,也看到了他的复杂性。可以说,如果我们要找一本最能代表 18 世纪法国启蒙运动的精神和思想气质的著作,那肯定非孟德斯鸠的《论法的精神》莫属。当然这不只是笔者的看法,实际上,自《论法的精神》在 18 世纪中期面世以来,已有无数的学者对其思想价值和历史地位献上了各种各样的溢美之词,我们说的这一切并不会为孟德斯鸠增添更多的荣誉。

第五章 《论法的精神》导读之二：结构问题

伟大的著作之所以伟大，一个重要的体现就在于它总能够吸引来各种各样的批评意见，而它也经受住了这些批评。伟大并非完美无缺，它通常都只是"瑕不掩瑜"。作为一部经典巨著，《论法的精神》自诞生之日起就受到各种各样的批评，其中一条指向的是它的结构问题。要说这本是一个老生常谈的问题，但我国学术界对此却甚少论及，仅有的几篇涉及这个问题的文章基本上又都是沿袭了施特劳斯学派的观点。这里笔者对这个问题作一个简单介绍，并提出一点粗浅的看法。

一

对于《论法的精神》结构方面的问题，许多人都表示过意见，这方面我国学者最熟悉的可能是美国学者萨拜因的说法。对于《论法的精神》，萨拜因认为它"不能说经过了什么精心的安排"，这部著作之所以能够免遭博丹（也译为"布丹"）的《共和国》一书的厄运"全仗其高超的文体"。萨拜因认为，孟德斯鸠在《论法的精神》一书中提出的主要论点有二：一是"他认为政体和法律的结构及其功能的发挥取决于一国人民生活的环境"，二是"他时刻怀有一种忧虑，觉得专制政体极大地破坏了法国的传统结构，使自由永远无法实现"，但这两个论点之间"并无内在联系"；人人都可看出《论法的精神》的"各部分互不连贯"，孟德斯鸠"在第一章至第十章中关于英国的随笔同第十一章对英国政治结构的叙述毫无共同之处"；要是《论法的精神》有什么布局的话，那就是"它根据每一种政体形式相应找到它在法律和机构体制上的变化，又根据环境——自然环境和制度条件——的要求找出政体的差异"，但是孟德斯鸠实际上论述的主题"并没有多少内在联系，互不相干的事不胜枚举"。在列举了部分章节存在的问题之后，萨拜因认为，要想把孟德斯鸠的论述概括起来得出结论，那"几乎是不可能的"①。比萨拜因的著作更早介绍到中国的苏联学者沃尔金的《18世纪法国社会思想的发展》中也说，"《论法的精神》是一部集时而机敏巧妙，时而互相矛盾的箴言之大成的巨著"；全书"各个章节之间的联系并不是经常可以捉摸得住的"；"在某些场合，作者为了说明自己的思想而印证某一个例子时，醉心于历史的或技术的情节，并作出对中心思想毫不相干的离题万里的叙述"。沃尔金认为，总的来说，该书根本就不存在"统一的思想"②。

---

① ［美］乔治·霍兰·萨拜因：《政治学说史》（下册），刘山等译，商务印书馆1986年版，第620—624页。

② ［苏］维·彼·沃尔金：《18世纪法国社会思想的发展》，杨穆、金颖译，商务印书馆1983年版，第49—50页。

其实，类似的说法一点都不新鲜，早在《论法的精神》问世之初，就有人批评它是"一本很糟糕的著作，没有条理，前后脱节，思路不连贯，没有原则"；它不过是"一个有思想的人的公文包"，"里面样样都有"①。与孟德斯鸠亦敌亦友的伏尔泰则讥讽《论法的精神》"像一个迷宫，没有路线，没有方法"，他说孟德斯鸠"在物理、道德和历史方面时常将真理和错误混杂在一起"②。这种说法自那时到现在一直就没有断过。孟德斯鸠的传记作者夏克尔顿和戴格拉夫都承认《论法的精神》的结构有问题，以赛亚·伯林、雷蒙·阿隆以及诸多西方政治思想史的研究者也都持类似的看法。对此，麦克里兰提出了这样一个疑问：一方面，1748 年至今的学者似乎一致认为该书没有明显结构，并且全书以法律为主题，却令人难以掌握其对核心法律观念的定义；但是另一方面，该书却有非常大的影响，这一点应该如何解释呢？③ 当然，这一解释工作早就有人在做了，分歧只是如何解释。我们当然可以既承认该书在思想上的贡献，又相信它在结构和表达上存在问题——大多数西方学者就是这样做的。但这种态度显然不能令所有人满意。在孟德斯鸠的坚定支持者看来，为什么就不可能是没有问题呢？或者说，为什么是孟德斯鸠的问题而不

---

① ［法］路易·戴格拉夫：《孟德斯鸠传》，许明龙、赵克非译，浙江大学出版社 2016 年版，第 337 页。

② ［英］戴维·威廉姆斯编：《伏尔泰政治著作选》，李竞、李媚译，中国政法大学出版社 2014 年版，第 100 页。

③ 参见［美］约翰·麦克里兰：《西方政治思想史》，彭淮栋译，海南出版社 2003 年版，第 359—360 页。

是读者自己的问题呢？甚至有没有可能一般人认为的结构和表达上的问题不仅不是问题，反而是孟德斯鸠思想深邃的表现？

　　第一个明确说出这种观点的著名人士是孟德斯鸠的好友达朗贝尔，在他那篇被广为传颂的《孟德斯鸠庭长先生颂词》中，达朗贝尔说，孟德斯鸠在《论法的精神》中对许许多多的问题进行了"简洁而又深刻的论述"，唯有"以刻苦和勤于思索的阅读"方能领略这部著作的价值之所在。针对那种认为孟德斯鸠的写作方法有缺陷的说法，达朗贝尔说，应该把"表面的混乱"和"真正的混乱"区分开来，他认为《论法的精神》的混乱只是一种表面上的混乱，因为"作者将他所用的观点放在合适的地方，而留给读者去补充那些与之相关的观点"；而孟德斯鸠之所以使用这种方法，是因为他的书是"写给善于思考的人"读的，他们凭借自己的才具应该能够把他有意而且有理由略去的东西补上。达朗贝尔还说，《论法的精神》体现在大局上的条理，同样见于细节；他相信，对这部著作的理解越是深刻，对它的条理也就看得越清。针对《论法的精神》存在着含糊之处的说法，达朗贝尔认为，"平庸的读者"觉得含糊的东西对于"作者期待的那些读者"来说未必就是真的含糊，而且作者"有意为之的含糊"就不是真正的含糊，因为孟德斯鸠有时需要表达某些"重要的真理"，这些真理"如果以绝对和直白的方式说出来"，难免会"徒然造成伤害"，于是他把这些话"谨慎地"加以包装，借助这种"善意的"人为加工，向"可能受到伤害的人"掩盖这些话，同时又不至于使"有智慧的人"没有收获。①

后来为《论法的精神》辩护者很大程度上沿袭了达朗贝尔的这一见解，特别是施特劳斯学派，几乎就是照搬了达朗贝尔的观点。施特劳斯本人就认为，《论法的精神》有着"很好的、甚至是绝佳的构思"，而它的含糊和瑕疵都是表面上的，是为了躲避审查或迫害。② 大卫·洛温塔尔也说，孟德斯鸠写作该书是有一个规划的，不过，这个规划并不明显，因此，《论法的精神》是一部"很晦涩的书"，作者将某些正统的观点掩盖起来的原因是"害怕教会和国家会报复他"③。最全面地阐述了施特劳斯学派在这个问题上的观点的是潘戈，他所著的《孟德斯鸠的自由主义哲学——〈论法的精神〉疏证》自称是关于《论法的精神》的"第一本连续通贯的解读性疏证"，它"揭开并展示了孟德斯鸠的隐秘计划和论证"，而这"正是孟德斯鸠有意模糊的东西"④。潘戈认为，对来自国家和教会的迫害的担忧足以解释《论法的精神》中的许多模棱两可之处，但这还不是孟德斯鸠采取这种晦涩难懂的写作方式的唯一原因。潘戈说，还有三个原因促使孟德斯鸠采取这种写作方式。第一个原因是，孟德斯鸠相信人与人的智力是不平等的，他

① 参见［法］达朗贝尔：《孟德斯鸠庭长先生颂词》，译文参见［法］孟德斯鸠：《论法的精神》，许明龙译，商务印书馆2012年版，第14—15页。

② 参见［美］列奥·施特劳斯：《迫害与写作艺术》，刘锋译，华夏出版社2012年版，第22—23页。

③ ［美］列奥·施特劳斯、约瑟夫·克罗波西主编：《政治哲学史》，李天然等译，河北人民出版社1993年版，第591页。

④ ［美］潘戈：《孟德斯鸠的自由主义哲学——〈论法的精神〉疏证》，胡兴建、郑凡译，华夏出版社2016年版，"中文版序"第1页。

"有意为之的模糊性"是"想在许多不明智的读者面前隐藏真理"；第二个原因是修辞方面的，孟德斯鸠通过其特有的写作风格，使某些特定的方案能"立刻产生广泛而令人感触至深的支持"，同时也向所有人清晰地表明，为了把握他的全部教诲，有必要进行"漫长的研究和深思"；第三个原因是，孟德斯鸠不仅希望向毫不用心的读者隐藏真理，而且也向懂得思考的读者隐藏真理，而他这样做的目的是"希望真正教育这些读者"，因为真正意义上的教育就是激发思想。①

概而言之，施特劳斯学派及其支持者们在这个问题上的观点主要就是这样三个方面：第一，《论法的精神》隐藏有一个一以贯之的思想（它或是政治自由，或是公民精神，或是商业精神，甚至是共济会秘密，但绝非法的精神）；第二，我们可

---

① 参见［美］潘戈：《孟德斯鸠的自由主义哲学——〈论法的精神〉疏证》，胡兴建、郑凡译，华夏出版社 2016 年版，第 11—15 页。潘戈认为，在他的这本解读之前，仍拘滞于《论法的精神》表面上的外观而犯下严重错误的当代学者"以伯林和阿隆为首"。但我们读伯林和阿隆的文章，却发现情况似乎并非如此。实际上，虽然伯林和阿隆都指出了《论法的精神》中存在冲突之处，但他们对该书在思想上和学术上的贡献还是极为肯定的。当然，对于《论法的精神》在思想上和学术上的贡献，伯林和阿隆与潘戈等人都毫无二致，亦各取所需而已。对此可参见［英］以赛亚·伯林：《反潮流：观念史论文集》，冯克利译，译林出版社 2002 年版，第 156—192 页；［法］雷蒙·阿隆：《社会学主要思潮》，葛智强等译，华夏出版社 2000 年版，第 12—40 页。另外，我国学术界对于《论法的精神》一书的结构进行研究的论文极少，而这极少的文章基本上都是沿袭了施特劳斯学派的观点。对此可参见黄涛：《孟德斯鸠的笔法——〈论法的精神〉"序言"绎读》，《思想战线》2013 年第 1 期；马建银：《孟德斯鸠语境中的"法"及其"精神"——重读〈论法的精神〉》，《清华法学》2016 年第 6 期。

以概括每一卷的主题思想(至于各卷及各章之间在逻辑上有什么关系就是另一回事了);第三,《论法的精神》中有矛盾之处,但这些矛盾与其说是真正的矛盾,不如说是作者良苦用心的表现,孟德斯鸠通过这种表面上的矛盾来掩盖其真正的思想。

正如潘戈等人一再强调的,他们的这种看法并非空穴来风,它实际上是源于作者本人对这个问题的看法。确实,孟德斯鸠本人对这个问题是有说法的,在《论法的精神》的"序言"中,他就"请求读者对这本 20 年的著作不要急于下结论,要对整本书而不是对几句话加以评论"。他还说,如果人们想寻找作者的意图的话,他们只能在著作的意图里才能很好地发现它。这当然是在向我们表示,该书是有一个整体规划的。据此为孟德斯鸠辩护的人认为有理由相信,作者对此的肯定要比任何读者对此的否定更有权威。

似乎是为了专门针对这个问题,孟德斯鸠在他的《随想录》中还说过这样一段话:"读书时应该设想,作者早已估计到读者不能充分理解时会感到的矛盾,这时首先要怀疑自己的判断,把感到作者自相矛盾的段落反复读几遍,把前后的段落对照着读,看看它们是否属同一假设,究竟是确有矛盾抑或自己的理解有问题。这一切都做了之后,就可以蛮有把握地说'确有矛盾之处'。可是这还不算完,如果所读的书是前后连贯的,那得肯定自己已经把握住了书的总体精神才行。"①

---

① 转引自[法]路易·戴格拉夫:《孟德斯鸠传》,许明龙、赵克非译,浙江大学出版社 2016 年版,第 311 页。

有了这段话，关于《论法的精神》是否有一个规划的争论看来是读者在无事生非。的确，尊重作者的写作意图和风格是所有读者的一个基本义务，而我们也的确从来没有怀疑过孟德斯鸠是有规划的。但是我们知道，事先的规划与事后的结果完全是两码事。一般来说，作者在写作之前对其作品都会有一个整体的设想，但是最后成型的作品是否完全与其设想相一致却是个问题。有很多原因都能造成这样的结果，比如作者的规划可能一开始就有问题；有的作者在写作能力方面存在问题；有的作者在写作过程中改变了自己以前的认识；有的作者受到外部力量的干涉；等等。就我们所熟悉的那些经典著作来说，其实或多或少都存在这方面的问题，而作者本人要么没有意识到这一点，要么意识到却不愿意承认。就孟德斯鸠来说，我们丝毫不怀疑他的诚实，我们相信他对于该书确实有一个规划，我们也确实应该努力按他说的方法去寻找这一规划，当然，我们更应该看看他的规划落到实处是什么样子。

二

在《论法的精神》的作者自序中，孟德斯鸠不仅要求我们不要凭几句话就对他的著作下判断，还告诉我们，他发现了一些原则，他的著作就是在这些原则上开始、增长、成熟和完成的。孟德斯鸠发现的原则是什么？笔者认为就是所谓的"法的精神"。正是因为找到了"法的精神"这一概念，孟德斯鸠看见：个别的情况是服从这些原则的，仿佛是由这些原则引申出来的;所有各国的历史都不过是由这些原则而来的结果;每一个个别的法律都和另一个法律联系着,或是依赖于一个更具一般性的法律。

《论法的精神》一书在某种意义上说就是孟德斯鸠对自己所发现的原则的"证明",而批评《论法的精神》结构上存在的问题,说白了就是认为孟德斯鸠没有系统地证明他的"原则"。对《论法的精神》结构的批评通常指向这样两个方面:一是它没有密切围绕"法的精神"这一主题或者说原则进行论述;二是它所表达的基本思想前后不一致。就第一个方面来说,根据我们前面对《论法的精神》各个章节内容的梳理,我们认为它虽然总的来说是围绕着"法的精神"这一概念在展开论述,然而也还存在着以下这样几个问题:

第一,该书的部分章节从标题上就可以看出其内容与"法的精神"这一主题没有直接的关联。这主要包括第八章、第十三章、第二十七章、第二十八章、第三十章和第三十一章;而在各章节内部,这个问题更加突出,许多内容不仅与"法的精神"无关,甚至与该章的标题无关,比如最有名的第十一章,标题是《规定政治自由的法律和政制的关系》,但实际上论述的不是法律与政制的关系,而是自由与政制的关系;第十九章主要谈的也不是法律与风俗习惯等的关系,而是政体与它们的关系。

第二,该书部分章节的安排顺序很难看出其逻辑何在。比如为什么在第一卷论述法律与政体的关系与第二卷第十一章论述"规定政治自由的法律与政制的关系"之间插入第九章和第十章论述法律与防御力量和攻击力量的关系?为什么要把第二十九章"制定法律的方式"放在四篇法律史论文中间?

第三,该书许多章节的具体内容明显缺乏系统性,很难看到上下文之间的逻辑联系。孟德斯鸠可以轻易地从一个问题的叙述跳到另一个问题的叙述上,比如从谈奢侈问题马上就转到谈妇女的贞操问题;如果不事先看标题的话,我们在读完每一部分之后,都不能确定他下一部分会谈到什么,给人的感觉是他在写作上完全是随兴之所至,或者就像有的人怀疑的那样,他不是根据某个框架结构而是根据手中的材料来写作的。

就第二个方面来说,学者们谈论得比较多的,是孟德斯鸠对于英国的看法、对于自然法的看法以及对于各种类型政体的看法。他们认为,孟德斯鸠在该书中对于这些问题的看法,即使不说是前后矛盾的,至少也是令人困惑的,故而使得人们对于《论法的精神》是否有一以贯之的思想大为怀疑。其实严格来说,这方面的问题与结构问题并无直接的关联,因为"结构"和"思想"是两码事,前者是表达的形式问题,而后者是表达的内容问题。有合理的结构但思想完全可能是前后矛盾的;反之,有一致的思想却不能保证结构一定是合理的。而且,不管是一篇文章还是一部著作,它的"思想"可以有很多,但"结构"却只能有一个(再复杂再多重的结构也只是一个结构)。当然,我们也不否认,如果一部著作存在严重的思想混乱,期望它在逻辑上有一个清晰合理的结构会是一件很奢侈的事。

不少学者也尝试为《论法的精神》存在的结构问题提供

某种解释或解决方案。以赛亚·伯林就认为,我们没有必要在《论法的精神》的条理问题上浪费太多的聪明才智,因为孟德斯鸠"不是个思想系统的哲学家,不是个善于演绎的思想家,也不是历史学家或科学家",他"虽然声称要本着笛卡尔的精神建立一门新科学",但他"根本就没有那样做,因为他认识到材料不允许他那样做"①。对于《论法的精神》中存在的思想矛盾,伯林认为这是因为孟德斯鸠思想中存在着"两种对立的思想和实践路线":一种是"法律的实用主义发展",另一种是"罗马和拿破仑的成文法传统",但他以"孟德斯鸠首先不是被某个唯一原则所迷惑的思想家,他不打算用必须据以阐述一切真理的唯一的核心道德或形而上学范畴来支配和解释一切。他不是一元论者,而是多元论者"②这一说法就将这一矛盾化解掉了。伯林对《论法的精神》的这种态度,或许更应该被归入孟德斯鸠的辩护者之列。

罗兰·斯特龙伯格则认为,《论法的精神》由政体分类、气候和地理环境对政治制度的影响以及罗马法和封建法律在中世纪的发展这三部分组成,但是它们并不能构成一个有机整体,原因在于孟德斯鸠"是在啃一块根本啃不动的大骨头",因为"建立一门无所不包的社会科学,几乎是不可能的",任何试图"用一个宏大法则或几个相对简单的法则来说

---

① 〔英〕以赛亚·伯林:《反潮流:观念史论文集》,冯克利译,译林出版社 2002 年版,第 165 页。

② 〔英〕以赛亚·伯林:《反潮流:观念史论文集》,冯克利译,译林出版社 2002 年版,第 187 页。

明所有的社会现象"的努力，都注定是"徒劳的追求"①。这
也就是说，《论法的精神》的结构问题的根本原因，在于孟德
斯鸠给自己提出了一个无法完成的任务。

另一些学者则从《论法的精神》的成书过程来寻找原因。
夏克尔顿根据对孟德斯鸠手稿的考证指出，孟德斯鸠是在
1734 年末或 1735 年初决定动笔撰写《论法的精神》的；到
1742 年初，他完成了十八章，其余六章也大致准备就绪。但
这十八章并不是第一章到第十八章，而是第三、五、八、九、十
一、十四、十五、十七、二十、二十一、二十四等各章，另外还有
插在其中的几章，稍晚些时候，他完成了第十九章；全书是在
1746 年底完成的，此后又作了多次修改和补充。② 另外，夏克
尔顿根据对保存在巴黎的原稿的研究表明，《论法的精神》中
收入的关于英格兰政制一节，本是另一部用不同的纸和不同
的笔迹书写的原稿，共 50 页，其中 32 页写于 1739 年之前，只
有很短的最后一段迟至 1743 年才写成。③ 这就是说，这一部
分是他从英国回来后不久写的，后来被插到《论法的精神》
中。此外，还有一些章节的内容也是从其他著作的手稿中抽

---

① ［美］罗兰·斯特龙伯格：《西方现代思想史》，刘北成等译，中央
编译出版社 2005 年版，第 142 页。

② 参见［英］罗伯特·夏克尔顿：《孟德斯鸠评传》，沈永兴、许明龙、
刘明臣译，上海人民出版社 2018 年版，第 239—240 页。关于《论法的精
神》的成书过程另可参见［法］路易·戴格拉夫：《孟德斯鸠传》，许明龙、赵
克非译，浙江大学出版社 2016 年版，第 317—334 页。

③ 参见［英］罗伯特·夏克尔顿：《孟德斯鸠评传》，沈永兴、许明龙、
刘明臣译，上海人民出版社 2018 年版，第 287 页。

出来放在《论法的精神》中的。至于全书最后的第二十八、二十九、三十、三十一这四章,夏克尔顿说,孟德斯鸠完全可以在第二十六章《法律和它所规定的事物秩序的关系》之后,与第二十九章《制定法律的方式》衔接,这样,全书就是一个完整的整体。不过,这不是孟德斯鸠的计划,甚至从一开始他就不曾这样安排过。① 对于第二十九章与前后不衔接的问题,戴格拉夫的说法是:孟德斯鸠本想以第二十九章结束全书,可是到了 1748 年,他决定续写一章,即第二十八章论述法国民法;后来他又根据他人的建议,增写了关于封建法的两章,由于前面各章均已印好,于是只得把这两章放在全书的末尾。②

雷蒙·阿隆的看法与他们略有不同,他认为孟德斯鸠是在去英国旅行前写作第二章至第八章的,他在写作这几章时受到以亚里士多德为代表的古典政治哲学的影响,而以后的几章,尤其是第十一章,可能是他从英国回来后写的,至于研究物质和精神原因的有关社会学的几章,则可能写得更晚些。因此,雷蒙·阿隆认为,《论法的精神》一书其实是"两种思想方法、两种研究现实的方法的混合体",所以,它"就可能是一部不连贯的著作,而不是一部写作时期不同,也许受了各种影响但仍是按照一个指导思想和一个概念体系写成的有条理的著作"③。

---

① 参见[英]罗伯特·夏克尔顿:《孟德斯鸠评传》,沈永兴、许明龙、刘明臣译,上海人民出版社 2018 年版,第 322 页。
② 参见[法]路易·戴格拉夫:《孟德斯鸠传》,许明龙、赵克非译,浙江大学出版社 2016 年版,第 333 页。
③ [法]雷蒙·阿隆:《社会学主要思潮》,葛智强等译,华夏出版社 2000 年版,第 15 页。

实际的情形虽然可能跟夏克尔顿等人的说法有所出入，但是应该说我们确实有理由相信，《论法的精神》虽有一定的规划，却绝非一气呵成之作，而且其中无疑有拼接的成分在内。笔者并不是说不按前后章节顺序写作就一定会造成结构混乱，但这样做显然也不能说对一部著作的结构有什么帮助。除了成书的顺序，我们还要考虑这样两个因素：第一个因素是，该书在写作和印刷的过程中，除了内容一直都在修改外，孟德斯鸠还在不断调整各章节的序号和各卷的划分，这是否说明他对全书的结构一直就没有一个明晰、自信的想法？第二个因素是，考虑到《论法的精神》写作时间这么长，篇幅又这么大，而孟德斯鸠在写作过程中又不时用到以前的一些手稿，那么有没有可能因此出现部分内容与全书主题关系不密切的情况？还有就是，在这么长的写作时间内，孟德斯鸠的思想前后就没有发生一点变化吗？

另外，还有一个很现实的因素也是我们不得不考虑的，那就是在写作《论法的精神》时，孟德斯鸠的眼疾已相当严重，读和写对他已是一件相当困难的事，这使得他在写作时非常倚重秘书。根据夏克尔顿的考证，《论法的精神》的手稿中可分辨出 19 个人的笔迹，其中属于孟德斯鸠的只占了极小的一部分，这就意味着该书主要是通过孟德斯鸠口授、秘书记录的方式来进行写作的。① 有过写作经验的人都知道，这种口授

---

① 戴格拉夫说，如果能用这种办法查对孟德斯鸠的全部手稿，就"有可能弄清他的思想发展的脉络，而且有助于对他的著作中明显的自相矛盾之处作出解释，至少部分地作出解释"。参见［法］路易·戴格拉夫：《孟德斯鸠传》，许明龙、赵克非译，浙江大学出版社 2016 年版，第 306 页。

的写作方式会给作者带来多大的障碍,更何况《论法的精神》是如此大部头的一部著作(第一稿就有 1505 页),再加上反复地修改,在这种情况下,如果该书在条理上毫无瑕疵,那倒是一件不可思议的事情了。

三

　　显然,施特劳斯学派对于夏克尔顿等人的研究成果采取了视而不见的态度。他们虽然不否认《论法的精神》存在着"表面上的混乱",但坚持认为这种混乱是作者有意为之,目的是向读者隐藏某种不便为常人所知的真理。真的是这样吗?笔者认为,要证明这一点,就必须证明孟德斯鸠既有深刻的与众不同的但又不合时宜的思想,又有高超的写作技巧。这两方面缺一不可,因为没有这种思想,孟德斯鸠就无需隐藏什么;而没有这种能力,他就做不到把真相隐藏起来。但他们真的证明了这一点吗?笔者对此表示深深的怀疑。从前一个方面来说,孟德斯鸠有没有这种不便说出的思想是一件很难证实也很难证伪的事,不过我们还是可以努力从孟德斯鸠的成长经历中去发现一些端倪。从孟德斯鸠的成长经历来看,我们可以肯定地说,他不是一个"叛逆者"或"革命者",其言行从来就没有超出他所从属的阶级和他所处的时代。从他的一生中,我们看不到有任何产生激进或黑暗思想的土壤,他适应这个社会,这个社会也给予他应得的回报;而从他早年进行的各种研究来看,不管是自然科学的还是人文社会科学的,我们也不可能得出他是一个"天才"的结论。从写作技巧方面来说,以孟德斯鸠在写作《波斯人信札》和《罗马盛衰原因论》中的表现,他不仅没有体现出高人一等的能力,反而暴露了他在宏观驾驭能力方面的不足。

以孟德斯鸠的第一部有影响的著作《波斯人信札》来说,这是他的成名之作,我们也知道它是一部用书信体写成的"哲理小说"。"书信体"自然没有问题,说它有"哲理"也基本符合事实,因为全书很大一部分内容就是在谈所见所感;但它能不能称得上是"小说"要打上一个大大的问号,因为正如我们前面所说,它虽然不能说没有情节(勉强可以说是一个后宫的故事吧),但光靠这点情节显然撑不起全书的内容。从形式上来看,《波斯人信札》是用书信体写的,书信体是当时流行的一种写作体裁,它是一种典型的"片段体",驾驭这种体裁几乎不需要什么技巧,也不需要什么统一的规划,不需要完整性,甚至也不需要连续性,只要有一个大致的情节,然后随兴之所至,笔之所至,只要文字上有吸引读者之处,那就够了。至于内容方面,该书以东方为背景,或者说以东方人的眼光来看待西方世界,以此来阐述作者本人的见解,这在当时的法国乃至整个欧洲都是一种非常流行的做法,它既满足了公众的猎奇的心理,又方便作者自由挥洒自己的才华。戴格拉夫也说,孟德斯鸠采用东方观察家这一人物形象是"一种很便当的方法,可以使读者不知不觉间进入一种异国情调,通过书中人物的反应、看法、判断和感想,作者可以更自由地、不受传统拘束地发表一些看法,又不致让人总以为是作者本人的看法",而书信体于此则是一种很适宜的表达方式,因为它可以根据需要随时改换场景。① 更何况《波斯人信札》还是一部模仿之作,这写起来就更没有什么难度了。

从文学性来说,《波斯人信札》的确有吸引人之处,它能在众多的同类型著作中脱颖而出,主要是因为文笔好,语言生动诙谐,另外思想也颇为切合时代的口味。但该书在思想上确实谈不上有多少深刻和创新之处,它的不同凡响之处大概是把一些沙龙里的闲谈用文字表达出来了。从这一点来说,孟德斯鸠的确比较"大胆",但显然还达不到某些批评家所说的"猛烈地批判了法国的君主专制制度"这一程度,也许戴格拉夫所说的"贵族的反抗"这一说法要更符合事实一些。他批评了路易十四,但这在当时是上流社会的一种风气,没有什么风险;他嘲讽了学术院,这让他在当选院士时遇到了一些麻烦,但这完全可以当作一个笑话来看;他对宗教问题谈了一些看法,但离"异端"和无神论还有很大的距离。这就是一本还比较好玩的"畅销书"而已。孟德斯鸠本人在《随想录》中也承认,《波斯人信札》不是一本"严肃的作品"。

至于《罗马盛衰原因论》,首先从题材来说一点都不新鲜,在近代早期的西方,研究罗马盛衰原因的文章和著作不胜枚举,文人们都喜欢借这一题材来表达自己对历史和现实政治的某种态度,就如中国历史上的各种"过秦论"一样。在近代,这方面第一本有影响的著作是马基雅维利的《论提图斯·李维的前十卷》。孟德斯鸠对马基雅维利的著作显然很

---

① 参见[法]路易·戴格拉夫:《孟德斯鸠传》,许明龙、赵克非译,浙江大学出版社2016年版,第100页。

熟悉,不过他并不认同马基雅维利的所有观点,所以他决定写一部同样题材的著作。从体裁来说,《罗马盛衰原因论》不是关于罗马的历史著作,而是关于罗马一些历史事件和人物的评论,其中夹杂了近代的一些历史事件和人物,因此应该归入"笔记体"一类。"笔记体"和"书信体"一样都是某种"片段体",这种写作方式很容易掌握,因为它也不需要什么统一的规划,只需在叙述完一段历史事实后适当地加以评论就够了,故而博学而又刻薄的伏尔泰挖苦说,《罗马盛衰原因论》只是一系列意见,算不上是一本书。① 当然,该书继承了孟德斯鸠在文字上的一贯风格:流畅,能娴熟地运用各种修辞手法,同时又有简洁和平实的优点。而从思想性方面来看,说该书是《论法的精神》的前奏也未为不可,因为后者的一些思想在这里已经萌芽了,但它们显然既谈不上深刻,也谈不上什么系统性。

如果上述说法能够成立的话,那笔者就可以有把握地说,至少在写作《论法的精神》之前,我们看不出孟德斯鸠擅长构建一个系统的理论,②也看不出他在思想上有特别深邃的地

---

① 伏尔泰对《罗马盛衰原因论》的这一评价转引自[美]朱迪·斯克拉:《孟德斯鸠》,李连江译,中国政法大学出版社2018年版,第71页。关于伏尔泰对《罗马盛衰原因论》的评论,另一种说法是:"这部著作充满了隐喻。与其说这是一本书,不如说,这是一本以怪异的风格写成的目录。"转引自[英]罗伯特·夏克尔顿:《孟德斯鸠评传》,沈永兴、许明龙、刘明臣译,上海人民出版社2018年版,第162页。

② 夏克尔顿也认为孟德斯鸠"不善于建立理论体系"。参见[英]罗伯特·夏克尔顿:《孟德斯鸠评传》,沈永兴、许明龙、刘明臣译,上海人民出版社2018年版,第342页。

方。那么,到孟德斯鸠写作《论法的精神》的时候,这一切都改变过来了吗?从孟德斯鸠一生的经历来看,我们看不到有这样的一个明显的转变时刻。改变当然是有的,但那些根本的东西包括他的写作风格就没有什么改变。

从《论法的精神》来说,先不论该书的思想如何,凡是读过该书的人,可能首先都会震惊于作者知识之广博。的确,孟德斯鸠很早就养成了读书和藏书的癖好,他几乎无书不读,同时喜欢用笔记的方式收集资料并记下自己一时之所见。在写作《波斯人信札》、《罗马盛衰原因论》及《论法的精神》时,孟德斯鸠都利用了这些笔记,看来他似乎特别偏爱用这种"随笔体"的方式来写作。"随笔体"也是一种"片段体",在各种写作体裁中,它同样属于比较容易掌握的一种,虽然它并不排斥某种高超的写作技巧,但不可否认的是,没有这种技巧也不构成障碍。

我们认为《论法的精神》在某种意义上就是一部用"随笔体"写成的著作,就是因为该书虽然不能说完全没有规划,但确实是结构松散,章节之间的逻辑联系不足。各章节长短不一,有的是一篇完整的论文,有的只有一两句话。从论证方式来看,孟德斯鸠最偏爱的就是举例。看来孟德斯鸠很难避免像很多评论家所说的他就是根据手头的材料进行写作的嫌疑。如果去掉其中孟德斯鸠为了证明自己的观点所举的例子,《论法的精神》看起来就像是一本箴言集。从孟德斯鸠自述的写作该书的艰辛过程我们可以说,《论法的精神》与其说是一部天才的文思泉涌或一部智者的精巧构思之作,不如说是一部勤奋者的呕心沥血之作。

正是因为对于孟德斯鸠在写作方面的宏观驾驭能力的怀疑,笔者对于施特劳斯学派所谓的《论法的精神》中有一个隐藏的主题或结构这种说法深表怀疑。对于施特劳斯学派那种认为孟德斯鸠因为担心受到迫害而有意隐藏其真实想法的这种观点我们也难以完全苟同。理由有二:其一,它夸大了孟德斯鸠对于来自国家和教会的"迫害"的担忧。我们承认,在《波斯人信札》、《罗马盛衰原因论》和《论法的精神》的写作乃至出版过程中都反复作了修改,作这些修改很大程度上的确也是出于政治与宗教方面的原因,但这种修改主要是文字方面的,包括对某些敏感的说法作了一些技术性的处理。这样做的目的当然是不愿意惹上大的麻烦,但这是不是说孟德斯鸠对于"迫害"有着特别的担忧呢?诚然,就像潘戈所说,在孟德斯鸠的时代,传统的宗教和政治权威仍然在行使有效的书籍审查权和惩罚权,当时的一些文人如伏尔泰、杜克洛斯、狄德罗及杜桑等人都因为其著作而受到迫害,但这种迫害的程度其实并不像现在许多人想象的那样严厉。比如伏尔泰确实在自由方面受到了一些限制,但他的名气和财产几乎没有受到影响,他不仅一直都是权贵的座上宾,而且后来还当了法国的宫廷史官;再如狄德罗,虽然被监禁,但时间也不长,而他主编的《百科全书》虽然几经波折,最后还是能够全部出版;再之后的卢梭,虽然因为《社会契约论》和《爱弥儿》被通缉,但其实只是被驱逐而已,而当他后来重新回到巴黎时,人们好像都忘记了还有通缉令这一回事。更何况,就算在法国受到迫害或安全受到威胁,他们也不是无路可走,比如瑞士、荷兰和英国都是不错的去处,甚至德国(神圣罗马帝国的各邦)和俄国也能容身。平民尚且如此,说身为贵族的孟德斯鸠对于迫害有一种特别的担心应该说有些言过其实了。

其二,如果孟德斯鸠在《论法的精神》中所隐藏的思想就是潘戈所谓的"与强调品德和友爱的小型的、共同体式的民主相比,个人主义的、自由放任的商业政治社会是对人性自然需求的更完整的回答",我们不明白孟德斯鸠为什么要把它隐藏起来,因为它看起来并没有什么危险性——除非潘戈这里也是采用隐蔽的写作手法将自己的真实想法隐藏了起来,但如果是这样的话,我们就没有必要继续去猜谜了,因为即使我们能找到谜底,它也是潘戈的思想而不是孟德斯鸠的思想。或许是因为潘戈也看不出孟德斯鸠这一思想的危险性,所以他又说,对来自国家和教会的迫害的担忧还不是孟德斯鸠采取晦涩难懂的写作方式的唯一原因,他采取这种写作方式的主要目的还是要激发读者的思想。① 对此我们就不好再说什么,因为这完全是一个"见仁见智"的问题。每一位对此有兴趣的读者都可以去作这种思想探险,不过我们认为最好还是谨慎为之,因为这种方法主观性太强,往轻里说,它有可能是根据自己的意图重新给孟德斯鸠缝制了一件百衲衣,或许华丽,但对于原作来说可能已是面目全非;往重里说,它有可能是缝制了一件只有聪明人才能看得见的新装。

总结一下本章的基本观点:笔者认为《论法的精神》至少

---

① 孟德斯鸠的确说过"问题不应该是让人去阅读,而应该是让人去思考"(《法》,13.20)这样的话,但这句话并不能证明什么,因为所有的著作不都应该如此吗?

在表面上存在着结构混乱问题,这些问题的产生,跟该书主题的宏大以及孟德斯鸠在宏观驾驭理论能力方面的欠缺等因素有着密切的关系;笔者对于施特劳斯学派认为《论法的精神》中存在某种隐蔽思想的看法表示深深的怀疑。要说该书的某些表述含蓄、委婉、微言大义或者使用了某种"春秋笔法",这我们完全可以接受,但要说它整体上就是用某种特殊的笔法写成的一部表达某种隐晦思想的作品,笔者认为施特劳斯学派的论证还缺乏说服力。为了进一步说明这个问题,笔者下面准备深入到孟德斯鸠的"原则"当中,看看它究竟是什么以及孟德斯鸠是如何证明它的。

第六章 《论法的精神》导读之三：法与法的精神

前面我们说过，"法的精神"就是孟德斯鸠所发现的"原则"，也是《论法的精神》一书的主题，长期以来，大多数人对于它的理解，都局限于孟德斯鸠所谓的它是法律与其各种影响因素的关系的总和这一说法上。一个国家的法律受到其社会和自然环境的影响，这种思想在历史上并不鲜见，在现代则已近乎一个常识。那么孟德斯鸠对此的贡献在哪里？他是在描述的意义上还是在规范的意义上使用"法的精神"这一概念的呢？再者，孟德斯鸠说，"法"是由事物的性质产生出来的关系，而"法的精神"也是事物之间的关系，那么"法"与"法的精神"这两个概念之间的区别又是什么？恐怕不能简单地说后者是前者的总和吧。笔者认为，要从整体上理解《论法的精神》这部巨著，从根本上认识其伟大与不足，"法的精神"这个概念就是关键所在。

一

要理解孟德斯鸠"法的精神"这一概念的含义，我们需要从他的"法"的概念说起。在《论法的精神》中,孟德斯鸠开门见山地说:"从最广泛的意义来说,法是由事物的性质产生出来的必然关系。"(《法》,1.1)对孟德斯鸠的这一定义,人们有多种不同的看法。大多数读者的第一反应可能是,这与他们对于"法"的认识相去甚远。从历史上来看,"法"一般被理解为某种行为准则,它或者源于自然正义,或者源于最高主宰,或者源于掌权者或主权者的意志,或者源于理性。但孟德斯鸠却说"法"是一种"关系",这话出于一位曾经的法官之口,的确令人意外。"法"如何是一种"关系",而且是由事物的性质产生出来的"必然关系"[①]? 有人认为这一定义是荒唐的,不过笔者认为它并非完全不可理解。或许我们可以这样来理解孟德斯鸠的法的定义:假设有水和盐两种事物,它们遇到一起,盐就会溶化在水中,由于这一现象的发生由盐和水这两种事物的"性质"所决定,那么我们就可以说"盐遇水会溶化"是一条法;同样,如果"油不能溶于水"也是油和水这两种事物的性质所决定的必然关系,那么它也是一条法。如果这一理解是正确的话,那么孟德斯鸠所谓的法,就是"决定因素与结果之间的一种因果关系"[②],也就是我们通常所说的"规律"。

---

① 夏克尔顿认为,孟德斯鸠在提出自己的法学观念时,是以许多根本不是法学家、甚至对法理学并无浓厚兴趣的作者的著述为依据的,这其中马勒伯朗士的影响可能最大,因为马勒伯朗士说过,"真理只不过是一些关系,但却是真实的可理解的关系"。参见[英]罗伯特·夏克尔顿:《孟德斯鸠评传》,沈永兴、许明龙、刘明臣译,上海人民出版社 2018 年版,第244—247 页。

② [法]雷蒙·阿隆:《社会学主要思潮》,葛智强等译,华夏出版社 2000 年版,第 31 页。

　　孟德斯鸠显然认为，一切事物之间都存在着这种本质上的联系，因此他接下来就说，从这个意义上来说，一切存在物都有它们的法：上帝有他的法，物质世界有它的法，高于人类的"智灵们"有他们的法，兽类有它们的法，人类有他们的法。由于法是事物之间有规律的联系，所以在孟德斯鸠看来，一切存在，都有其合理性；一切变化，都有其必然性。为什么事物之间的联系是有规律的呢？孟德斯鸠认为，这是因为存在着一个"根本理性"，这个根本理性，就是上帝。对孟德斯鸠的这一说法，现在的我们当然可以批评其"局限性"，但是我们要看到这样两点：一点是，当时的人们已经知道宇宙的运行是有规律的（这主要归功于牛顿），但是为什么会有规律却没有人知道（连牛顿最后也认为是上帝推了一把才让整个宇宙运行起来的，其实到现在我们对这个问题也没有找到令人信服的答案）；另一点是，孟德斯鸠的这个上帝，已是理性的上帝，而非信仰的上帝。这个上帝的确是规律的制定者，但他自己也遵循这些规则，同时也是这些规律得以运行的维护者。因此，我们可以说，孟德斯鸠把上帝理性化其实反过来看也是把理性上帝化了。上帝与理性只有名称上的区别，它们成了同一样的东西。①

　　孟德斯鸠说，以上帝的法来说，它是上帝这个"根本理

---

　　① 孟德斯鸠对"理性"的称颂在他的著作中随处可见。在《论法的精神》中"向缪斯女神们祈祷"这一节里，他称理性是"我们知觉中最完全、最高尚、最精致的知觉"。孟德斯鸠说缪斯女神们要他"根据理性说话"，这实际上就是把对向神的祈祷变成了对理性的呼唤。我们认为，这也是孟德斯鸠宗教信仰的基本特征。

性"与存在物之间的关系,而其他的法则是存在物彼此之间的关系,如物质世界的法是物与物之间的关系,人类社会的国际法是国与国之间的关系,政治法是统治者与被统治者之间的关系,民法则是一国之内公民之间的关系。(《法》,1.1)由此可见,孟德斯鸠的"法"的概念,显然有着将自然规律普遍化的意图,它是一个"同时包含了形而上学法则、物理法则,以及道德、政治和司法法则"的定义,①可以用来解释一切现象,不管是物质世界、人类社会还是精神领域。

孟德斯鸠提出这样一个无所不包的法的概念,显然有以对待自然的态度来对待社会的意思在内,这在近代早期是一种很常见的做法,虽然对于孟德斯鸠是否有建立一个形而上学的理论体系的意图学者们有很大的争议,②但这种因果论

① 参见[法]丹尼斯·于斯曼主编:《法国哲学史》,冯俊、郑鸣译,商务印书馆 2015 年版,第 252 页。

② 这个问题主要涉及孟德斯鸠与笛卡尔主义的关系。孟德斯鸠受到笛卡尔思想的影响,这一点是毫无疑问的,但在《论法的精神》中他在多大程度上运用了笛卡尔的原则和方法则有争议。让·勒夫朗认为孟德斯鸠接受了经马勒布朗士发展后的笛卡尔原则,参见[法]丹尼斯·于斯曼主编:《法国哲学史》,冯俊、郑鸣译,商务印书馆 2015 年版,第 252 页;戴格拉夫认为《论法的精神》中有明显的笛卡尔主义的影响,参见[法]路易·戴格拉夫:《孟德斯鸠传》,许明龙、赵克非译,浙江大学出版社 2016 年版,第 22—23 页;洛朗·韦尔西尼认为孟德斯鸠并不认同他所信奉的笛卡尔主义,却很早接受了牛顿的学说,参见[法]孟德斯鸠:《论法的精神》(上册),许明龙译,商务印书馆 2012 年版,"导言"第 45 页;以赛亚·伯林则认为,孟德斯鸠虽然声称要本着笛卡尔的精神建立一门新科学,但他的实践却优于他的表白,其实他根本就没有那么做,因为他认识到材料不允许他那样做,参见[英]以赛亚·伯林:《反潮流:观念史论文集》,冯克利译,译林出版社 2002 年版,第 165 页。

的法的观念即便只是用于物质世界时也是有难度的。在牛顿提出万有引力定律之后，人们相信已经找到了物质世界联系的规律。虽然我们可以相信万事万物都是相互联系的，但每种事物的性质是什么以及不同事物之间的各种关系中哪些是由它们的性质产生出来的必然关系，却不是一目了然的。比如，我们看到盐能溶于水，但这是由盐和水这两种事物的"本质"所决定的吗？盐的本质是什么，水的本质又是什么？盐为什么能溶于水却不能溶于油，水又如何能溶化盐而不能溶化石英？我们总不能说盐的本质是能溶于水，而水的本质是能溶化盐吧？从因果关系来说，我们知道，盐能溶于水，这不仅与"盐"和"水"这两种物质的"本质"有关，还与温度、气压等因素有关。所以，我们看到盐溶于水，这其实只是一个"现象"，而不能说它就是事物之间的关系本身。我们可以通过观察大量的现象，从而找出隐藏在这些现象背后的规律，但我们能因此说这些规律是由事物的本质产生的吗？牛顿在发现万有引力定律之前，并没有必要先去研究各种天体的"本质"是什么。根据霍布斯的记载，弗朗西斯·培根看到海员用盐腌制食物可以使食物保存很长时间不腐败，他由此想到，既然盐是白色晶体，而雪也是白色晶体，那么用雪腌制食物应该也能起到保鲜的作用。培根用实验证实了这一点，但这是不是证明了盐与雪这两种物质有着相同的本质呢？显然不能。现在我们知道，雪虽然和盐一样都能起到防腐的作用，它们的作用原理却是不一样的。所以，就物质世界来说，相信并发现事物之间存在某种关系并不难，但要证明这种关系的必然性，却不是一件容易的事。

当我们将眼光转到有生命的存在物上面时,这个问题就更复杂了。以兽类的法来说,它与物质世界的法就有所不同。孟德斯鸠说,我们不知道兽类是像物质世界一样"受运动的一般规律支配",还是像人类这种"智能的存在物"一样"受个别动力的支配"。如果兽类是受运动的一般规律支配,那么其行为可以说是必然的;但如果它们受的是个别动力的支配,其行为还能说是必然的吗? 比如,动物饿了会去寻找食物,我们可以说这是"必然的",但它们去什么地方寻找食物,吃什么食物以及吃多少食物,这也是必然的吗? 孟德斯鸠没有回答这个问题,他接下来说的是兽类的自然法。孟德斯鸠说,动物之所以有自然法,是因为它们"是由感官而结合的",而它们之所以没有制定法,是因为它们"不是由知识结合的"。笔者对此的理解是:自然法是由纯粹的生物性所产生的,它是生物的本能的体现,是生物运动的"一般规律",它具有自然规律的特征。正是因为动物不仅受"运动的一般规律"的支配,还可能受"个别的动力"的支配,所以孟德斯鸠才说,动物并不是永恒不变地遵守它们的自然法的,倒是我们看不到有知识和感官的植物,是较严格地遵守自然法的。①

---

① 孟德斯鸠对于自然法性质的这一看法,应该是受到了古罗马法学家特别是乌尔比安的影响,因为乌尔比安说过,"自然法并非人类所独有,而为地上、水中和天上一切动物所共有"。参见[英]罗伯特·夏克尔顿:《孟德斯鸠评传》,沈永兴、许明龙、刘明臣译,上海人民出版社 2018 年版,第 255 页;另见[英]安东尼·帕戈登:《启蒙运动为什么依然重要》,王丽慧等译,上海交通大学出版社 2017 年版,第 46 页。实际上,孟德斯鸠的《论法的精神》开篇就是模仿乌尔比安的著作写的,参见[美]朱迪·斯克拉:《孟德斯鸠》,李连江译,中国政法大学出版社 2018 年版,第 101 页。

至于人类社会的法,那就更复杂了,因为用孟德斯鸠的话来说,人不仅是一种"物理的存在物",还是一种生物,更是一种"智能的存在物"。作为一种"物理的存在物",人类受到物质世界普遍的、永恒的规律的支配;作为一种生物,人类受到自然法的支配;作为一种"智能的存在物",人类可以自己制定法律。但是,人还是一种"有局限性的存在物",他们有独立行动的本性,他们不能免于无知和错误,他们可能会违背自然法,他们连自己制定的法律也并不总是遵守。如果人类自己制定的法律得不到遵守,我们又能在什么样的意义上说人为法是由事物性质所产生出来的必然关系呢? 显然,对人为法的性质,我们要有与对自然规律不一样的理解。如果说在物质世界中,"必然"意味着规律的普遍性、永恒性和同一性的话,那么,对人类社会来说,"必然"很可能意味着人为法的地区性、不确定性和可变性,而这就是由事物("人")的"本质"所决定的。

从这一点来说,孟德斯鸠试图用一种"法"的概念来统一物质世界和人类社会的努力不可能成功。不过这对于我们认识孟德斯鸠的思想影响并不大,因为孟德斯鸠关注的,并非所有的法,而是人为法,即人类为自己制定的法律。① 然而这里

---

① 这里我们要注意的是,虽然孟德斯鸠说人类也遵循自然法,但自然法并不包含在人为法之中,也不在他后来要论述的"法的精神"中的"法"的范围之内。孟德斯鸠的确说过自然法先于人类法,但这并不意味着孟德斯鸠与之前的霍布斯和洛克等人一样是自然法学派的思想家——他们把自然法看作人类理性的体现,是不仅先于而且高于人为法的规则,而孟德斯鸠把自然法看作所有生物都遵循的法则,是生物本能的体现,因而是低于理性的东西。这一点从孟德斯鸠所说的自然法的几个条款中也可以清楚地看到。

还有一个问题，那就是孟德斯鸠告诉我们说，人类既有自己创制的法律，也有不是他们创制的法律，这些不是他们创制的法律就是所谓的"公道的关系"。这是什么意思呢？孟德斯鸠的解释是：在人为法产生之前，就已经存在了"可能的法律"，这是因为在人类产生之前，他们的存在就已经有了"可能性"；既然他们的存在有可能性，那么它们就已经有了"可能的关系"；而既然他们有了可能的关系，那么他们就会有"可能的法律"。"公道的关系"就是"可能的法律"。这个逻辑很奇怪，不过我们只需知道，孟德斯鸠想告诉我们的，就是公道的关系先于人为法，因此人为法要遵循公道的关系。① 孟德斯鸠认为，即使实际中的人为法没有体现公道的关系，我们也不能否认它的存在，因为"谁要是认为除了人为法所要求或禁止的东西之外就无所谓公道不公道的话，那就等于说，在人们还没有画圆圈之前一切半径都是长短不齐的"。(《法》,1.1)

　　我们很难确定"公道的关系"思想在孟德斯鸠的"法"观念中占有什么地位。孟德斯鸠应该是认为人为法要体现公道的关系，但是如果公道的关系就是人为法的目标的话，那么他接下来所提出的"法的精神"这一概念可能就没有多大用处

---

　　① 应该说，"公道的关系"这一说法更类似其他思想家所谓的"自然法"概念。孟德斯鸠举了四条公道的关系的例子，它们是：一、在人类有了社会的时候遵守法律是对的；二、如果智能的存在物获得了另一个存在物的泽惠，就应该感谢后者；三、如果一个智能的存在物创造了另一个智能的存在物的话，被创造的存在物就应该保持与生俱来的从属关系；四、一个智能的存在物损害了另一个智能的存在物，就应当受到同样的损害。这与霍布斯对于自然法的部分条款的内容很接近。

了。因为一个立法者需要做的,不是去考察法律与各种事物之间的关系,而是比照公道关系的内容努力去完善法律——我们知道,这正是自然法理论的主张。然而如果人为法要以公道的关系为依归,那么孟德斯鸠为什么不以公道的关系为标准去评判各国的法律,却说他的著作"没有意思非难任何国家已经建立的东西,每个国家都将在这本书里找到自己的准则所以建立的理由"呢?一些学者据此认为,孟德斯鸠的思想是矛盾的,他把两个相互冲突的观点混在一起了。①

对这个问题,笔者的看法是,公道的关系和人为法是两种不同性质的事物产生出来的关系:后者是由人的本质产生出来的,因而有着局限性,而前者既然是在人类产生之前就存在,因此它只可能源于上帝这一根本理性,因而是完善的。也正因为这个原因,公道的关系也不在孟德斯鸠考察的法的范围之内,他的后面就再也没有谈到它。既然把"公道的关系"排除在实际中的人为法的范畴之外,这也说明了孟德斯鸠所谓的人为法是一个描述性而非规范性的概念,也就是说,它指的是人类社会中实际存在的法。

但是,如果人为法是人类社会中实际存在的法,孟德斯鸠为什么又说它在它支配着地球上所有人民的场合,就是人类的理性呢?笔者对此的理解是:按照孟德斯鸠的法的定义,人为法应是从人的本质中产生出来的关系,孟德斯鸠既然把它

---

① 比如以赛亚·伯林就说,孟德斯鸠的正义相对于立法而言永远正确的观点,同法律的社会学解释难以相容。参见[英]以赛亚·伯林:《反潮流:观念史论文集》,冯克利译,译林出版社2002年版,第185页。

视为人类的理性，这说明了孟德斯鸠把理性看作人的本质。联系孟德斯鸠在前面说的兽类之所以没有制定法，是因为它们没有认知的能力，我们可以说孟德斯鸠所谓的理性，指的就是人类的认知能力。在这一点上孟德斯鸠表现出了与近代自然法思想的不同，因为近代自然法思想通常都是把理性作为普遍的道德的法则或每个人的行为准则。不过，孟德斯鸠虽然肯定理性，但他不认为理性有着无限的认识能力，或者说，他不认为人能拥有完全的理性，他知道人是一种"有局限性的存在"，他们"不能免于无知和错误"，他们感情丰富，欲念多多，这使得他们的行为经常背离理性。因此，说法律是人类的理性，这并不意味着每个国家的法律都是同样的且完美无缺的。实际上，每个国家的法律都是不一样的，而这恰恰是人类理性的体现，因为不同的法律正是人类理性在不同地区的具体运用。不同地区的法律之所以不一样，这是因为：

> 法律应该与业已建立或想要建立的政体的性质和原则有关系……法律应该与国家的自然条件有关系，与寒、热、温的气候有关系，与土地的质量、位置和面积有关系，与农、猎、牧各种人民的生活方式有关系。法律应该与政制所能容忍的自由度有关系，和居民的宗教信仰、偏好、财富、人口数、商业以及风俗习惯等有关系。最后，法律与法律之间也有关系，法律与它们的渊源，与立法者的目的以及这些法律赖以建立的各种事物的秩序也有关系。（《法》，1.3）

孟德斯鸠说,所有这些关系综合起来就构成了所谓的"法的精神"。即使在今天,那些第一次读到孟德斯鸠对"法的精神"这一概念阐述的人可能都会感受到一种强烈的思想震撼,因为它似乎说出了大多数人心中所有而笔下所无的东西。不过,震撼之余,我们应该冷静下来好好想一想孟德斯鸠用这一概念究竟是想表达什么意思?对于这个概念,学者们有着多种不同的理解,[①]笔者认为,结合上面对孟德斯鸠的"法"的概念和含义的分析以及《论法的精神》的写作目的和全书的内容来看,对它最恰当的理解可能是"立法者应该了解的关于法律与各种影响因素的关系上的具有普遍性的规律",用孟德斯鸠自己的话来说就是"那些发号施令的人"应该掌握的"他们应该发布什么命令的知识"。孟德斯鸠应该认为这些规律与自然规律一样具有客观性,它是客观的存在,无关价值,这也就是说,它本身无所谓好或坏,只有我们对它的认识正不正确的问题以及对于某个地区来说适不适用的问题。正是因为这个原因,孟德斯鸠告诉我们说,相似的法律未必有相同的结果,而相似的法律不一定出自相同的动机;看来

---

① 在我国学者中,张辰龙对这个问题作了最为认真细致的分析,他的基本观点是:De l'esprit des lois 其意应指"诸法系的特质",而非汉语学界通常理解的"法治精神"、"法律本质"或"立法意图"。结合对该术语的这一理解,张辰龙还认为,孟德斯鸠对 De l'esprit des lois 进行的研究,是通过大量实例观察或考察法与物事之间可能的所有关系,希望借此找到其中的De l'esprit des lois,进而印证其发现的各种原理,这也就是说,孟德斯鸠在该书中所做的工作是"观察"而非"论述"。参见张辰龙:《法的精神抑或诸法系的特质?——孟德斯鸠 De l'esprit des lois 一书的题名解读》,《比较法研究》2019 年第 3 期。

相反的法律有时是从相同的精神出发的，而看来相同的法律有时实在是不相同的。（《法》，29.6—12）

　　因此，笔者认为，孟德斯鸠写作《论法的精神》是想将人类社会当作物质世界一样的客观对象来进行研究，试图找出其中具有普遍意义的规律来指导社会的发展。不过我们也必须承认，孟德斯鸠在这方面做得并不彻底或者说并不成功。作为社会学者的孟德斯鸠希望自己能做到"价值中立"，但是作为一个思想家的孟德斯鸠有自己的价值观，他在写作过程中难免会把这两者掺和在一起，这体现在他在概括法与各种因素的关系时，没有把实然与应然区分开来。不过，对这一点完全可以有其他的解释，比如我们可以相信孟德斯鸠的价值导向是有意识的，这一点从孟德斯鸠一再强调立法者的作用可以看出来，比如立法者要与气候的弱点相抗争。我们还可以说，价值本身或许就可以从"法的精神"中推导出来，比如宽和的精神就是某些类型的政体的本质要求。这有可能是一种最好的解释，因为它能够化解所有那些认为《论法的精神》中存在着"规范"与"规律"的冲突的说法。但这条路究竟能否走通，笔者并不十分确定，读者们可以自行去尝试。

二

　　既然法的精神是立法者应该了解的具有普遍性的规律，那么要让它在实际中发挥作用，仅仅知道法律与其他事物之间存在联系显然是不够的，我们还需要知道这种联系的性质和具体内容是什么，否则它就只是一个空架子。在《论法的精神》中,孟德斯鸠确实提出了许多"规律",笔者按章节的顺序择其要者整理如下。

政体性质与法律的关系:在民主政治下,因为选举表现了人民的意志,所以建立投票权利的法律,就是基本法律;规定组成议会的公民的数量是最重要的事;握有最高权力的人民应该自己做他能够做得好的一切事情,那些自己做不好的事情,就应该让代理人去做,代理人应由人民自己指定;人民和君主们一样需要,或者比君主们更需要由一个参政院或参议会指导一切;在平民政治之下,人们把人民分为某些等级,等级区分的方式,常常同民主政治的寿命和繁荣相联系;用抽签的方式进行选举符合民主政治的性质;用以规定投票方式的法律也是民主政治的一种基本法律,人民的选举应该公开;只有人民可以制定法律,法律在确定以前可以先试行一下;(《法》,2.2)贵族政治下需要一个参议会去处理贵族团体所不能决定的事务,并筹备贵族团体将决定的事务;应在政府中给人民一定的势力;在共和国里,如果一个公民突然取得过高的权力,便将产生君主政体或者是更甚于君主政体的情况;一切官职,如果权力大,任期就应该短,以资补救;最好的贵族政治是没有参与国家权力的那部分人民数量很少,并且很穷,因此贵族的家庭应该尽量平民化;贵族政治越是接近于民主政治便越完善,越是接近于君主政体便越不完善;(《法》,2.3)君主政体的性质是"中间的"、"附属的"和"依赖的"这些权力所构成,而最自然的、中间的、附属的权力,就是贵族的权力,在没有贵族的君主国,君主将成为暴君;僧侣权力对于共和国是危险的,但是对于君主国却是适当的,尤其是对那些倾向于专制政体的君主国；君主国还应该有一个法律的保卫机构，担任这个保卫机构的，只能是政治团体；专制国家没有任何法律，也没有法律的保卫机构；(《法》,2.4)在专制政体的国家里，设置一个宰相，就是一条基本法律。(《法》,2.5)

政体原则与法律的关系：维持或支撑君主政体或专制政体并不需要很多的道义，因为前者有法律的力量，后者有经常举着的君主的手臂，但一个平民政治的国家则需要品德作为动力；(《法》,3.3)贵族政治也需要品德，不过不像平民政治那样绝对地需要它；贵族团体抑制别人容易，抑制自己困难，它有两种抑制自己的方法：一是以高尚的品德使贵族和人民多少平等些，这可能形成一个大共和国，二是以较小的品德，使贵族们至少在贵族之间是平等的，这样他们就能存在下去，因此，节制是贵族政治的灵魂；(《法》,3.4)在君主国，法律代替了一切品德的地位；(《法》,3.5)君主政体的动力是荣誉；(《法》,3.6)在共和国，野心是有害的；在君主国，野心却会产生良好的效果，野心使君主政体活跃而有生命；(《法》,3.7)在专制的国家，人们不知道什么是荣誉；(《法》,3.8)对于专制政体，品德是绝不需要的，而荣誉则是危险的东西。(《法》,3.9)

教育的法律与政体原则的关系：教育的目的要与政体的原则相一致；(《法》,4.1)君主国教育的目标是培养所谓文质彬彬的君子，也就是具有这种政体所要求的一切特质与一切品德的人；(《法》,4.2)法律所不禁止而为荣誉所禁止的东西，则其禁止更为严格；法律所不要求而为荣誉所要求的东西，则其要求更为坚决；(《法》,4.3)专制政体的恐怖是自然而然地从威吓和惩罚中产生出来的,君主政体的荣誉受着感情的激励同时也激励着感情,而共和政体则需要教育的全部力量。(《法》,4.5)

立法与政体原则的关系:在一个共和国里,如果要让人爱平等和俭朴的话,就应该把这二者订入法律;民主政治可以通过平分土地以及建立人口分级制等方式来建立平等,另外还要对妇女的妆奁以及关于赠予、继承、遗嘱等一切契约的方式订立规章;(《法》,5.5)那些进行革命的人们虽曾愿意人民能够享受革命的幸福,但是如果没有良好的法律,这种愿望也是很难实现的;年轻的人极端服从年老的人,是维持风俗最好的方法;公民极端服从官吏,是使法律具有力量的最好的方法;父权对于保存风俗也有很大的作用;(《法》,5.7)在贵族政治下,法律应该尽可能鼓励宽和的精神,并努力恢复国家在体制上必然会失去的平等;分钱财给人民,这在民主政治是有害的,但在贵族政治是有益的,这是一条基本准则;前者使人民丧失公民的精神,后者使人民恢复公民的精神;贵族政治下法律应禁止贵族经营商业;法律应该时时压制权势上的骄横,应该设立一个临时的或永久性的职官去威慑贵族;法律应该废除贵族的长子继承权,应该完全废弃"立承嗣"、"遗产赎回权"、"贵族财产的世袭"和"收养义子"这些东西;(《法》,5.8)在君主政体下,法律应该努力支持贵族,应使贵族世袭;贵族的土地应该和贵族本人同样享有特权;法律在征收租税的方式上应建立一定的秩序;(《法》,5.9)要形成一个宽和的政体,就必须联合各种权力,加以规范与调节,并使它们行动起来,就像是给一种权力添加重量,使它能够和另一种权力相抗衡,专制政体正相反;(《法》,5.14)法律应不应该强迫公民接受公职?在共和国,应该,在君主国,不应该;同一个人是否可以同时担任文职和武职?在共和国可以,在君主国,应当分开;公职是否可以买卖?在专制的国家,不可以,在君主国是好事;什么样的政体需要监察官?共和国。(《法》,5.19)

各政体原则的结果与民法、刑法等的关系:君主政体的法律不能像专制政体的法律那样简单;君主国必须有法院;在必须有身份区别的国家,就必定有特权存在;(《法》,6.1)共和国至少要和君主国有一样多的诉讼程序;在这两种政体之下,对公民的荣誉、财富、生命与自由越重视,诉讼程序也就越多;(《法》,6.2)一个政体越接近共和政体,裁判的方式也就越确定;专制国家是无所谓法律的,法官本身就是法律;(《法》,6.3);在专制的国家,君主可以亲自审判案件,这在君主国是不可以的;(《法》,6.5)在君主国,大臣们不应审判;(《法》,6.6)单一的审判官只有专制政体才会有;(《法》,6.7)严峻的刑罚比较适宜于以恐怖为原则的专制政体,而不适宜于以荣誉和品德为动力的君主政体和共和政体;在所有或几乎所有的欧洲国家里,刑罚的增加和人民距离自由的远近成正比例;极端幸福和极端不幸的人,都同样地倾向于严酷;(《法》,6.9)人民有品德便可以简化刑罚;(《法》,6.11)治理人类不要用极端的方法,如果我们研究人类所以腐败的一切原因的话,我们便会看到,这是因为对犯罪不加处罚,而不是因为刑罚的宽和;(《法》,6.12)因为人类是邪恶的,所以法律不得不假定人类比他们真实的情况要好些;(《法》,6.17)专制的国家,喜爱简单的法律,所以大量使用报复刑的法律。(《法》,6.18)

政体原则与节俭法律等的关系:一个共和国,奢侈越少,便越完善;(《法》,7.2)奢侈对于君主政体特别合适;君主政体不需要节俭法律;奢侈对于专制政体也是必要的;共和国亡于奢华,君主国亡于穷困;(《法》,7.4)一般地说,一个国家越穷,它的"相对的奢侈"便越能摧毁它,因此它便越需要"相对的节俭法律";一个国家越富,它的"相对的奢侈"便将使它更富,因此,它应该特别谨慎,不要制定"相对的节俭法律";(《法》,7.5)共和国良好的立法者总是要求妇女要有一定程度庄重的美德;(《法》,7.8)在君主国,妇女很少受到约束;在专制国家,妇女并不产生奢侈,但她们本身是奢侈的对象;在共和国,妇女在法律上是自由的,但是受风俗的奴役。(《法》,7.9)

政体原则的腐化的规律:各种政体的腐化几乎总是由原则的腐化开始的;(《法》,8.1)民主政治原则腐化的时候,人们不但丧失平等的精神,而且产生极端平等的精神,因此,民主政治应该避免两种极端,就是不平等的精神和极端平等的精神;(《法》,8.2)如果贵族的权力变成了专横的话,贵族政治就腐化了;(《法》,8.5)当人民夺去元老院、官吏和法官的职权的时候,民主政治便归灭亡;当君主逐渐剥夺了团体的和城市的特权的时候,君主政体也就腐败了;(《法》,8.6)专制政体的原则在性质上就是腐化的东西,其灭亡是由于内在的缺点,某些偶然的原因是不能防止它的原则腐化的;(《法》,8.10)政体的原则一旦腐化,最好的法律也要变坏,但在原则健全的时候,就是坏的法律也会发生好的法律的效果;原则的力量带动一切;(《法》,8.11)一个广大帝国的统治者必须握有专制的权力;(《法》,8.19)如果从自然特质来说,小国宜于共和政体,中等国宜于由君主治理,大帝国宜于由专制君主治理的话,那么,要维持原有政体的原则,就应该维持原有的疆域,疆域的缩小或扩张都会变更国家的精神。(《法》,8.20)

法律与防御力量的关系:一个共和国,如果小的话,则亡于外力,如果大的话,则亡于内部的邪恶,联邦共和国可以解决这个问题;(《法》,9.1)联邦应由同性质的国家尤其应该由共和国组成;(《法》,9.2)专制国家通过孤立自己来谋取安全;(《法》,9.4)君主国设有要塞以保卫国境。(《法》,9.5)

法律与攻击力量的关系:一个共和国应当限制被征服的人民的数量,使它不超过为实行民主政治所规定的公民数量;如果一个民主共和国征服一个民族,为的是把该民族当作臣属来治理的话,它便是把自己的自由放置到危险的境地,这也适用于贵族政治的国家;(《法》,10.6)一个君主国只能在适合它的政体的天然界限之内进行征服扩张,在进行这种征服的场合,它所到之处都应该保存当地原有的东西;(《法》,10.9)在征服地区,仅仅保留战败民族的法律是不够的,保留他们的风俗也许更为重要;(《法》,10.11)专制君主应该以所征服的国家为藩属。(《法》,10.17)

规定政治自由的法律和政制的关系:民主政治和贵族政治的国家,在性质上并不是自由的国家,政治自由只在宽和的政府里存在,不过它并不是经常存在于政治宽和的国家里,它只在国家权力不被滥用的时候才存在,但是一切有权力的人都容易滥用权力,这是万古不易的一条经验,有权力的人使用权力一直遇到界限的地方才休止,就是品德本身也是需要界限的;从事物的性质来说,要防止滥用权力,就必须以权力约束权力;我们可以有一种政制,不强迫任何人去做法律所不强制他做的事,也不禁止任何人去做法律所许可的事;(《法》,11.4)一切国家都有一个相同的目的,那就是自保,但是每个国家又有其独特的目的;(《法》,11.5)当行政权和立法权集中在同一个人或同一个机关之手,自由便不复存在了;如果司法权不同立法权和行政权分立,自由也就不存在了;如果同一个人或是由重要人物、贵族或平民组成的同一个机关行使这三种权力,则一切便完了;适中往往比极端更适合于人类。(《法》,11.6)

建立政治自由的法律与公民的关系:在自由与政制的关系上,建立自由的仅仅是法律,甚至仅仅是基本的法律,但是在自由与公民的关系上,风俗、规矩和惯例,都能够产生自由,而且某些民事法规也可能有利于自由;特别法在每种体制下,对每个国家所可能接受的自由原则,能够起支持作用,也能够起摧残作用;(《法》,12.1)公民的自由主要依靠良好的刑法;当公民的无辜得不到保证,自由也就没有保证;(《法》,12.2)单凭一个证人作证,就可以把一个人处死的法律,对自由的危害是极大的;(《法》,12.3)依犯罪的性质量刑有利于自由;(《法》,12.4)对"邪术"和"异端"的追诉,要非常慎重,这两种犯罪的控告可以极端地危害自由,可以成为无穷尽的暴政的源泉;(《法》,12.5)对男色罪,要反对由于滥用人们对这种犯罪应有的憎恶而产生的横暴;(《法》,12.6)如果大逆罪含义不明,便足以使一个政府堕落到专制主义中去;(《法》,12.7)在共和国,对大逆罪,多赦免比多刑罚好,为共和国复仇的借口将建立复仇者的暴政;(《法》,12.18)在君主国破坏自由的做法之一是为审判一个私人而任命一些委员;(《法》,12.22)君主国的君主应该易于接近;(《法》,12.26)君主的善行和法律同样有益于自由;(《法》,12.27)君主对于戏言应该极端谨慎,君主更不应当对他的臣民进行明显的侮辱;(《法》,12.28)专制政体下可给予人们少许自由的法规包括建立某些观念,有本圣书做规范等。(《法》,12.29)

赋税、国库收入的多寡与自由的关系:没有任何东西比规定臣民应缴纳若干财产,应保留若干财产,更需要智慧和谨慎了;(《法》,13.1)赋税的轻重应视政体的性质而定;专制政府的赋税应该特别轻;(《法》,13.10)国民所享的自由越多,便越可征较重的赋税,国民所受的奴役越重,便越不能不宽减赋税,这是自然引申出来的规律,是永恒不变的;在政治宽和的国家,有一种东西去补偿人民所负担的重税,那就是自由;在专制国家,有一种和自由有对等价值的东西,那就是轻微的征税;(《法》,13.12)从性质来说,人头税较适合于奴役,商品税较适合于自由;(《法》,13.14)自由产生了过分的赋税,但是过分的赋税将反而产生奴役,引起税收的递减;(《法》,13.15)直接征税有利于君民。(《法》,13.19)

法律和气候的性质的关系:人因气候的差异而不同;(《法》,14.2)东方各国的宗教、风俗、习惯和法律因气候而持久不变;(《法》,14.4)不和气候的弱点抗争的是坏的立法者;(《法》,14.5)要战胜气候产生的懒惰,法律应该努力消除一切不劳动而生活的手段;(《法》,14.7)气候不同,法律对人民的信任程度也不同。(《法》,14.15)

民事奴隶制的法律和气候的性质的关系:奴隶制在性质上就不是好制度;君主政体和共和政体都不应该有奴隶;(《法》,15.1)不管是什么性质的奴隶制,民法一方面应该努力消除它的弊端,另一方面应该防止它的危险;(《法》,15.11)奴隶众多,在不同的政体之下,有不同的结果;在一个专制的国家里,奴隶众多并不是一个负担;在政治宽和的国家里,不要有太多的奴隶。(《法》,15.13)

家庭奴隶制的法律和气候性质的关系:南方国家里两性间天然存在不平等;(《法》,16.2)一妻制的法律,在生理上比较适合欧洲的气候,而比较不适合亚洲的气候;对妇女的奴役是符合专制政体的特质的,专制政体所喜欢的就是滥用一切权力。(《法》,16.9)

政治奴役的法律和气候的性质的关系:炎热的气候使人的力量和勇气委顿,而在寒冷的气候下,人的身体和精神有一定的力量使人能够从事长久的、艰苦的、宏伟的、勇敢的活动;热带民族的怯葸常常使这些民族成为奴隶,而寒冷气候的民族的勇敢使他们能够维护自己的自由;(《法》,17.2)在亚洲,自然的原因,权力不能不老是专制的;而在欧洲,天然的区域划分形成了许多不大不小的国家;在这些国家里,法治和保国不是格格不入的,没有法治,国家便将腐化堕落。(《法》,17.6)

法律和土壤的性质的关系:一个国家土地优良就自然地产生依赖性,因此,土地肥沃的国家常常是"单人统治的政体",土地不太肥沃的国家常常是"数人统治的政体",这有时就补救了天然的缺陷;(《法》,18.1)多山的国家,保存着比较

宽和的政体,因为他们不那么容易被征服;(《法》,18.2)土地
贫瘠,使人勤奋、俭朴、耐劳、勇敢和适宜于战争;土地所不给
予的东西,他们不得不以人力去获得;(《法》,18.4)岛屿的人
民比大陆的人民爱好自由;(《法》,18.5)由人的勤劳建立的
国家需要宽和的政体;(《法》,18.6)法律和各民族谋生的方
式有着非常密切的关系,一个从事商业与航海的民族比一个
只满足于耕种土地的民族所需要的法典,范围要广泛得多;从
事农业的民族比那些以牧畜为生的民族所需要的法典,内容
要多得多;从事牧畜的民族比以狩猎为生的民族所需要的法
典,内容就更多了;(《法》,18.8)不耕种土地的民族,按国际
法去处理的事情多,而按民法去解决的事情少;(《法》,
18.12)在不分配土地的国家,民事法规极少。这些民族的制
度,与其叫做法律,毋宁说是风俗;(《法》,18.13)不耕种土地
的民族享有极大的"人的自由",这种自由必然产生"公民的
自由";(《法》,18.14)没有货币的民族,平等是必然的,他们
的首领也不是专制的。(《法》,18.17)

　　法律和构成一个民族的一般精神、风俗与习惯的那些原
则的关系:要接受最好的法律,人民需要有思想上的准备;
(《法》,19.2)人类受多种事物的支配,就是:气候、宗教、法
律、施政的准则、先例、风俗、习惯,结果就在这里形成了一种
一般的精神;在每个国家里,这些因素中如果有一种起了强烈
的作用,则其他因素的作用便将在同一程度上被削弱;大自然
和气候几乎是野蛮人的唯一统治者;中国人受风俗的支配;而
日本则受法律的压制;从前,风俗是拉栖代孟的法则;施政的
准则和古代的风俗,在罗马就是规范;(《法》,19.4)在不违反

政体的原则的限度内,遵从民族的精神是立法者的职责,因为当我们能够自由地顺从天然秉性之所好处理事务的时候,就是我们把事务处理得最好的时候;(《法》,19.5)我们是怎样,就让我们怎样吧! 不要什么都改正,大自然对一切欠缺都会加以补偿;(《法》,19.6)人民越好交际,便越容易改变他们的风俗;一个因气候的影响而喜欢交际的民族,也因气候的影响而喜欢变换;(《法》,19.8)一切政治上的邪恶并不都是道德上邪恶,一切道德上的邪恶并不都是政治上的邪恶,那些因制定法律而违反了一个民族的一般精神的人们,不应该不了解这点;(《法》,19.11)专制国家的风俗和礼仪,决不应该加以改变,这是一条重要的准则,没有比这样更能迅速地引起革命,因为这些国家就像没有法律一样,它们只有风俗和礼仪,如果推翻风俗和礼仪,就是推翻了一切;法律是制定的,而风俗则出于人们的感悟,风俗以人民"一般的精神"为渊源,法律则来自"特殊的制度";推翻"一般的精神"和变更"特殊的制度"是同样危险的,甚至是更为危险的;(《法》,19.12)一个君主如果要在他的国内进行巨大的变革的话,就应该用法律去改革法律所建立的东西,用习惯去改变习惯所确定了的东西;如果用法律去改变应该用习惯改变的东西的话,那是极糟的策略;气候的影响是一切影响中最强有力的;一切不是由于必要而施用的刑罚都是暴虐的;法律不是一种纯粹的"权力作用";在性质上无关紧要的东西就不属于法律的范围;(《法》,19.14)当一个民族有良好风俗的时候,法律就是简单的。(《法》,19.22)

从贸易的本质和特点论法律与贸易的关系:哪里有善良

的风俗,哪里就有商业;哪里有商业,哪里就有善良的风俗,这几乎是一条普遍的规律;(《法》,20.1)贸易的自然结果就是和平;贸易的精神在人们的思想中产生了一种精确的公道的观念;完全没有贸易就会产生抢劫;(《法》,20.2)贸易与政制有关系,在君主政体下,贸易通常建立在奢侈的基础上,在多人统治的政体下,贸易通常建立在节俭的基础上;至于专制国家,人们劳动为的是保持所有,而不在取得所没有的;(《法》,20.4)君主不宜经商;(《法》,20.19)在君主国,贵族贸易是违背贸易精神的;(《法》,20.21)规定每个人要株守他的职业并把它传给子孙的法律,只是而且只能够在专制的国家里有用处。(《法》,20.22)

法律与使用货币的关系:对一切要求贸易繁盛的国家,法律应规定只能使用真实的货币,并禁止一切可能使它变成想象货币的办法;(《法》,22.3)一个国家在作为债权者与作为债务者两种情形之间应该维持适当的比例。(《法》,22.18)

法律和人口的关系:贞节之风和人种的繁衍有着自然的联系;(《法》,23.2)关于一国人口的法规,应视情况而定;有的国家,大自然已经什么都给做好了,立法者就无事可做:(《法》,22.16)有些国家的人口情况是物理的原因,有些则是因为政体的性质。(《法》,22.17)

从宗教惯例和宗教本身考察各个国家建立的宗教和法律的关系:宽和政体比较宜于基督教,专制政体比较宜于伊斯兰教;(《法》,24.3)天主教比较宜于君主国,耶稣新教比较宜于共和国;(《法》,24.5)宗教设立规矩,这些规矩应该是劝说,而不是法律,这样才方便适宜;(《法》,24.7)宗教和法律的主要倾向应该是使人成为好公民,所以如果其中有一方背离了这个目标,另一方就更应坚持;(《法》,24.14)一个国家的宗教对人类有利或有害,主要不在教义的真伪,而在于是否适当;(《法》,24.19)一国的宗教输入他国是不方便的。(《法》,24.25)

法律和各国宗教的建立及对外政策的关系:法律对僧侣团体的财富应加上限制,肯定其古时取得的财产,但应让他们放弃新取得的财产;(《法》,25.5)在君主国,教长的职位同国家分开是恰当的,在专制的国家里,就没有这个必要,但为防止君主把宗教当作是他的法律本身,是他的意志的产物,宗教就应该有自己的经典;(《法》,25.8)如果一国的法律认为应该容忍好几种宗教的话,那么法律也就必须要求这些宗教之间互相容忍;一切受到压制的宗教,自己必将成为压制异教的宗教;(《法》,25.9)如果一个国家有自由接受或拒绝一种新的宗教的话,它就应该拒绝它在国内设教;如果它已经在国内设教的话,就应该容忍它;(《法》,25.10)一个君主如果企图摧毁或变更国内占有支配地位的宗教的话,他就将使自己处于极危险的境地,专制君主尤其如此;(《法》,25.11)对于宗教,应避免使用刑法,要变更宗教的话,诱导比刑罚更为有力。(《法》,25.12)

法律和它所规定的事物秩序的关系:人类的理性之所以伟大崇高,在于它能够很好地认识到法律所要规定的事物应该和哪一个体系发生主要的关系,而不致搅乱了那些应该支配人类的原则;(《法》,26.1)应该由人为法规定的东西就不应该由神为法规定;应该由神为法规定的东西也不应该由人为法规定;(《法》,26.2)民法不应该与自然法相抵触;

(《法》,26 3)继承的顺序应以政治法或民法的原则而不应以自然法的原则为依据;(《法》,26.6)自然法的问题不应依宗教的箴规裁决;(《法》,26.7)应依民法的原则规定的东西就不应依寺院法的原则规定;(《法》,26.8)应依民法的原则规定的东西常常不能依宗教的原则加以规定;宗教的法律富于崇高性,国家的法律富于普遍性;(《法》,26.9)人类的法庭不应以有关来世的法庭的箴规做准则;宗教法庭同一切良好的施政是背道而驰的;(《法》,26.11)以民法为根据的事情就不应当用政治法加以规定;政治法使人类获得自由;民法使人类获得财产;(《法》,26.15)应依政治法的准则断处的事项就不应依民法的准则断处;(《法》,26.16)应依家法断处的事项不应依民法断处;(《法》,26.19)属于国际法的事项不应依民法的原则断处;(《法》,26.20)属于国际法的事项不应依政治法断处;(《法》,26.21)人民的安全就是最高的法律;(《法》,26.23)警察规则和其他民法不属于同一体系。(《法》,26.24)

制定法律的方式:宽和适中的精神应当是立法者的精神;司法上的手续对于自由是必要的东西;(《法》,29.1)相似的法律未必有相同的效果;(《法》,29.6)相似的法律不一定出自相同的动机;(《法》,29.8)看来相反的法律有时是从相同的精神出发的;(《法》,29.10)比较哪一种法律更符合理性,不应逐条比较,而应当把它们作为一个整体来看;(《法》,29.11)看来相同的法律有时实在是不相同的;(《法》,29.12)不应当把法律和它所以制定的目的分开来谈;民事法规以政治法规为依据,因为它们总是为同一个社会制定的,既然这样,当一个人要把一个国家的民法搬到另一个国家去的时候,就要首先检查这两个国家的法制和政治法是否相同;(《法》, 29.13)不应当把法律和它制定时的情况分开来谈;(《法》, 29.14)一条有可能同国民的安全和自由大相违背的法律,应当在国民的面前执行;(《法》,29.15)制定法律时应当注意: 法律的体裁要精洁简约;法律的体裁要质朴平易;法律的用语对每个人要能够同时唤起同样的观念;法律要有所规定时,应该尽量避免用银钱作规定;在法律已经把各种观念很明确地加以规定之后,就不应再回头使用含糊笼统的措辞;法律不要精微玄奥,它是为具有一般理解力的人们制定的;当法律不需要例外、限制条件、制约语句的时候,还是不放进这些东西为妙;如果没有充足的理由,就不要更改法律;当立法者喜欢为一项法律说明理由的时候,他所提出的理由就应当和法律的尊严配得上;每条法律都应当发生效力,也不应当容许它因特别的条款而被违背;要特别注意法律应如何构想,以免法律和事物的性质相违背;法律应该有一定的坦率性;(《法》, 29.16)法律不应该追求整齐划一;(《法》,29.18)法律总要遇到立法者的感情和成见的。(《法》,29.19)

三

上面列举了孟德斯鸠在《论法的精神》中所提出的"法的精神",笔者很清楚这一列举可能存在的问题:首先,它肯定是不全面的,甚至可能有一些很重要的"法的精神"被遗漏了;其次,笔者所列的,不只是"法的精神",还包括其他一些东西,比如某些事物的"性质",把它们列出来是为了方便结合上下文来理解"法的精神",除此之外笔者还列了"政体的精神"、"自由的精神"(这是临时自创的概念,为的是与"法的精神"相对应,它们分别指"政体"和"自由"与各种因素之间的关系);再次,笔者没有把"规范"与"规则"区分开来,而把它们都看作是立法者所应掌握的知识;最后,或许最严重的问题是,笔者是根据自己对于"法的精神"这一概念的理解来列举的,但是如果笔者的理解错了呢?

不过无论怎样说,上面所列的应该是孟德斯鸠在《论法的精神》中提出的基本观点。不夸张地说,这其中的每一点都值得我们大论特论。事实上,大多数的孟德斯鸠研究所做的就是这方面的工作,而我们也看到了其中部分思想在实际中所结出的丰硕成果。不过我们在这里首先关注的问题是孟德斯鸠论述其"法的精神"的方式。从总体上来看,孟德斯鸠对它的论述是有问题的,而这也是我们认为《论法的精神》的结构存在问题的根本理由。孟德斯鸠的论述问题在哪里? 只要我们读过《论法的精神》就会发现,他的论证方式是极为粗糙的。虽然在《论法的精神》的一开始孟德斯鸠就确立了"原则",但它却不是根据某一原则的演绎建构起来的理论体系。孟德斯鸠在《论法的精神》中所做的工作,正如雷蒙·阿隆所说,只包括这样三个方面:观察实在法的多样性、用各种原因来解释这种多样性以及按照对法律所作的科学解释向立法者提出实际的建议。① 这一工作当然也是很有意义的。只是按

---

① 参见[法]雷蒙·阿隆:《社会学主要思潮》,葛智强等译,华夏出版社 2000 年版,第 34 页。

理来说,如果存在所谓的"法的精神",最科学的方式(即很多学者认为的社会学的研究方法)是通过对大量材料的分析得出一个具有一定普遍意义的结论。孟德斯鸠或许也是这样想的,不过他并没有做到,他更常用的方法是例证法,即先摆明观点,然后举例来证明这一点。任何有一定科学素养的人都知道这种研究方法不可靠。① 比如第二章第五节在谈到"与专制政体的性质有关的法律"时,孟德斯鸠先通过对专制权力的性质的分析得出结论说,设置一个宰相,就是专制政体国家的一条基本的法律,为了证明这一点,他就举了某个教皇和东方国家的例子。但他的分析既不全面,所举的例子也很片面,比如我们就可以举出大量的君主既可能设置多名宰相,也可能一名宰相都不设这样的反例来,而这可能更符合专制政体的性质,这一结论同样可以从对专制政体性质的分析中得出。孟德斯鸠既然认为各种事物之间是相互联系相互影响的,那么他就应该知道,任何一种现象的出现,都不是单一因素作用的结果,因此决不能用某一种因素去解释。但笔者认为,这是一个孟德斯鸠无法解决的问题。为什么这么说呢?根本原因就出在"法的精神"这个概念上。从孟德斯鸠对"法的精神"这一概念的阐述我们可以看到,与法律有关系的因

---

① 就孟德斯鸠的这种论证方式,与他同时代的约翰逊博士就曾挖苦道,每当(孟德斯鸠)想为一种奇谈怪论辩解的时候,他就引证说在日本如何如何,或在别的某个遥远的国家如何如何,其实他自己一无所知。为了为多妻制辩护,他便告诉你在中国的台湾岛上,每个男人生来就有 10 个女人。参见[英]罗伯特·夏克尔顿:《孟德斯鸠评传》,沈永兴、许明龙、刘明臣译,上海人民出版社 2018 年版,第 235 页。

素太多了,要弄清楚法律与某种因素之间的关系都是一件困难的事,要弄清楚法律与所有这些因素之间的关系基本上就是一件不可能的事。我们只需指出这样几个方面的困难就够了。

第一,孟德斯鸠认为法是由事物的本质产生出来的必然关系,但我们如何知道事物的本质是什么? 就以人为法来说,它源于人的本质,但人的本质究竟如何,本就是一个争论不休的问题。比如亚里士多德认为,人类不同于动物的特性在于他对善恶和是否合乎正义以及其他类似观念的辨认,不同的人在这方面的能力的差异造就了统治者与被统治者之别,而近代的自然法理论则认为人人理性相等,因而所有的人都是生而自由平等的。它们哪一个对人的本质的认识是正确的呢? 如果我们相信近代的说法更有道理,那又如何解释为什么都从人人生而自由平等出发,霍布斯、洛克和卢梭等人得出的结论却相去甚远? 这些问题说到底与我们对事物的"本质"是什么的认识密切相关。在哲学史或思想史上,那些相信事物存在本质的观点,要么如古典政治哲学一样认为事物的本质就是其"自然",要么受到基督教思想的影响,认为事物的本质源于上帝,要么就是直接以理性的名义作出某种规范,或者说,用定义来规定事物的本质。孟德斯鸠采用的就是下定义的方法,比如他对法与政体关系的研究,就是先给出共和、君主和专制三种政体的定义,然后说这个定义就是这三种政体的性质。这种从定义而非事实出发的论证往好的方面来说是提供了一个作为参照物的理想模型,而往不好的方面说,它其实是闭门造车、自说自话而已。

第二，论证"法的精神"，是要论证法律与政体、气候、土壤等诸因素之间存在着关系，但是这种关系的性质是什么样的呢？它是普遍性的、必然的还是地区性的、偶然的？如果是普遍必然的，它有没有可能意味着一种决定论？我们又如何论证这一点？如果是地区性的和偶然性的，那又如何成为一种普遍有效的知识？它在实践中如何能够具有指导意义？

第三，就算只说这些因素对法律的影响，我们也无法衡量它们分别占有的比重，更何况各种因素本身也是处于不断的变化之中；再就每种因素来说，它们自身就包含了大量的变量，比如气候，就决不只是寒、温、热三种，它至少还应该包括干湿度、降水、日照时间、温差以及风等因素，这些因素又与地理位置、土壤、地形、海拔等因素密切结合在一起，而它们对生活方式的影响，或许比气温还要大。

第四，这些因素之间（比如政体与风俗习惯）也是相互作用的，而且这种作用肯定不会是单线条的，所以我们根本就不可能有办法确定它们相互作用后究竟会形成一种什么样的合力，实际中我们见到的所有法律都已是各种因素综合作用的结果，我们又如何能够衡量每种因素在其中所起的作用呢？

这些困难，不说18世纪的孟德斯鸠解决不了，就算在今天也没有人能够解决。虽然孟德斯鸠为写作《论法的精神》准备了大量资料，但对于他给自己设立的目标来说，这些资料还是太少了。笔者认为，孟德斯鸠已经做得够好的了，但是这一任务显然超出了他的能力。其实这已不是孟德斯鸠第一次尝试这样一种伟大的研究计划，早在1719年，也就是当他还是波尔多科学院院士的时候，他就提出了这样一个计划，即

"致力于为公众编写 部古今地球史,要记载地球所经历的各种变化,既包括一般变化,也包括特殊变化,如地震、水灾或其他原因造成的变化。我们要准确地描述陆地和海洋的演变情况,岛屿的形成与消失,河流、山脉、峡谷、湖泊、海湾、海峡、海角等的演变。各种变化中也包括人工的改变,如那些使地球改变了面貌的巨大工程,沟通海洋或大江大河的主要运河。要记载土质的变化,空气的成分,新矿的形成,旧矿的废置,森林的毁灭,由瘟疫、战争或其他灾害造成的无人区,要说明这些结果的物理原因,对那些虚假的或可疑的现象作出评注"①。孟德斯鸠还有很多这样的宏伟计划,他想研究的东西很多,但大多数计划都无疾而终,只留下了一些片段。可以说,孟德斯鸠虽然看到了人类社会与物质世界的不同,但他对社会的复杂性还是估计不足,而他又过高估计了人的理性能力。孟德斯鸠相信我们能掌握法的精神,说到底还是对人的理性估计过高,或者说就是相信人的理性与"根本理性"是相通的,这显然是过于乐观了。

正是因为孟德斯鸠的"法的精神"这一概念本身以及他的论证方法存在的问题,使得孟德斯鸠对法的精神的论述显得极为粗陋。比如关于不同因素对法律的影响,孟德斯鸠在前面说,政体的原则对法律有最大的影响;但在后面论述气候与法律的关系时他又说,气候的影响是一切影响中最强有力

---

① 戴格拉夫说,这项"大胆的——不说是自不量力的——计划,是无法实现的,然而却似乎开始实施过"。这部著作的手稿被孟德斯鸠烧了,但《随想录》中保留了未被焚毁的片段。参见[法]路易·戴格拉夫:《孟德斯鸠传》,许明龙、赵克非译,浙江大学出版社2016年版,第89—90页。

的影响。政体和气候究竟哪个影响更大呢？虽然孟德斯鸠也说,不和气候的弱点相抗争的是坏的立法者,但他的论证也就是举了印度和中国两个正反的例子,说中国的立法者是比较明智的,因为"他们不是从人类将来可能享受的和平状态去考虑人类,而是从适宜于履行生活义务的行动去考虑人类,所以他们使他们的宗教、哲学和法律全都合乎实际"。(《法》,14.5)这个"实际"是什么呢？我们不得而知。即使不提孟德斯鸠在谈到专制政体时对中国的批评,在后面他又说道,由于需要或者也由于气候性质的关系,中国人的贪利之心是不可想象的,但法律并没有想去加以限制。(《法》,19.20)姑且不论这是不是事实(当然不是),它与前面说的是不是矛盾呢？这样的例子在《论法的精神》中不胜枚举。

概括来说,孟德斯鸠的主要问题就在于:第一,他没有全面论述法律与每一种因素之间的关系,而书中大量的内容其实与"法的精神"并没有直接的关系;第二,他在论述法律与某种因素之间的关系时,他的论证缺乏理论分析而只是举例说明,但从这些例子中,我们得不到具有普遍意义的结论,倒是容易让我们把他归入诸如地理环境决定论者这样一类人;①第三,他基本上是孤立地论述法律与某一或某些因素之间的关系,而没有论述所有这些因素之间的相互作用对法律的影响,这一切使他最终没有得出一个具有指导意义的结论。

---

① 当然有很多人不同意孟德斯鸠是地理环境决定论者这种说法,他们认为孟德斯鸠只能称得上是"地理环境影响论者",但对这种影响是什么、它究竟有多大以及它与其他因素之间的关系,却没有一个明确的、令人信服的说法。

第七章 《论法的精神》导读之四：
政体问题

　　《论法的精神》虽然是以论述所谓的"法的精神"为主旨，但它一向都被视为一部政治学名著，这显然是由于其中对于政体问题的大量论述，更不用说它还被认为在西方政治思想史上第一次完整地阐述了三权分立的学说。不过，由于《论法的精神》毕竟不是以论述政体问题为主线，故其论述虽多，却不连贯系统，给读者理解其思想带来很大困惑。这里我们拟对孟德斯鸠的政体思想作一番梳理，而重点则放在这样三个方面的问题上：第一，孟德斯鸠的政体分类标准是什么？它在逻辑上是不是有问题？它在西方政治思想史上的地位和贡献如何？第二，孟德斯鸠的政体理论与其分权学说之间是什么关系？其分权学说是依"英格兰政制"为蓝本提出的吗？第三，孟德斯鸠心目中的理想政体是什么？他在这个问题上是一位君主立宪论者、古典共和主义者、自由主义者还是相对主义者？考察这些问题在认识论上的出发点是：孟德斯鸠的政体理论基本上是前后一致的，那些看起来不一致的地方，应该去他对各类政体的性质和原则的看法中寻找答案。我们应该尽量先弄清楚孟德斯鸠说了些什么以及他为什么那么说,而不能先入为主,拿某种我们认为是合理的逻辑或理论去对照他的思想,如果一致就肯定之,否则就斥为矛盾或混乱。当然,我们说孟德斯鸠的政体理论是前后一致的,并不意味着他所有的说法都严丝合缝滴水不漏。对于《论法的精神》这样一部篇幅如此浩大、写作时间如此漫长的著作来说,这样的要求显然过于苛刻了。

一

《论法的精神》第一章论述的是"基本的法",在提出"法"和"法的精神"的定义后,孟德斯鸠说,研究"法的精神"就是他打算在这本书中要进行的工作,而要进行这一工作,他将首先研究"法律同每一种政体的性质和原则的关系",因为"政体的原则对法律有最大的影响"。(《法》,1.3)因此,在第二章一开始,孟德斯鸠就提出了自己对于政体分类和政体性质的看法。孟德斯鸠开篇未作任何铺陈就直截了当地说,政体有三种类型,即共和政体、君主政体和专制政体。这三种政体的性质分别是:共和政体是全体人民或仅仅一部分人民握有最高权力的政体;君主政体是由单独一个人执政,不过遵照固定的和确立了的法律;专制政体是既无法律又无规章,由单独一个人按照一己的意志与反复无常的性情领导一切。就共和政体来说,它又可以分为两种类型:共和国的全体人民握有最高权力时,就是民主政治;共和国的一部分人民握有最高权力时,就是贵族政治。(《法》,2.1)

孟德斯鸠接着就分别论述了与每种政体性质有关的法

律。他说，在民主政治下，"建立投票权利的法律"和"规定投票方式的法律"都是"基本法律"；而"握有最高权力的人民"应该"自己做他所能够做得好的一切事情"，那些自己做不好的事情，就"应该让代理人去做"，这些代理人包括将领、法官和市政官等。此外，民主政治还有一条基本规律，就是只有人民可以制定法律。(《法》，2.2)贵族政治从性质上来说是"最高的权力掌握在一部分人的手中"，就是"这些人制定并执行法律"，其余的人民和这些人的关系，最多就像"君主政体中的臣民与君主的关系"；因此，好的贵族政治应该"给人民在政府中一定的势力"，而最不完善的贵族政治，就是"处于服从地位的那部分人民是处于统治地位的那部分人民的私人奴隶"。(《法》，2.3)就共和政体来说，孟德斯鸠认为，因为缺乏对最高权力进行约束的法律，所以如果这一权力落到个人手里时，就很可能出现滥用权力的情形。(《法》，2.3)

这种情形在君主政体下就不大可能发生，因为在君主国里，有满足政制上需要的法律，或是同政制相适应的法律，君主又受政体原则的控制。(《法》，2.3)而就君主政体的性质来说，它是由"中间的"、"附属的"和"依赖的"这些权力所构成的。孟德斯鸠说，在君主政体下，君主是一切政治的与民事的权力的泉源，但他需要"中间的"途径去施行权力，而最自然的、中间的、附属的权力，就是"贵族的权力"，所以君主政体的基本准则就是：没有君主就没有贵族，没有贵族就没有君主。孟德斯鸠认为宗教团体在君主政体下也是一种有效的中间力量。不过，仅有中间阶级对于君主政体还是不够的，孟德斯鸠认为，它还需要有一个法律的保卫机构，其功能是在法律制定时颁布

法律,在法律被忘掉时唤起人们的记忆。① (《法》,2.4)

至于专制政体,孟德斯鸠说,专制的国家没有任何基本法律,也没有法律的保卫机构。这些国家中如果有宗教的话,那么宗教就形成一种保卫机构;如果没有宗教的话,那么被尊重的便是习惯而非法律。孟德斯鸠认为,由于专制权力性质的关系,施行专制统治的单独个人也同样用一个单独个人去替他行使他的权力,因此,设置一个宰相,就是专制国家的一条基本法律。(《法》,2.5)

在探讨了与各种政体的性质有关的法律之后,孟德斯鸠接着就谈到了政体的原则问题。对此虽然许多读者都耳熟能详,不过为了能清楚地看到孟德斯鸠政体理论的整体性,这里我们还是对它作一个简要的叙述。什么是政体原则呢?孟德斯鸠说,所谓政体的原则以及它与政体的性质的区别在于:政体的性质是"构成政体的东西",而政体的原则是"使政体行动的东西";它们一个是政体本身的构造,一个是使政体运动的"人类的感情"。(《法》,3.1)

每种政体都有自己的原则。就民主政治来说,孟德斯鸠说,在一个民主政治的国家,需要"品德"这一动力,品德就是民主政治的原则。孟德斯鸠说,所谓品德,在共和国里,就是爱共和国;而在民主政治下,爱共和国就是爱民主政治,爱民

① 孟德斯鸠说,这个法律的保卫机构只能是"政治团体",但它不应该是君主的枢密院。孟德斯鸠没有明说,但这个机构应该是"Parlement",张雁深译本称之为"国会",不过很多时候我们都译为"高等法院"或"最高法院"。在大革命之前,法国的高等法院就是一个政治机构,而不仅仅是一个司法机关。

主政治就是爱平等,爱民主政治也就是爱节俭。因此,在民主政治下,法律应该努力建立平等,培养节俭。如果没有这些品德,民主政治不可能建立起来;如果失去了这些品德,已建立的民主政治最终也会走向覆亡。(《法》,3.3)

关于贵族政治,孟德斯鸠说,它像民主政治一样需要品德,不过它不是那样绝对地需要它,这是因为,在贵族政治下,人民是受法律约束的,所以贵族政治下的人民比民主政治下的人民较少需要品德。但是贵族受到什么约束呢?贵族抑制别人容易,抑制自己却是困难的。他们只有两种抑制自己的方法:一种是以高尚的品德,使贵族和人民多少平等些,这可能形成一个大共和国;另一种是以较小的品德,也就是说以某种程度的节制,使贵族们至少在贵族之间是平等的,这样他们就能够存在下去。因此,贵族政治的原则是以品德为基础的节制。就贵族政治来说,法律应该时时压制权势上的骄横,尽可能地鼓励宽和的精神,并努力恢复国家在体制上所必然会失去的平等。(《法》,3.4)

君主政体的原则是什么呢?孟德斯鸠说,君主国家的生存并不依赖爱国心、追求真正光荣的欲望、舍弃自己、牺牲自己最宝贵的利益,以及我们只听说的古人曾有过的一切英雄的品德。君主政体的动力或者说原则是荣誉。所谓荣誉,就是每个人或每个阶层的成见,荣誉的性质要求优厚的待遇和高名显爵,就是要有优越地位、品级甚至高贵的出身。对荣誉的追求就是"野心"。在共和国里,野心是有害的,但在君主国里,野心却会产生良好的效果,野心使君主政体活跃而有生命。(《法》,3.5—7)

至于专制国家,孟德斯鸠说,荣誉绝不是它的原则,因为在专制国家中,人人都是平等的,没有人能够认为自己比别人优越;在那里,人人都是奴隶,已经没有谁可以和自己比较一下优越了。在专制国家中,荣誉也不为暴君所容忍,因为一个有荣誉的人是不会轻易屈从于另外一个权威的,即使牺牲生命也在所不惜。对这种状态来说,品德是不需要的,荣誉则是危险的东西,专制政体需要的是恐怖。恐怖就是专制政体的原则。君主政体要用恐怖去压制人们的一切勇气,去窒息一切野心。(《法》,3.8—9)

孟德斯鸠沿袭了西方自古就有的一种观念,即认为任何政体都可能走向腐化而蜕变为另一种形式的政体,并指出各种政体的腐化几乎总是由政体原则的腐化开始的。就民主政治来说,民主政治原则腐化的时候,人们不仅丧失平等的精神,而且产生极端平等的精神。孟德斯鸠说,平等的精神和极端平等的精神的距离,就像天和地一样。平等的精神的含义并不是每个人都当指挥或是都不受指挥,而是我们服从或指挥同我们平等的人们,也就是说,平等的精神是指人们只在公民的身份上是平等的;而极端平等的精神是指人们要求在官吏、元老、法官、父亲、丈夫、主人等各种身份上也都是平等的。极端平等的精神使人们不能容忍他们委托给人的权力,不愿尊重官吏、元老,不愿孝敬父亲、顺从丈夫,不愿服从主人。人人都喜欢放纵,结果是没有风纪,不再爱秩序,最后,就不再有美德了。因此,孟德斯鸠认为,民主政治应该避免两种极端,就是不平等的精神和极端平等的精神。不平等的精神会使一个民主国家走向贵族政治或一人执政的政体,极端平等的精神则会使一个民主国家走向一人独裁的专制主义。(《法》,8.2—3)

就贵族政治来说,如果贵族们的权力变成了骄横的话,贵族政治就腐化了,因为如果是这样,无论是统治者还是被统治者就不会有任何品德而言了。孟德斯鸠说,在贵族政治下,如果进行统治的各家族遵守法律的话,那么它就相当于一个由多位君主统治的君主国,并且是一个在性质上极为优良的君主国,但如果他们不守法的话,就相当于一个由许多暴君统治的专制国家;而当贵族成为世袭的时候,贵族政治的腐化就到了极点,在这时候贵族们几乎不可能有任何政治宽和可说。如果贵族人数少的话,他们的权力就大些,但是他们的安全就少些;如果他们的人数多的话,他们的权力便少些,他们的安全就大些。这样,当权力不断增加,安全便逐渐减少,一直到暴君出现的时候,无限的权力和极端的危险都集中于暴君一人身上。(《法》,8.5)

当谈到君主政体时,孟德斯鸠既论述了君主政体的腐化问题,也论述了君主政体原则的腐化问题,但他没有告诉我们这两种腐化之间的关系。孟德斯鸠说,当君主逐渐剥夺团体的或城市的特权的时候,君主政体就腐化了;当一个君主认为他应该改变而不应遵循事物的秩序,才更能表现他的权威的时候,当他剥夺某一些人的世袭职位而武断地把这些职位赏赐给另一些人的时候,当他喜欢一时的意欲胜于他的意志的时候,君主政体就要毁灭了;当一个君主事必躬亲,把全国的事集中在首都,把首都的事集中在朝廷,把朝廷的事集中在自己一身的时候,君主政体也就毁灭了。孟德斯鸠说,当品级和爵位成为奴役的标志,当大人物丧失了人民的尊敬成为专横权力的工具,当颁发的荣誉和荣誉的性质相矛盾,当君主把公正变为严酷,当卑鄙的人从奴颜婢膝中获得显贵而引以为荣,

当他们认为对君主负有无限义务而对国家则不负任何义务,在这时候,君主政体的原则就腐化了。(《法》,8.6—7)

至于专制政体的原则,则不存在腐化问题,这不是因为它不会腐化,而是因为它在性质上就是腐化的东西。别的政体的灭亡是因为某些特殊的偶然变故,专制政体的灭亡则是由于它内在的缺点。某些偶然的原因是不能防止它原则的腐化的。所以专制政体只有气候、宗教、形势或人民的才智等形成的环境强迫它遵守一定的秩序,承认一定规则的时候,才能够维持。(《法》,8.10)

孟德斯鸠说,政体的原则的力量带动一切,原则一旦腐化,最好的法律也要变坏,但是在原则健全的时候,就是坏的法律也会发生好的法律的效果。那么如何保持政体的原则呢?孟德斯鸠说,很重要的一点就是要维持原有的疆域。在孟德斯鸠看来,小国宜于共和政体,中等国家宜于由君主治理,大帝国则宜于由专制君主治理,疆域的缩小或扩张都会变更国家的精神。(《法》,8.20)

二

就孟德斯鸠的政体分类理论,许多学者认为,其贡献之一是改变了西方政治思想史上长期以来由亚里士多德提出的占主导地位的政体分类方法,不再单纯地以统治者的人数或统治的目的作为分类标准,而是突出了统治的方式这一因素。比如麦克里兰认为,孟德斯鸠着意之处"不是权力的形式结构(英国除外),而是权力在不同政体里的行使方式",或者说,孟德斯鸠感兴趣的"其实就是我们今天说的政府政策,以及政策如何落实"。① 然而为什么英国要除外呢? 这是不是说在麦克里兰看来,孟德斯鸠对英国的论述与其政体性质的论述没有相关性? 这确实也是很多学者的观点。马斯泰罗内则说,孟德斯鸠提出了"建立在质量基础之上的新的三分法",重要的"不是看权力掌握在一人手中(君主制)、少数人手中(贵族制)还是全体人手中(民主制),而是看权力如何由政府实施的"。马斯泰罗内还认为,按照孟德斯鸠的政体分类法,有可能出现一人单独统治的专制主义,也可能出现全体人的专制主义。② 然而孟德斯鸠真的认为存在全体人的专制主义这种政体吗? 笔者认为这一点值得商榷。③ 我国学者葛

---

① [美]约翰·麦克里兰:《西方政治思想史》,彭淮栋译,海南出版社 2003 年版,第 368 页。类似的观点还可参见[英]罗伯特·夏克尔顿:《孟德斯鸠评传》,沈永兴、许明龙、刘明臣译,上海人民出版社 2018 年版,第 268 页;[法]雷蒙·阿隆:《社会学主要思潮》,葛智强等译,华夏出版社 2000 年版,第 16 页。

② 参见[意]萨尔沃·马斯泰罗内:《欧洲政治思想史——从 15 世纪到 20 世纪》,黄华光译,社会科学文献出版社 2001 年版,第 159 页。

③ 孟德斯鸠说,民主政治腐化的可能结果,一个是走向贵族政治或一人执政的政体,一个是走向一人独裁的专制主义;贵族政治腐化的结果是:如果进行统治的贵族家族们不遵守法律的话,那就等于一个由许多暴君统治的专制国家;君主政体的腐化有两个方向,一个是"一人的专制主义",而另一个就是"多人的专制主义"。因此,在孟德斯鸠看来,所有政体腐化的结果,要么是一人的专制主义,要么是多人的专制主义,而不可能是"全体人民的专制主义"。的确,如果存在这样的"全体人民的专制主义"政体,那么全体人民对谁实行专制呢? 毕竟,任何统治都是一部分人对另一部分人的统治,即使古希腊的民主政治,也是如亚里士多德所说,是公民的"轮番为治",而不是所有公民在同时进行统治。

耘娜认为,孟德斯鸠对亚里士多德式政体分类理论的改造,最重要的有两点:一是孟德斯鸠不再以"德性"作为政体分类的根本原则;二是他将"专制主义"单列为一种政体类型。① 这种说法在笔者看来更有道理。当然,对孟德斯鸠的政体分类理论,批评的声音一直都有,其中言辞最激烈的大概还是萨拜因。萨拜因说:"人们简直无法弄清孟德斯鸠的分类法遵循的是什么原则。就统治者的人数而言,君主制和君主独裁属于一类,而要说到宪法依据,那么共和制也可能同君主独裁一样无法可依。再者,认为君主独裁就没有法律,那只是虚构,犹如孟德斯鸠认为三类政体分别适合于小、中、大三种国家只是假设一样。人们无法设想,他对政体的这种分类有哪一点是根据观察或比较得出的……孟德斯鸠似乎仅仅根据自己的主观好恶,以及他对法国政治问题在伦理上引起的反应为动力。"②

孟德斯鸠的政体分类标准确实如萨拜因所批评的在逻辑上存在问题,而且非常醒目,无法否认。但是,我们不能因此否定孟德斯鸠政体分类理论的全部价值,原因在于,在《论法的精神》中,孟德斯鸠对政体分类其实还说了很多而不限于这里的说法。由于孟德斯鸠在《论法的精神》中提出的整个理论在很大程度上都是建立在其政体分类观点的基础上,故不可因其看似不合逻辑而全盘否定之。

---

① 参见葛耘娜:《论孟德斯鸠对亚里士多德式政体理论的改造》,《云南大学学报(社会科学版)》2013 年第 2 期。

② [美]乔治·霍兰·萨拜因:《政治学说史》(下册),刘山等译,商务印书馆 1986 年版,第 623 页。

的确,正如各位读者所看到的,孟德斯鸠在这里提出了政体分类的两个标准,一是统治者的人数,二是统治的方式。因此,从逻辑上来说,我们可以根据这两个标准将政体分为两大类四小类。如果先按统治者的人数,我们可以将政体分为一人统治的政体和多人统治的政体;然后按统治的方式,一人统治的政体可分为君主政体和专制政体,多人统治的政体可分为多人按法律统治的政体和多人不按法律统治的政体。当然,我们也可以先按统治的方式再按照统治者的人数进行划分。不管怎样划分,政体至少都有两大类四小类。如果我们把多人统治的政体再区分为"全体人民"或"仅仅一部分人民"统治的政体,那么我们就可以得到两大类六小类政体,就如亚里士多德所做的一样。①

为什么在逻辑上可以分为四种(或六种)类型的政体在孟德斯鸠这里却只剩下了三种呢?更具体一点来说就是,孟德斯鸠既然区分了一个人按法律来统治的政体和一个人不按法律来统治的政体,那他为什么不区分多人按法律统治的政体和多人不按法律统治的政体呢?这是不是说多人统治的政体只可能是按法律来统治的或不可能是按法律来统治的?按孟德斯鸠对政体性质的看法,他应该倾向于后一种看法,即不

---

① 亚里士多德先是根据政体的宗旨即政体是为全体人利益服务还是只为统治者利益服务将政体分为正宗政体和变态政体两种类型,然后再根据统治者的人数是一个人、少数人还是多数人将这两种类型的政体又分别划分为君主政体、贵族政体、共和政体、僭主政体、寡头政体、平民政体六种类型。参见[古希腊]亚里士多德:《政治学》,吴寿彭译,商务印书馆1965年版,第132—134页。

管是民主政治还是贵族政治,它都是依权力而非法律在统治。但这并不意味着它们是一种"多人的专制主义",因为一个政体是宽和还是专制,不只涉及统治方式问题,还涉及各种政体内三权的分配问题,在我们看来,对各种政体内权力分配的看法不同才是孟德斯鸠与亚里士多德政体分类的根本区别之所在。

孟德斯鸠对于亚里士多德的《政治学》无疑是非常了解的,①在提出自己的政体分类理论时,他参考了亚里士多德的观点,但并不打算全盘接受。对亚里士多德的观点,孟德斯鸠提出了这样一些批评和质疑:

> 亚里士多德在论述君主政体的时候,显然感到困难。他把君主国分为五种;他不是按政制的形式来区分,而是按偶然的事情如君主的品德或邪恶,或者是按外在的事件如暴政之被篡夺或被继承来区分的。
>
> 亚里士多德把波斯帝国和拉栖代孟王国都列入君主国内。但是,谁不知道,一个是专制国家另一个是共和国呢?
>
> 古人不了解一君统治的政体中三权的分配,所以对君主政体不能够有一个正确的概念。(《法》,11.9)

---

① 根据夏克尔顿的研究,在 1734 年之后不久,孟德斯鸠买了两本亚里士多德的《政治学》,此前他已经有了希腊文版和拉丁文版,而且他显然读过该书,并作了大量的摘录,孟德斯鸠在写作《论法的精神》的第二章至第十章时,他参考得最多的就是这些摘录。参见[英]罗伯特·夏克尔顿:《孟德斯鸠评传》,沈永兴、许明龙、刘明臣译,上海人民出版社 2018 年版,第 266—267 页。

在之前的一节中,孟德斯鸠还说:

> 古人不知道有以贵族团体为基础的政体,更不知道有以全国代表组成的立法机关为基础的政体。希腊和意大利共和国是一些城邦,各有自己的政府,它们的公民就在自己的城墙内集会。当罗马人兼并所有这些共和国以前,在意大利、高卢、西班牙和德意志,几乎没有一个地方有国王;这些地方,都是些小民族或小共和国……所以那里找不到城市代表的实例,也找不到国家议会的实例;必须到波斯才能看到君主统治的政体。(《法》,11.8)

从这几段话可以看出,孟德斯鸠对亚里士多德政体分类理论的不满主要集中在以下三个方面。

第一,孟德斯鸠认为,亚里士多德的政体分类标准不合理,它是"按偶然的事情"或者是"按外在的事件"区分的,也就是说它缺乏客观性。

第二,孟德斯鸠认为,亚里士多德对于政体内在的权力结构认识不清,他不了解政体中三种权力的分配,所以在认识实际中不同政体的性质上犯了些错误。

第三,孟德斯鸠认为,亚里士多德对于政体种类的了解不全,他实际上不知道君主政体,也不知道有贵族政治,当然也更不知道近代的代议制政体。

初看之下,孟德斯鸠对亚里士多德的这些批评理由似乎并不充分。

第一,孟德斯鸠针对的主要是亚里士多德对于君主政体的分类而不是亚里士多德对于所有政体分类的两条基本标准。

第二,孟德斯鸠本人在阐述各类政体的性质时,一开始也没有提到其中三权的分配问题。

第三,孟德斯鸠批评亚里士多德不知道有贵族政治,这种说法似乎很难经得起推敲,或许至多只能说他对于贵族政治的认识与亚里士多德不同;至于孟德斯鸠批评亚里士多德不知道近代的代议制政体,这当然是在苛求古人了,更何况,代议制政体按理来说也可以划入他的三种基本政体中的某一种。

然而真的是这样吗?孟德斯鸠对于亚里士多德的批评真的毫无道理吗?他的政体分类与亚里士多德究竟有什么不同?仔细阅读孟德斯鸠的说法我们就会发现,他与亚里士多德的一个很明显的不同就是,他把亚里士多德据以分类的所有希腊城邦的政体——至少是亚里士多德所谓的正宗政体——都归入到共和政体名下,而且基本上都属于共和政体下的民主政治这一类。孟德斯鸠为什么这样做呢?这当然是与他对各类政体性质的看法相关。根据亚里士多德的说法,城邦的统治就是所有公民依据平等原则轮流执掌权力,其最高治权寄托于"公民团体"①。因此,所有城邦的政体,至少是亚里士多德所谓的正宗政体,即使不说是民主制的,也可以说是具有民主性质的,它们都是全体公民或仅仅一部分公民握

---

① [古希腊]亚里士多德:《政治学》,吴寿彭译,商务印书馆 1965 年版,第 132—134 页。

有最高权力的政体,这种政体,在孟德斯鸠看来,当然就是共和政体。而孟德斯鸠对民主政治的性质和原则的论述,的确也与亚里士多德对平民政体的看法有着诸多相通之处。至于共和政体中的贵族政治,虽然孟德斯鸠批评亚里士多德不知道有这种政体形式,但是在《论法的精神》中,他对贵族政治的论述是他对几种类型的政体的论述中最薄弱的,而且他在很多时候都没有将它与民主政治很好地区分开来。比如,他在谈到贵族政治时,举得最多的是罗马的例子,但他在谈到民主政治时也经常以罗马为例来说明。当然,这或许是因为孟德斯鸠认为罗马的政体有一个从民主政治到贵族政治的发展过程,但在他的著作中,这一点并不总是很清晰。所以在这里,我们在讲到共和政体时,也不对它这两种形式作进一步的区分。

既然古希腊所有的城邦都是共和政治,那么专制政体和君主政体又是什么类型的政体呢?它们的原型是什么?就君主政体来看,孟德斯鸠说,我们熟悉的君主国最初是这样形成的:

> 大家知道,征服罗马帝国的日耳曼民族是十分自由的民族……这些征服者分布到全国各处,他们大都住在乡村,很少住在城市。当他们住在德意志的时候,他们可以召集整个民族的会议,当他们散处在被征服地的时候,便不能再这样做了。但是全民族仍需要像进行征服前那样讨论国事,于是他们通过代表们做这件事情。这就是我们哥特式政体的起

> 源。它起初是贵族政治和君主政体的混合……它是
> 一种好的政体,本身具有变成更好的政体的可能
> 性……不久人民的民事上的自由、贵族和僧侣的特
> 权、国王的权力三者之间便形成了一种高度的协调,
> 所以在上述政体的存续期间,我想世界上没有一个
> 政府能够像欧洲各地的政府那样宽和的了。一个征
> 服民族政体的败坏,竟形成了人类当时所能够想象
> 到的最优良的政体,真是叫人惊奇!(《法》,11.8)

这段话再清楚不过地表明,孟德斯鸠所谓的君主政体,特指欧洲中世纪的封建等级君主制国家的政体,而不是所有的那些有君主的政体,这也表明孟德斯鸠赞成法国君主制的日耳曼起源说而非拉丁起源说。了解欧洲历史的人都知道,这种封建等级君主制国家是日耳曼"蛮族"征服西罗马帝国之后建立的,其特征主要有三个:一是它建立在分封制基础上;二是在分封制基础上形成的等级制;三是存在着与国家权力相抗衡的教会组织,而且在很长时间内教权都凌驾于王权之上。所以,就这种等级君主制国家来说,其最突出的一个特征就是君主的权力是受到限制的,这些限制包括法律上的(如古老的习惯法)、制度上的(如等级会议)和理论上的(如古老的宪政理论及基督教神学理论),当然还有实际中的(如封建割据)。

就专制政体来说,可能有人会认为它等同于亚里士多德所谓的变态政体,或者更确切一点来说,它等同于僭主制(暴君制),这样说有一定道理,但不完全。的确,亚里士多德所谓的僭主制和孟德斯鸠所谓的专制政体都是自由人所不能接

受的政体。在这两种政体下,君主都是只求 己之乐而摧残人民,但两者也有很大不同:它们最根本的区别在于,专制政体的性质取决于君主的统治方式(从根本上来说涉及国家三种权力的分配),而僭主制的性质取决于僭主权力本身的合法性。

不过,孟德斯鸠对专制政体性质的看法并非与亚里士多德的思想毫无关系。亚里士多德在论述政体分类问题之前先区分了三种类型的统治,即主人对奴隶的统治、家长对妻子和子女及一般家属的统治以及城邦宪政统治,他认为只有第三种城邦宪政统治才是政治统治方式,这种统治方式被孟德斯鸠归入共和政体一类。而主人对奴隶的统治,亚里士多德认为它不属于政治学而属于家政学的范围,但这没有妨碍后来的人们用它来描述和概括某种类型的统治,即 despotism("专制"或"专制主义")。不过,总的来看,在 18 世纪以前,在欧洲,"暴君"概念比"专制主义"概念的应用要普遍得多。① 这两个概念在适用对象上看起来也有着比较明显的区别:"暴君"是所有自由人——当然主要就是欧洲人——都要抵抗的敌人,而"专制主义"则主要被用来指称遥远的亚非国家的政治制度。

孟德斯鸠对于专制政体性质的看法在很大程度上就是来源于亚里士多德所谓的这种主人对奴隶的统治类型。当孟德

---

① 参见邓正来主编:《布莱克维尔政治学百科全书》,中国政法大学出版社 1992 年版,第 195 页。的确,我们可以看到,在洛克的《政府论》中就多次使用了 tyranny 这一概念,而没有使用 despotism 这个词,只有几次用到了 despotical。

斯鸠谈到专制政体时,他经常举到的例子也是波斯、土耳其这些"伊斯兰教诸帝国"以及中国、印度和日本这样一些遥远的东方国家,在这点上,他显然是受到了前人的影响。他也提到俄罗斯,但态度明显要温和得多。当然,笔者不排除他对专制政体的看法也受到了各种反暴君理论的影响,这一点在《罗马盛衰原因论》中表现得很明显,特别是当他谈到宗教组织在抑制君主专制方面的作用时更是如此。既然孟德斯鸠将专制政体作为一种单独的政体类型,那么我们可以说,它就不应该只是一个地区性的概念而应具有普遍的意义,就像共和政体不应该只是一个专门用来表达古希腊罗马政体形式的历史性概念一样。

那么,孟德斯鸠认为专制政体是一种什么样的政体呢?在《论法的精神》中,孟德斯鸠对于专制政体有大量的论述,而这些论述相当大的一部分,是在与宽和政体特别是君主政体比较时提出来的。关于专制政体的性质,孟德斯鸠特别强调的一点是它"没有法律",不过我们要注意的是,这个"没有法律"的意思不是说专制政体的国家没有任何法律,而是它没有"基本法律"(与之相对的君主政体则是君主依照基本法律治理国家)。这里所谓的"基本法律",在法国是一个非常古老的概念,按夏克尔顿的说法,其主要原则是:存在某些借以限制君主权力的法律。这就是说,存在某些法律,它们与君主制本身同样古老,因而君主应该受其约束。[①] 我们可以把

---

① 参见[英]罗伯特·夏克尔顿:《孟德斯鸠评传》,沈永兴、许明龙、刘明臣译,上海人民出版社 2018 年版,第 279 页。

它引申为所有的那些历史悠久的法律,包括习惯法和普通法,以及洛克所坚持的那种"向全国人民公布周知的、经常有效的法律"①。专制国家当然有一般的法律,但这些法律仅仅是君主的意志而已。(《法》,5.16)

孟德斯鸠认为,专制政体就是一种主人对奴隶的统治。这种政体的性质要求绝对服从;君主的意志一旦发出,便应确实发生效力。(《法》,3.10)由于君主集所有大权于一身,其他人都被剥夺得一干二净,公民的自由从来就不是君主关心的对象。(《法》,6.2)所以,在专制国家,除了君主外,人人都是平等的,没有人能够认为自己比别人优越;在那里,人人都是奴隶,已经没有谁可以和自己比较一下优越了。(《法》,3.8)在这种政体下,既无所谓公民品德,也无所谓臣民的荣誉,专制君主依靠的是恐怖来进行统治。

从上面的叙述可以看出,孟德斯鸠的政体分类理论与亚里士多德的不同,在于他"发明"了"君主政体"和"专制政体"这两个概念。孟德斯鸠将君主政体和专制政体作为政体的两种最初类型,这到底有多少事实的依据,学术界一直存在争议,但不可否认的是,孟德斯鸠第一次明确地将专制政体作为基本政体的一种类型,并赋予其特定的含义。对君主政体,孟德斯鸠则完全抹去了这一概念的古典含义而赋予了它全新的内涵。根据孟德斯鸠的观点,不是所有的有君主的政体都是君主政体;有君主既可能是专制政体(如果权力都集

① [英]洛克:《政府论》(下篇),叶启芳、瞿菊农译,商务印书馆1964年版,第80页。

中在君主手里),也可能是共和政体(如果最高权力掌握在
人民手中);①一切端视君主在国家权力体系中的位置而定。
因此,孟德斯鸠的政体分类理论决不能简单地被视为亚里士
多德观点的一个翻版,也不像有的学者说的那样,它对亚里士
多德的政体分类方法的改变只是以统治方式而非以统治者的
人数或统治目的作为分类标准。孟德斯鸠的政体分类理论是
对自亚里士多德以来的西方政体分类思想的一次彻底改造。

三

从上面的分析中可以看到,孟德斯鸠的政体分类标准涉
及政体内的权力分配问题,而这一点就可以把他的政体分类
理论和他的分权学说联系起来。不过,我们首先要注意到,孟
德斯鸠在将政体划分为三种基本类型后,他又告诉我们说,有
的国家的政治制度兼具不同类型政体的特征。比如前面提到
过的,孟德斯鸠在谈到西欧君主政体的起源时,说那种政体是
"贵族政治与君主政体的混合";而在第十一章第十二节论述
"罗马君王的政体及其三权的划分"时,孟德斯鸠说,这种政
制"具有君主、贵族、平民三种政制的性质"。熟悉西方政治
思想史的人马上就能想到,这是一种典型的"混合政体"理
论。但是,孟德斯鸠的名字不是和三权分立理论联系在一起

---

① 在《论法的精神》第二章第二节《共和政体和与民主政治有关的
法律》中有这样一句话:在民主政治里……只有通过选举,人民才能当君
主,因为选举表现了人民的意志。如果不理解孟德斯鸠政体分类标准的
话,这句话就会令人费解。

的吗？他怎么又成了混合政体理论的支持者？

说孟德斯鸠是三权分立理论的提出者，依据的主要是《论法的精神》第十一章第六节。不过，在这一章前面的几节中，孟德斯鸠已经为他将要提出的观点作了铺垫。在这一章中，孟德斯鸠先是给出了自己对"什么是自由"这个问题的看法，然后告诉我们说，民主政治和贵族政治的国家在性质上并不是自由的国家，自由（或者说"政治自由"）"只在宽和的政府里存在"；不过它并不是经常存在于政治宽和的国家里，它"只在那样的国家权力不被滥用的时候才存在"。然而一切有权力的人都容易滥用权力，孟德斯鸠说，这是"万古不易的一条经验"，有权力的人使用权力"一直到有界限的地方才休止"。如何才能防止滥用权力呢？孟德斯鸠说，从事物的性质来说，要防止滥用权力，就必须"以权力约束权力"。（《法》，11.4）如何以权力来约束权力以提供自由呢？孟德斯鸠说，有一个国家，它的政治制度的直接目的就是政治自由，我们可以以它的政治制度为例，来"考察一下这种自由赖以建立基础的原则"。

孟德斯鸠所说的这个国家，指的就是英国。"英格兰政制"也就是他接下来要谈论的内容。"英格兰政制"这一节无疑是《论法的精神》一书中被人们谈论得最多的部分，可能也是争议最大的部分。争议产生的一个很大的原因，是人们对于该节内容的理解存在着很大困难。该节是《论法的精神》中最长的一节，但这不是问题，问题在于它虽以"英格兰政制"为标题，实际上却包含了许多其他内容。读者们经常困惑于这样两个问题：一是在这一节中，孟德斯鸠到底哪些地方说的是英国,哪些地方说的不是英国? 二是当孟德斯鸠说到英国时,他到底是在描述英国制度的现状,还是在发挥自己对英国制度的想象? 抑或是在提出自己的政治理想? 这些问题我们姑且不论,先来看看关于政体中三种权力的分配孟德斯鸠到底告诉了我们些什么。

在这一节中,孟德斯鸠一开始就指出,每个国家(这当然就意味着他的论述不限于英国)都有三种权力:(一)立法权力;(二)有关国际法事项的行政权力;(三)有关民政法规事项的行政权力。这个说法在很多人看来可能与洛克的观点很相似,①不过孟德斯鸠接下来就说:

> 依照第一种权力,国王或执政官制定临时的或永久的法律,并修正或废止已制定的法律。依照第二种权力,他们媾和或宣战,派遣或接受使节,维护公共安全,防御侵略。依照第三种权力,他们惩罚犯罪或裁决私人讼争。我们将后者称为司法权力,而第二种权力则简称为国家的行政权力。(《法》,11.6)

这里有必要指出,我们都已经非常熟悉的"行政权"这种说法,它的原文是 la puissance exécutrice,其更合适的译法应为"执行权"。"执行权"是一个历史悠久的概念,它一开始是相对于"立法权"而言的,它指的是执行立法机关制定的法律

---

① 洛克把政治权力分为立法权、执行权和对外权(联盟权),而后两种权力在他看来总是结合在一起。

的权力。按照西方的法治思想传统,立法权应该是一个国家的最高权力,而执行权是从立法权中获得并隶属于它的。之前的洛克就是这样认为的,不过洛克也认为执行权享有一定的"特权",即在无法律规定,有时甚至违反法律而依照自由裁处来为公众谋福利的行动的权力,其作用是弥补立法权的不足以及纠正立法权的弊病。"行政权"是一个较新的概念,在某种意义上说,"行政权"这一概念的产生,与"三权分立"理论之间有密切的关系。因为就三权分立来说,它不只涉及把权力分为三种类型,还涉及把每一种类型的权力完整地授予某个国家机构,这些机构通常就是国会、政府和法院。国会掌握立法权,法院(或者最高法院)掌握司法权,这都没有问题,但政府的权力仅仅是执行权吗？这就有问题了。问题主要有两方面:一方面是,政府的权力肯定不是仅仅执行法律,这不仅因为法律只是一些普遍性、原则性的规定,在实际执行中它需要细则,也需要一定的自由裁量权;也因为法律具有滞后性,有些事情虽然没有法律规定,但政府不能置之不理;还因为有些事情虽然法律有规定,但政府为了公共利益不惜违反法律也要去做。另一方面是,如果政府的权力只是执行权,那么从法理上来说,它就从属于立法权,但这样一来所谓的三权分立与制衡就成了一句空话,因为三权分立是建立在三权平等、不存在国家的最高权力、各种权力只是在其所属范围内是最高的这一认识基础上。虽然孟德斯鸠用的仍然是"执行权"这一说法,但从这一权力所包含的内容来看,它绝不只是执行法律的权力,而是包含了现代行政权的主要内容,因此翻译为行政权问题也不是很大。

在对三权作了划分之后,孟德斯鸠就说了那几段我们非常熟悉的话:

> 当立法权和行政权都集中在同一个人或同一个机关之手,自由便不复存在了;因为人们将要害怕这个国王或议会制定暴虐的法律,并暴虐地执行这些法律。
>
> 如果司法权不同立法权和行政权分立,自由也就不存在了。如果司法权同立法权合而为一,则将对公民的生命和自由施行专断的权力,因为法官就是立法者。如果司法权同行政权合二为一,法官便将握有压迫者的力量。
>
> 如果同一个人或是由重要人物、贵族或平民组成的同一个机关行使这三种权力,即制定法律权、执行公共决议权和裁判私人犯罪或争讼权,则一切便都完了。(《法》,11.6)

过去我们一般把这几段话理解为孟德斯鸠的三权分立主张,但我们知道,一种纯粹的三权分立理论不仅意味着把国家权力划分为立法权、行政权和司法权,而且还应该将这三种权力分别完整地授予三个国家机构,每种权力对应一个国家机构,反过来说,每个国家机构都只掌握一种权力。孟德斯鸠在这里表达的是这个意思吗?孤立地来看好像没有什么问题,但我们又如何来理解孟德斯鸠接下来说的"欧洲大多数王国是政体宽和的,因为享有前两种权力的国王把第三种权力留给他的臣民去行使"这句话呢?这句话看起来不仅与上面

"当立法权和行政权都集中在同一个人或同一个机关之手,自由便不复存在了"这句话相矛盾,而且它似乎表明,如何使一个政体保持宽和使之不堕入专制主义才是孟德斯鸠的目标。什么样的政体是宽和的? 专制政体当然不用说,而共和政体在性质上也未必是宽和政体。

> 在意大利各共和国,三种权力合并在一起,所以自由反比我们的君主国还少。因此,为自保起见,这些国家的政府也需要采用像土耳其政府所采用的那种残暴的手段。(《法》,11.6)

由于三种权力合而为一,所以在孟德斯鸠看来,意大利的这些共和国"虽然没有专制君主的外观,但人们却时时感到君主专制的存在"。共和政体与专制政体是不同性质的政体,它并不像专制政体一样在本质上就是不宽和的,但当它的权力集中在一部分人手上时,它和专制政体就没有什么区别了。权力集中在一部分人手上可能是某一个国家机关掌握全部的权力,但也可能是虽然有多个国家机关,但"这些不同机关都是由同一阶层的官吏组成的",因此它们实际上"几乎就形成了同一的权力"。(《法》,11.6)

由此可见,孟德斯鸠更关心的,与其说是国家的三种权力要分配给不同的机关,不如说是它们应该由不同阶层的人来共享,这一点在他接下来对于三权归属的说法中有着更明显的体现。孟德斯鸠认为,不能由同一批人或者由来自同一个阶级的人长期地、固定地、职业地掌握司法权——比如不能将司法权给予永久性的元老院——而应由选自人民阶层中的人员在每年的一定时间内依照法律规定的方式来行使,这样一来,人人所畏惧的司法权就"既不为某一特定阶级或某一特定职业所专有",它也就相当于不存在了。① 立法权和行政权可以赋予一些官吏或永久性的团体,这是因为它们的行使都不以私人为对象(其实对于行政权来说未必如此)。孟德斯鸠认为,在一个自由的国家,立法权"应该由人民集体享有",不过因为这样做在大国不可能,在小国也有许多不方便,所以最好还是由人民选出的代表组成代表机关来行使比较好。不过孟德斯鸠又说,在一个国家中,总是有一些人以出身、财富或荣誉著称,如果把他们和平民混杂在一起,并且和其他人一样只有一个投票权,那么公众的自由将成为对他们的奴役,因此他们最好组成一个团体,和由选举产生的代表平民的团体共享立法权。至于行政权,孟德斯鸠认为它应该掌握在国王手中,因为政府需要快速的行动,所以由一个人管理比几个人管理要好些。

孟德斯鸠说,由于司法权"在某种意义上可以说是不存在的",所以立法权与行政权这两权需要有一种权力加以调节,使它们趋于"宽和"。谁适合承担这一任务呢?孟德斯鸠说,立法机关中由贵族组成的那部分最为适合。孟德斯鸠论述了贵族团体与代表人民的团体在权力上应该如何制衡,也论述了行政权与立法权之间的制衡问题。而在论述完这些之

---

① 对于孟德斯鸠说的司法权"相当于不存在了"的说法,我们的理解是:孟德斯鸠认为司法权由人民掌握,就意味着它不再是一种"国家的"(或者说"政治的")权力,而成为"社会的"权力了。

后,孟德斯鸠告诉我们说:英格兰的基本政制就是:立法机关由两部分组成,它们通过相互的反对权彼此钳制,二者全都受行政权的约束,行政权又受立法权的约束。(《法》,11.6)

从这些说法中我们能得出孟德斯鸠是以英国的制度为蓝本提出了一种三权分立学说吗？恐怕不能。我们看到,孟德斯鸠在这里说的三种权力的分配,核心还不是立法、行政和司法这三权在不同国家机构之间的分配,而是它们在不同社会阶层之间的分配。孟德斯鸠的这一主张,更符合在西方政治思想史上有着悠久历史的混合政体理论而非三权分立理论。关于这两种理论的关系,我国很多学者都是把混合政体理论看作分权理论早期的一个发展阶段,或者虽然没有这样明说,但在叙述分权学说的历史时,往往都追溯到古希腊罗马的混合政体理论那里去。这样做当然也有一定道理,当我们这样做时,心里要清楚这两种理论的不同。我们知道,所谓混合政体,它是相对于"单一政体"而言的;而所谓单一政体,就是古典政治哲学家们所认为的君主、贵族或平民这样的单一要素发挥了基本作用或者说掌握了国家基本权力的政体。君主制、贵族制、民主制都是单一政体。混合政体则是结合了君主、贵族和平民这三个要素中的两个或三个都结合了的政体。混合政体的思想至少在亚里士多德那里就有了,亚里士多德就说过,凡能包含较多要素的总是较完善的政体,所以那些混合多种政体的思想应该是比较切合于事理。亚里士多德主张的是寡头制与平民制的结合。系统论述混合政体的是古罗马的思想家波里比阿,而他是基于罗马共和国的政治实践提出这一理论的。波里比阿认为,任何单一的政体都容易蜕化并走向自己的反面,因此需要将三种正义政体即君主制、贵族制和民主制结合起来,使其中的各种要素相互支持、协助和制约,从而使政体能够长期处于和谐、平衡的状态。波里比阿认为罗马共和国就是混合政体的一个典范,也正是这一政体保证了它的稳定和强大。中世纪的托马斯·阿奎那及近代早期的马基雅维利等人都是混合政体的有力支持者。总的来看,虽然历史上的思想家们对于究竟应该混合哪几种要素的看法不尽一致,但他们强调的都是不同的阶级或阶层对国家权力的共享,从而使其相互之间处于一种"均衡"的状态,这显然与强调国家权力在职能上的分立与制衡的分权理论不同。所以笔者认为,混合政体是混合政体,三权分立是三权分立,二者不能混为一谈。当然,这两者之间也不是完全没有关联的,它们都是通过对国家权力作某种形式的限制,以促进某些政治的或社会的价值的实现;它们也都涉及国家机构的分立问题。从这个角度来说,孟德斯鸠对于三权分立理论的产生还是作出了很大贡献的。① 另外,可能也有人会认为,混合政体

①　这方面英国学者维尔的看法应该说是比较公允的。维尔认为,孟德斯鸠虽然没有发明任何权力分立学说,但"他在政府职能上的观点比其前辈的观点更接近于现代用法;他第一个在公认的现代意义上使用了'执行职能'并将之与立法职能、司法职能并列。他强调司法职能以及强调这一职能和其他职能同等……尽管他使用了混合政体的观点,他却没有像英格兰均衡政制的作者曾作过的那样,让这种观点统管了他的思想……由于他改变了先前半个世纪中英国作者对于立法至上和混合政制的强调,他因此为权力分立学说再次作为一种自主的政府理论的出现铺平了道路。"参见[英]维尔:《宪政与分权》,苏力译,生活·读书·新知三联书店 1997 年版,第 89—90 页。

与三权分立都是分权,不过混合政体强调的是阶级分权,而三权分立强调的是职能分权,这样说也有一定道理。总之,说孟德斯鸠主张"分权",这应该没有什么问题;但要说他系统地阐述了"三权分立"学说,这恐怕要打上一个大大的问号。[①]

四

那种认为孟德斯鸠是三权分立理论的倡导者的主张通常还附有这样两种观点:一是认为孟德斯鸠是以英国的制度为蓝本提出三权分立理论的;二是认为三权分立制就是孟德斯鸠心目中的理想政体。对此笔者也想谈谈看法。

关于孟德斯鸠对于英国制度的看法,一种比较普遍的观点就是认为它在《论法的精神》中是前后矛盾的,但究竟哪些地方是矛盾的,却又没有一个明确的说法。的确,在《论法的精神》中有许多地方都谈到了英国的制度,这些说法乍看上

---

① 这种观点在我国已得到越来越多学者的认可。比如张洪新就明确地说,将政府职能分为立法权、行政权和司法权这种清晰的现代假设,对孟德斯鸠是不适用的,他"主要是从政治活动意义上理解分权",确立政治自由的是宽和政体,而宽和政体"可以说是古老的混合政体";张旭则认为,孟德斯鸠虽然因为其分权学说而被很多人视为现代政治思想的奠基人之一,但他的政体理论却彰显了古典"政治"的意涵,这体现在他"像古典思想家一样以共同体的整全性视角看待政体"、他"所坚持的分权是在共同体内部多元力量的对立与平衡这一政治过程中实现的"以及他"继承了古典的立法者传统"。参见张洪新:《孟德斯鸠视域中的"分权"及其"精神"》,《政治思想史》2018 年第 2 期;张旭:《孟德斯鸠政体理论中的古典"政治"意涵》,《政治思想史》2021 年第 3 期。

去也颇让人感到困惑。比如,在第二章第四节论"法律与君主政体性质的关系"时,孟德斯鸠说,君主政体的性质由"中间的"、"附属的"和"依赖的"这些权力所构成,而最自然的中间的、附属的权力,就是贵族的权力,但英国国会却废弃了"所有贵族的一切司法权";他说,英国人为着"维护自由",把"构成他们君主政体的一切中间权力都铲除了"。把中间权力都铲除之后结果会怎么样呢?按孟德斯鸠的说法,我们要么得到一个平民政治的国家,要么得到一个专制的国家。英国当然不是一个专制的国家。那么它是民主政治吗?逻辑上应该是这样,但是在第三章"论民主政治的原则"时,孟德斯鸠说,在上个世纪(也就是 17 世纪英国资产阶级革命期间),英国人要给自己建立民主政治,但却没有成功,原因是那些参与政事的人"毫无品德",最后他们不得不"回到他们所废止的那种政体之下去休息"。(《法》,3.3)这意思应该是说,英国的政体还是君主制。我们认为君主制也是孟德斯鸠对于英国政体性质的基本看法,他在后面许多地方都称英国是一个君主国。不过,到孟德斯鸠生活的年代,经过"光荣革命"之后的英国早已不是传统的君主政体了,因为君主的权力已一落千丈,国家权力中心从君主手中转移到议会手中,而议会至少在名义上是代表人民行使国家权力的。因此,在孟德斯鸠看来,英国"外表是君主政体,实际上却是共和政体"。(《法》,5.19)这应该就是《论法的精神》中孟德斯鸠对英国政体性质最基本的看法。笔者认为,孟德斯鸠对于英国政体性质的这种看法基本上是贯彻始终的。

然而我们又该如何来看待第十一章第六节中孟德斯鸠对

英国制度的论述呢？它们是不是与其他地方对英国政体性质的看法不一样，甚至说孟德斯鸠在这一部分中对政体的看法完全不同于他在前面第一卷中的论述呢？提出这样的问题都是基于这样一种认识基础上的，那就是认为孟德斯鸠在这一节中以英国的制度为蓝本提出了一种三权分立的理论。笔者认为这一基础是不能成立的。

上面我们说过，能不能说孟德斯鸠提出了一种三权分立理论本身就是一个问题，而说他是以英国制度为蓝本提出这一理论的问题就更大了。其实，在这一节中，孟德斯鸠明确提到英国政治制度的，是以下几个地方：

在谈到立法权与行政权的关系时，孟德斯鸠说，行政权可以钳制立法权，包括规定立法机关会议的召集时间和期限以及制止立法机关的越权行为，但是立法权不应该对等地有钳制行政权的权利，不过立法权"却有权利并应该有权利审查它所制定的法律的实施情况"，而"英格兰政府比克里特和拉栖代孟优越的地方，就在于此"。（《法》，11.6）这说的是英国议会对政府的监督权。

孟德斯鸠接着又说，立法权不应有权审讯行政者本身，并因而审讯他的行为，但是"执政者如果没有坏的辅弼人员的话，他的施政是不会腐败下去的……这种坏的臣宰应该受到追究与惩罚。英格兰政府优于尼得的政府的地方就在于此"。（《法》，11.6）这说的是英国议会的弹劾权。

接着孟德斯鸠又谈到司法权与立法权的关系，他认为一般说来司法权不应该同立法权的任何部分结合，但有三种例外，其中一种情况就是"某个公民在公务上侵犯了人民的权利,而犯了普通法官所不能或不愿惩罚的罪行……立法机关代表平民的部分即众议院应向同机关代表贵族部分的贵族院提出控告……这是英格兰政府优于大多数古代共和国的地方;后者的弊病是,人民同时是法官又是控告者"。(《法》,11.6)这说的是英国贵族院的司法权。

最后就是孟德斯鸠的结论,他认为英格兰的基本政制就是"立法机关由两部分组成,它们通过相互的反对权彼此钳制,二者全都受行政权的约束,行政权又受立法权的约束"。(《法》,11.6)

孟德斯鸠关于英国政治制度的这些论述,总的来看,一是基本符合我们对当时英国政治制度的认识;二是看不出它们与前面孟德斯鸠对英国政体性质的看法有什么明显的矛盾;三是我们不能从中得出孟德斯鸠认为英国的制度是三权分立的结论。① 英国的政体就是带有共和性质的君主制度,或者说,它是"混合型的"。所以,与其说孟德斯鸠以英国制度为蓝本提出了一种三权分立理论,不如说他是用混合政体理论分析了英国的制度。当然,我们不能说孟德斯鸠在这一过程中没有自己的创造——他对于立法、行政和司法三权的明确

---

① 我国有学者认为孟德斯鸠提出"英格兰政体"与他之前对政体的划分遵循的不是同样的原则,这种政体的"法的精神",是"一种人为的政治法",它不是"一种能够被政治自由所定义的政体",而是"一个因要求政治自由需要被寻找和设计的政体";这也就是说,孟德斯鸠笔下的"英格兰政体"并不是一个实际存在的东西,它反映的是"孟德斯鸠为欧洲政治体从传统向现代过渡寻找的一种可能"。参见郭小雨:《孟德斯鸠笔下"英格兰政体"的政治形式与动力》,《政治思想史》2020 年第 4 期。

划分就是他对分权学说的　大贡献。或许说孟德斯鸠的分权理论就是三权分立理论和混合政体理论的一个混合物会更恰当一些。孟德斯鸠在这里对于英国政体性质的看法与他前面的看法之间并不存在一条鸿沟。英国的制度并非三权分立的，所以它也不是孟德斯鸠政体分类的一个例外。后面在谈到英国政制的起源时，孟德斯鸠就说："试读塔西佗的伟大著作《日耳曼人的风俗》，就会发现，英国人是从日耳曼人那里吸取了他们的政治体制的观念的。这种优良的制度是在森林中被发现的。"（《法》，11.6）这就是说，英国的君主制和西欧其他国家的君主制不存在本质的区别。在《论法的精神》后面的章节中，孟德斯鸠还多次提到了英国的制度，特别是第十九章第二十七节，可以说是他对英国制度特别是英国式自由最全面的一个论述，其中所表达的意思与之前他对英国的论述基本上也是一致的。

如果孟德斯鸠并没有提出一种三权分立理论，那么认为一种实行三权分立的政治制度（即使说它不是以英国为原型而是理论上设想出来的一种理想制度）是孟德斯鸠的政治理想的说法也就站不住脚了。那么什么样的制度是孟德斯鸠心目中的理想制度呢？学者们对这个问题一直有着激烈的争论，但笔者认为这个问题的答案其实很简单，那就是宽和的制度。

什么是宽和的制度？在《论法的精神》中我们可以看到，孟德斯鸠大量使用了"宽和政体"、"宽和政府"或"政治宽和"这样的一些说法，虽然他自始至终没有对这些概念的含义作出明确的解释，但是我们完全可以从他对这些概念的使用上看出他所要表达的意思。

在第三章第九节《专制政体的原则》中,孟德斯鸠说,专制政体的动力是恐怖,但"一个宽和的政府可以随意放松它的动力,而不致发生危险。它是依据它的法律甚至它的力量,去维持自己的"。(《法》,3.9)而在第十节的标题中,孟德斯鸠明确地把国家分为"宽政的"和"暴政的",后面他也多次用到了这一说法。

在第五章第十四节,孟德斯鸠说:"要形成一个宽和的政体,就必须联合各种权力,加以规范与调节,并使它们行动起来,就像是给一种权力加以重量,使它能够和另一种权力相抗衡。"(《法》,5.14)在第十六节中,孟德斯鸠说:"在政治宽和的国家里,无论在哪里法律都是明智的,并且是家喻户晓的……但是在专制国家里,法律仅仅是君主的意志而已。"(《法》,5.16)

在第六章第二节中,孟德斯鸠说:"在政治宽和的国家,一个人,即使是最卑微的公民的生命也应当受到尊重。"(《法》,6.2)在第九节至第二十一节中,孟德斯鸠比较了专制政体和"政治宽和的国家"刑罚的轻重。

在第八章第八节《论君主政体原则腐化的危险》中,孟德斯鸠说,这种危险"不在于一个国家从一个宽和的政体转变为另一个宽和的政体,例如从共和国转变为君主国,或是从君主国转变为共和国,而是在于一个宽和的政体堕落下来并急转为专制主义"。(《法》,8.8)

后面还有很多,我们就不一一列举了。从这些论述当中可以清楚地看出,孟德斯鸠实际上是把宽和政体看作与专制政体相对的一种政体形式,两者的区别在于宽和政体下公民有自由,而专制政体下公民则没有任何自由可言。但是,因为任何政体都可能腐化堕落,宽和政体也有可能变成"堕落下来并急转为专制主义",而如何防止这一点就是孟德斯鸠特别关心的事情,他的分权理论就是为了解决这个问题而提出的。

如果说孟德斯鸠的理想政体是宽和政体,那么如何理解他在"序言"中说他的著作"没有意思非难任何国家已经建立了的东西,每个国家将在这本书里找到自己的准则所以建立的理由"这句话呢?我们能不能据此断言孟德斯鸠是一位相对主义者,也就是说,根据所谓的"法的精神"或者我们所说的"政体的精神",所有的政体没有"好不好"的问题,只有"合不合适"的问题?比如说,对于大国或某些气候炎热的地区来说,专制政体就是最好的选择?这个问题确实很难回答,因为截然不同的回答似乎都可以从他的著作中找到大量的依据。也许我们应该说,每种政体的存在,确实有其合理性,但这只能表明一个"事实",而不能从中自然地推导出某种价值;再者,没有一种政体完全而且应该就是由环境决定的,人们不是自然的奴隶,他们可以与自然相抗争,而他们抗争的决心在很大程度上取决于他们对于自由和荣誉这些价值的态度。理想之所以为理想,那就是因为它是我们应该努力去追求的有价值的东西。如果一种政治理论不能给我们提供理想,那么它的价值又在哪里呢?在《论法的精神》中,尽管一直都小心翼翼,但孟德斯鸠还是毫不含糊地表达了自己对专制政体的憎恶,他否定了任何专制政体的可欲性。

那么共和政体呢？它是孟德斯鸠的理想政体吗？不错，在《论法的精神》中，孟德斯鸠说了共和国的很多好话，但同时也指出了它的许多弊端。比如他说，古代的大多数共和国有一个重大的弊病，就是人民有权利通过积极的、在某种程度上需要予以执行的决议，而"这是人民完全不能胜任的事情"；(《法》,11.6)共和制严格来说是一种属于"古代"城邦的政体，它不仅要求国家面积不大，而且还要求人们具有爱祖国、爱平等、爱俭朴的政治品德，这一点即使在古代，在很多情况下也只能说是一个理想，而在现代社会几无可能。孟德斯鸠目睹的威尼斯的政治实践表明，现代共和国的公民，已根本不可能再具备古代共和国公民的那种美德。但这还不是共和政体最大的问题。共和政体最大的问题是什么？是它的最高权力掌握在全体人民或一部分人民手中，因此它没有任何办法来避免自身原则的腐化。有人可能会问，君主政体不也是最高权力掌握在君主一人手中吗？为什么它就可以避免腐化？孟德斯鸠确实承认君主政体也会腐化，但他对于共和政体下"最高权力"的性质的理解与君主政体下"最高权力"性质的理解似乎不一样。关于"最高权力"这一概念，从孟德斯鸠以前的各种理论来看，主要有三种理解方式。第一种是古典政治思想中以亚里士多德为代表的"最高治权"理论，在亚里士多德看来，公众法庭和公民大会实际上是城邦最高权力所寄托的地方，因此，凡有权参加议事和审判职能的人，就可以认为是掌握了最高权力；第二种是近代布丹和霍布斯等人提出的"主权"理论，他们认为，国家的本质在于主权，主权是绝对的、至高无上的、不可转让的、不可分割的权力，它应该完全属于主权者所有;第三种是洛克的立法至上(议会至尊)理论,洛克摒弃了主权这一概念而以"政治权力"取而代之,在他看来,政治权力决非一种绝对的不受限制的权力,而是一种受委托的、有限的权力,它分为立法权、执行权与对外权这三种,其中立法权是"指导如何运用国家的力量以保障这个社会及其成员的权力",它是国家的最高权力,社会的任何成员或社会的任何部分所有的其他一切权力,都是从它获得和隶属于它的。

当孟德斯鸠说共和政体是"全体人民或仅仅一部分人民握有最高权力的政体"并据此来论述与共和政体有关的法律时,他对"最高权力"这一概念的认识看起来既承袭了古典政治理论的观点,又在一定程度上借用了近代的"主权"概念。正因为在共和政体下全体人民或一部分人民掌握了"最高权力",而"握有最高权力的人民应该自己做他所能做的一切",所以这种权力是不受约束的,甚至不受法律的约束;唯一能约束它的,只有握有权力的人的"品德",但这种约束显然不是那么可靠。

但是,当孟德斯鸠说到君主政体时,他所谓的"最高权力"的性质似乎发生了很大变化。他认为,在君主政体下,虽然君主握有"最高权力",但这种权力却是受约束的。因此,君主的权力只是相对于其他权力来说是最高的,它决不能取消其他权力而单独存在。从这一点来说,君主政体是一种比共和政体更可取的政体。虽然这并不是绝对的,但总的来看,在性质上,君主政体是唯一一种称得上"宽和的"政体,因为只有它才是依照确定了的法律来进行统治;在政体原则上,君主政体以"荣誉"为原则,而荣誉是抵抗暴君最有效的手段,因为它有自己的法则和规律,不知道什么是屈服,在三权的分配上,君主政体能最好地将三种权力分配到不同阶层的社会成员手中,使它们既相互配合又相互制衡,因而不会被滥用,并因此建立政制上的自由。孟德斯鸠的这一思想在《论法的精神》中的表现可谓无处不在,我们奇怪为什么在这个问题上有那么多争论。如果我们再考虑到孟德斯鸠的贵族身份以及他对自己这一身份的认识的话,那么答案应该是显而易见的。作为一名相信"没有君主就没有贵族,没有贵族就没有君主"的贵族,孟德斯鸠极力捍卫贵族的特权,对当时的法国由君主政体堕入专制政体感到痛心疾首。孟德斯鸠的政治理想,其实就是希望能恢复往日贵族的荣光,从而以贵族这一"中间的力量"来使法国重新回到君主政体的道路上去。他抨击君主专制制度,反对废除贵族的司法权,捍卫贵族的财产管辖权,拥护城市的特权,赞成君主国中买卖公职,都是这一思想的体现。这一思想与其说是自由主义的,不如说是保守的乃至"反动的"①。

---

① 雷蒙·阿隆就认为,总的来说,霍布斯关心的是贵族特权和加强中间团体。他丝毫不是平等的鼓吹者,更不是主张权力归于民众的理论家。如果我们相信之后的历史正朝着权力归民众和人人平等这一方向发展,那么说孟德斯鸠是旧制度的鼓吹者就是恰如其分的了。在这个意义上,他就是一个不折不扣的反动派。参见[法]雷蒙·阿隆:《社会学主要思潮》,葛智强等译,华夏出版社 2000 年版,第 37 页。

第八章 《论法的精神》导读之五：自由问题

在《论法的精神》中，孟德斯鸠对"自由"的谈论是非常多的，以至于有人认为"自由"不说是该书的主题，至少也是理解孟德斯鸠政治思想的关键所在。的确，从前面对《论法的精神》基本内容和"法的精神"的概述中，以及对孟德斯鸠政体理论的分析中，我们能看到"自由"的足迹几乎无处不在。孟德斯鸠对自由价值的推崇是没有什么疑问的，但他到底推崇的是哪种自由呢？他是像很多人认为的那样是自由主义先驱者吗？这个问题可以说是理解孟德斯鸠思想性质的关键，不可不细察之。

一

《论法的精神》对"自由"问题的论述，最集中的无疑是第十一章和第十二章；此外，第十三章、第十八章和第十九章第二十七节也谈了不少。国内大多数学者对孟德斯鸠自由理论的研究主要也就集中于这几章，他们比较普遍地认为，孟德斯鸠自由理论的主要贡献就在于:给"自由"下了一个明确的定义;阐明了"自由"与"法律"的关系;论述了公民应该有哪些自由;论证了要用分权制度来保障自由。我们就从这方面说起,先来看《论法的精神》第十一章中孟德斯鸠对于自由这一概念的看法。

第十一章的标题是《规定政治自由的法律和政制的关系》,在这一章的开始,孟德斯鸠在指出"没有一个词比自由有更多的含义,并在人们意识中留下不同的印象了"之后,就列举了他所知道的各种各样的自由观,如"有些人认为,能够轻易地废黜他们曾赋予专制权力的人,就是自由;另一些人认为,选举他们应该服从的人的权利就是自由;另外一些人,把自由当作是携带武器和实施暴力的权利;还有些人把自由当作是受一个本民族的人统治的特权,或是按照自己的法律受统治的特权。某一民族在很长时期内把留长胡子的习惯当作自由"。还有许多人把自由与政体联系在一起,那些"喜欢君主政体的人说君主政体有自由,欣赏共和政体的人说共和政体有自由",而在民主政治的国家,由于"人民仿佛是愿意做什么就可以做什么",因此人们便认为这种政体下有自由。(《法》,11.2)

孟德斯鸠显然认为这些自由观都是有问题的,特别是民主政治的国家,他并不认为就是自由的国家。的确,在民主国家中,人民"仿佛愿意做什么就做什么",但这是"人民的权力"而不是"人民的自由",因为在一个有法律的国家,自由仅仅是"一个人能够做他应该做的事情,而不被强迫去做他不应该做的事情"。

孟德斯鸠说，自由既不能与人民的权力画上等号，也不能与独立画上等号。孟德斯鸠说的独立，指的应该是自己作为自己的主人而不用听命于其他任何的意志，包括国家法律的意志。当然，有人可能会坚持认为这就是自由的本义，孟德斯鸠也并不完全排斥这种自由观念，不过，他更愿意将这种自由称为"哲学上的自由"，而他所关注的，并非这种自由，而是"政治自由"，即生活在国家中的人的自由。在国家中，没有人是完全独立的（或许专制政体下的君主除外），他们或生活于法律的支配之下，或生活于专制君主意志的支配之下。只有生活在法律支配之下的人们才有自由，因为自由就是"做法律所许可的一切事情的权利"，如果一个公民能够做法律所禁止的事情，他"就不再有自由了，因为其他的人也同样会有这个权利"。（《法》，11.3）自由的确与政体有关系，但它只是在那些依法而治的政体下才存在，从这一点来说，只有君主政体下才有自由。专制政体固然不用提，而即使民主政治和贵族政治的国家，在性质上也"不是自由的国家"。（《法》，11.4）

为什么只有法律能带来自由？这是因为法律为社会建立了秩序，创造了和平，由此使人们获得了安全。安全或安全感就是孟德斯鸠自由观念的核心。这一点在《论法的精神》中一再被强调，比如说"一个公民的政治自由是一种心境的平安状态。这种心境的平安是从人人都认为他本身是安全的这个看法产生的"（《法》，11.6）、"政治自由的关键在于人们有安全，或者人们认为自己享有安全"（《法》，12.1）以及"政治自由是要有安全，或是至少自己相信有安全"（《法》，12.2）

等。从这里我们可以看出,孟德斯鸠的自由观与自然法学派的自由观有很大的不同,这首先突出地表现在孟德斯鸠认为自由不是一项"自然权利",而只是一项"社会法律权利";其次,孟德斯鸠把安全和安全感作为自由的核心,这说明他是基于社会中的人的感受来认识自由的,换句话来说就是,孟德斯鸠对于自由是什么其实并不那么关心,他关心的是有没有自由的问题,也可以说就是公民的安全和安全感从何而来的问题。第十一章论述的主题就是如何"建立一种政府,在它的统治下一个公民不惧怕另一个公民",(《法》,11.6)这是通过"三权的某种分野"来建立的。但是这还不够,孟德斯鸠说:

> 我们可能遇到两种情况,就是政制是自由的,而公民却毫无自由;或者,公民是自由的,而政制却毫无自由可言。这两种情况:一种是政制在法律上是自由的,而事实上不自由;另一种是公民在事实上自由,而在法律上不自由。
>
> 在自由与政制的关系上,建立自由的是法律,甚至仅仅是基本的法律。但在自由与公民的关系上,风俗、规矩和惯例,都能够产生自由,而且某些民事法规也可能有利于自由。(《法》,12.1)

关于自由与政制的关系,孟德斯鸠还说过这样的话:"应该指出,三权可以依据同政制的自由的关系分配得很好,虽然在同公民的自由的关系上就不能分配得那么好。"(《法》,11.8)他以罗马为例说,罗马人民握有大部分的立法权力,又握有行政权力的一部分和司法权力的一部分,但他们还不满足,还希望剥夺元老院的司法权力,这样一来:"他们侵害了政制的自由,为的是要维护公民的自由;但是公民的自由却和政制的自由一起消亡了。"(《法》,11.18)

这些话很拗口,我们看到,孟德斯鸠提出了"自由"、"政治自由"、"公民的自由"、"政制的自由"、"法律上的自由"以及"事实上的自由"等多个概念,它们之间是什么关系呢? 根据笔者的理解,"自由"、"政治自由"与"公民的自由"这三个概念表达的是同一个意思,而"政制的自由"指的是政治制度上三权的某种分配方式。"政治自由"是"法律上的自由",但不是"事实上的自由";公民事实上是不是自由的,固然与政制(包括国家的基本法律即宪法)有关,但关系更大的是其他法律(最重要的是刑法,也包括部分民法)以及风俗、规矩、习惯等。

孟德斯鸠对这两方面都有着大量的论述,其基本观点和主张在第四章、第六章和第七章中都有叙述,这里就不重复了。对孟德斯鸠在这方面的贡献,许多学者都给予了高度的评价,不过笔者认为,孟德斯鸠在《论法的精神》中做的主要工作,概括来看,其实不是告诉我们自由是什么以及我们有什么自由并如何去获得和保障这些自由,而是告诉我们,在各种各样的政制、法律、气候、土壤以及风俗习惯等各种因素中,根据它们的不同性质,哪些对自由比较有利,哪些对自由不利,或者说,在哪里我们能找到自由。这一点,之前没有人论述过;之后继承孟德斯鸠衣钵的是他的同胞托克维尔。这显然是一种政治社会学而非政治哲学的研究方法。

二

有人可能会不同意上面的说法,他们可能会说,孟德斯鸠不是提出了一个自由的定义吗?怎么能说他没有告诉我们自由是什么?孟德斯鸠不是论证了自由与分权的关系,从而为自由提出了一个制度上的保障吗?孟德斯鸠不是还从刑法的角度大量论述了我们应该有人身自由、思想自由、言论自由等多种自由吗?这怎么能说他没有告诉我们应该拥有哪些自由呢?

笔者当然不否认孟德斯鸠做了这些方面的工作,但是,我们也要注意这样两点:第一,《论法的精神》一书的主题是论述"法的精神",对孟德斯鸠自由理论的理解都必须放在这一主题所设定的理论框架中去理解(虽然我们对这个理论框架的结构并不满意)。从这个角度来看,自由问题主要是因为和政体问题的关系而与"法的精神"联系起来的,而孟德斯鸠对自由问题的论述重点确实就是在这方面,即自由与政制、气候、土壤、风俗习惯等各方面的关系。第二,孟德斯鸠并没有对自由表示过自己的态度。虽然我们相信孟德斯鸠应该是热爱自由的,但他明确地说过自由是好东西,说过我们应该拥有哪些自由吗?没有。只要我们多读几遍《论法的精神》就会发现,孟德斯鸠最为推崇的价值,一个是理性,一个是荣誉,还有一个是宽和适中的精神。他明确地对这三者予以过肯定,但他对自由没有这样做过。我们也知道,根据所谓的"法的精神",并不是每个国家都把自由作为其目标,也并不是每个国家都适合将自由作为其目标，但我们不能否认这些国家自由存在的价值。当然，孟德斯鸠也告诉了我们，如果我们想要自由可以做些什么，毕竟，制度、法律和风俗习惯这些东西都是可以改变的，而气候与土壤这些自然因素的不足也并非完全不可克服。

对孟德斯鸠的自由定义，我们也需作进一步的考察，我们想知道它究竟是一种什么样的自由，更具体一点来说，就是孟德斯鸠的"自由"究竟是很多学者认为的"自由主义的自由"还是"共和主义的自由"[①]。从自由主义的观点来看，"什么是自由"这个问题与"我们能否做某件事"这个问题的回答有关。当然，这个问题的答案绝不是"如果我们能够做什么，那么我们是自由的；如果我们不能够做什么，那么我们就不是自由的"这么简单。首先，我们能否做某事，至少受到这样两个方面因素的影响：一是我们有没有做这件事的能力；二是有没有人不让我们做这件事。这两个因素都与我们的自由有关吗？对这个问题的不同回答就产生了不同的自由观。有人认为自由只与外部的干涉有关而与内部的能力无关，但也有人认为能力因素也必须考虑在内，否则自由对一些人来说就会变成毫无意义的空话。再就第二个方面来说，有人不让我们做某件事是不是一定就是对我们自由的干涉？他是在什么样的意义上阻止我们做这件事的呢？他是不同意我们做这件事

---

① 其实这两种自由在西方观念史中是很难区分的，在某种意义上它们共享了一个传统，其表现之一就是这两种理论的主张者都极力把洛克、孟德斯鸠以及托克维尔等人拉到自己的阵营之中。

的方式还是不同意我们做这件事本身？他是否给我们留下其他的选择余地呢？或者他给我们设置的障碍是能够克服的还是不能够克服的？在思考自由的含义时这些因素是否都应该考虑进去？另外，"有人不让我们做某件事"是否妨碍了我们的自由这个问题是否还与我们要做的事情有关？如果我要做的是"正确的事"，别人的干涉当然是对我的自由的侵犯；但如果我要做的是"错误的事"，别人的干涉是否也侵犯了我们的自由呢？换句话来说，我们有没有"做错事"的自由呢？很多人都认为自由不是做非理性的、愚蠢的、错误的事情的自由，而是在理性的指导下的自由，是"法律下的自由"。但也有人坚持认为，自由与我们要做的事情是正确的还是错误的没有关系，它只与我们能不能够做这件事有关，至于所有的法律，它们都是对我们自由的限制。

在"我们能否做某件事"这个问题上，对于"我们"是什么，人们也有不同的看法。这里说的"我们"，是指作为一个整体的"我们"，还是指社会共同体中的每个个体？有很多人都认为，作为一个整体的"我们"的自由与作为一个个体的"我"的自由是两种不同的自由，或者说，有两种"我们"的自由，一种是作为一个整体的"我们"的自由，另一种是由自由的个体构成的"我们"的自由。的确，许多自由观的不同甚至对立，就是因为对"我们"的看法不同而产生的。

此外，就对"我们能否做某事是否意味着我们是自由的"这个问题的回答来说，我们是否应该把我们做这件事的意愿考虑进去？要不要区分我们去做这件事是因为我们愿意这样去做，还是因为我们必须这样去做？如果我们做的是我们不愿意去做但必须去做的事，这能够说是我们的自由吗？这个问题是否还与我们的欲望有关？比如，如果有人不让我做某事，我就告诉自己说，我其实并不是真的需要去做这件事，而且从此以后我都不再想去做这件事，这是否意味着我成为一个真正自由的人了呢？

自由主义认为，正是对这些问题的不同看法，产生了各种不同的自由观，对这些自由观，自由主义基本上都是用某种两分法对它们作了区分，这里面我们比较熟悉的有：霍布斯的"政治自由"与"个人自由"、邦雅曼·贡斯当的"古代人的自由"与"现代人的自由"、哈耶克的"其他自由"与"自由"（"欧陆自由主义的自由"与"英美自由主义的自由"这种划分也与哈耶克有着密切的关系）以及以赛亚·伯林的"积极自由"与"消极自由"。这其中影响最大的当属伯林的"积极自由"与"消极自由"的区分。伯林并未彻底否定"积极自由"的价值，但他显然认为，真正有价值的自由是个人的自由，是"消极"或"否定"意义上的自由，即自由只与个人的行为是否受到外在的障碍有关而与内在的障碍无关。一个人不受干涉的领域越大，他的自由就越广。①

自由主义的这种两分法遭到了很多人的批判，其中的一些人自称是一个古老的历史传统即共和主义传统的传承者，其代表人物有阿伦特、波考克、斯金纳和佩迪特等人。按佩迪特的说法，这种共和主义传统"起源于古罗马，并且和西塞罗

---

① 参见［英］以赛亚·伯林：《自由论》，胡传胜译，译林出版社 2011年版，第 171 页。

的名字紧密地联系在一起",在文艺复兴时期这一传统再次兴起,它"构成了马基雅维利宪政思想的突出特征",并且在"北部意大利城市共和国"的自我意识中发挥了重要的作用;它所提供的语言"在现代西方政治中占据了支配地位",并且"在荷兰共和国、英国内战直至美国革命和法国大革命时期都起到了特别显著的作用"。佩迪特认为,这一传统更为晚近的著名人物包括哈林顿、孟德斯鸠、托克维尔以及卢梭。①也有人把这一传统追溯到古希腊,不过显然罗马是他们更感兴趣的对象。为了与现代的共和制度相区别,这种共和主义传统也被人们称为古典共和主义。

与自由主义把自由完全看作"个人权利"且认为自由相对于其他价值具有优先性不同,古典共和主义认为,个人拥有什么性质和程度的自由与他们所生活的共同体的形式密不可分。通过对马基雅维利《论李维》的解读,斯金纳认为,在马基雅维利看来,能使公民有望保住追求自身目标之自由的唯一的政体形式,就是共和政体,只有生活在共和政体下的人们,才有希望保住个人自由以追求他们的既定目标,不论这些目标是为了获得权力和荣耀,还是仅仅为了保护安全与财富。这也就是说,个人只有在共和国中才有自由,共和国是他们自由的保障,如果共和国不能保持自由状态,那么这个国家的每个成员都将发现他们的个人自由遭到了剥夺。所谓共和国的自由就是说,共和国具有按照公民的普遍意志行动的能力,而

① 参见[澳]菲利普·佩迪特:《共和主义——一种关于自由与政府的理论》,刘训练译,江苏人民出版社2006年版,第24页。

不是将自己的意志屈从于野心勃勃的显贵或者某个同样野心勃勃的邻邦,否则的话,它的公民就会发现自己将要沦为主子的工具,从而丧失追求自身目标的自由。因此,对于所有公民来说,只有全心全意为共和国效劳才能确保他们自己的自由。要保护他们的自由,他们对外必须抵抗异族的入侵以消除来自外部的奴役,对内必须防范暴君的出现或在暴君出现后奋力消除之。为此,他们必须时刻准备担任公职、投身公共事业、履行自愿服务,时刻准备采取有利于共和国的行动,而这一切都依赖于公民品德。因此,在共和国中,品德是优先于自由的。①

有意思的是,自由主义与共和主义都努力地把孟德斯鸠纳入自己的历史传统之中,这一点应该怎样看?同一个人被不同的思想阵营认可,这在思想史上是很寻常的事,比如托克维尔就同时被自由主义、共和主义和保守主义视为同路人。这其中的原因之一,就是不同思想主张或理论流派之间的差别并不像它们自己宣称的那样大。在思想界或学术界,为标新立异而夸大其词这种做法是很普遍的。每一种思想的产生,都不是由单一的种子一脉相承地发展下来的,而是吸取了传统中的一切它认为有价值的东西的结果,因此各种思想之间本身就是一个"你中有我,我中有你"的局面。还有一点就是,人们在梳理(实际上是创造)一个思想传统时,往往都是"以我为主",只看到那些对自己有价值的东西,抓住一点,不计其余。这种做法在创造思想方面或许有其价值,但从思想

---

① 参见[英]斯金纳:《消极自由观的哲学与历史透视》,载达巍等编:《消极自由有什么错》,文化艺术出版社2001年版,第92—120页。

史研究的角度来看却并不可取。因此,要认识孟德斯鸠自由观的性质,仅仅看到它自由主义与共和主义的相似之处是远远不够的,我们还要看到它们不同的地方。

三

就孟德斯鸠对自由的定义以及他对于自由与政制、法律和公民的关系的看法来看,那种将他的自由观归入自由主义阵营的做法确实有着充分的理由。第一,孟德斯鸠所认可的自由,首先指的就是"一个人"或"一个公民"能够或不能够做什么以及其他人能够或不能够对一个公民做什么的问题,也就是说,它指的是一种"个人自由",这与古典共和主义所说的自由首先指的是"国家的自由"是完全不同的。第二,孟德斯鸠认为,自由是公民的一种"权利",是"做法律所许可的一切事情的权利",这也就是说,自由是"法律下的自由",是公民得到法律认可和保障的一项权利;正是因为有法律的保障,我们才会对自己行为的后果可以预期,就能得到安全感。这与近代自由主义的鼻祖之一洛克对于自由与法律关系的看法至少表面看来是很接近的。第三,孟德斯鸠认为,自由意味着一个公民不被强迫去做他不应该做的事情,这种免于强制的自由看起来就是以赛亚·伯林所谓的消极意义上的自由,①

---

① 其实,对孟德斯鸠的这种自由观,伯林并不认可,因为孟德斯鸠认为自由是做我们"应该"做的事情,而不是"允许做我们愿意甚至法律允许的事情",参见[英]以赛亚·伯林:《自由论》,胡传胜译,译林出版社 2011 年版,第 196 页。

而"消极自由"就是几乎所有的自由主义公认的最值得追求的自由。大概主要就是因为这些原因，我们在几乎所有的叙述自由主义思想史的著作中都能看到孟德斯鸠在其中占有一席之地，而且在那些坚持将自由主义划分为英美传统和大陆传统的学者看来，孟德斯鸠虽然贵为法国人，但他秉承的却是英美自由主义的精神。至于孟德斯鸠的分权和法治理论，则更是加强了人们对于他自由理论的这一性质的看法。①

　　但是我们也要看到孟德斯鸠的自由理论与以洛克为代表的近代自由主义的不同。第一个不同点是：孟德斯鸠没有把自由视为一项自然权利。我们一再说，孟德斯鸠不是近代自然法理论的一个代表人物，在他的"法的精神"中，自然法基本上没有地位。在《论法的精神》中，孟德斯鸠半点都没有说过自由是所有的人与生俱来的一项权利，也没有说过自由应该是所有国家的目标。孟德斯鸠关注的是各个不同国家、不同地区、不同民族的人们是否拥有自由的问题。如果自由是权利，那么它也只是历史性的和地区性的权利。在这一点上我们认为孟德斯鸠的思想更"科学"，因为所谓的"自然权利"不过是一种理论上的假设而已。但是没有了自然权利的假设

---

　　① 比如我国两部著名的介绍自由主义的著作中，顾肃就说："直到今天，当自由主义者阐述其核心的法治观念时，仍然会强调孟德斯鸠所系统阐述的权力牵制与平衡、遵守法律的权威并保持其稳定性等杰出思想，特别是他把这种制度与公民自由内在地紧密地联系起来的精彩论述。"参见顾肃：《自由主义基本理念》，中央编译出版社 2003 年版，第 275 页。李强说："在其杰作《论法的精神》中，孟德斯鸠根据他对英国宪法并不完整的理解，认为它包含了一个借以保障个人自由的权力分立与制衡体系。"参见李强：《自由主义》，中国社会科学出版社 1998 年版，第 26 页。

（当然，按照"法的精神"来说孟德斯鸠并不需要这样的假设），孟德斯鸠就必须自己解释这样三个问题：第一个问题是，自由如果不是自然权利，那它为什么是有价值的？第二个问题是，自由的价值究竟如何？第三个问题是，自由如果不是天赋的，那它是从哪里来的？

就第一个问题来说，孟德斯鸠认为自由的价值就在于安全及安全感。孟德斯鸠并没有论述安全与安全感为什么是有价值的，或许是因为在他看来，这一点是不言自明的。如果我们不能够认识这一点，那么我们可以去看看专制政体，去看看在没有法律、没有规则、君主完全凭一己的意志统治的情况下，恐怖是如何支配着一切的。

就第二个问题来说，孟德斯鸠既没有把自由看作是所有国家共同的目的（他认为所有国家共同的目的是自保），也不认为自由具有最高的价值，或者像自由主义那样认为自由相对于其他价值具有"优先性"，而"自由的优先性"正是自由主义最基本的主张之一。孟德斯鸠对于自由并非抱着毫无保留的支持态度，也没有把它作为评价事物和价值的标准，相反，他认为自由也是需要克制的，而且它也不一定比其他的价值更有价值。比如，在论述完"英格兰政制"之后，孟德斯鸠就说，英格兰的政制下是一种"极端的政治自由"，它"并非总是值得希求的东西"，因为"适中往往比极端更适合于人类"；（《法》，11.6）而其他的一些君主国，虽然不像英国一样以自由为直接目的，他们所追求的"不过是公民、国家和君主的光荣"，然而，"从这种荣誉中却产生出一种自由的精神，这种自由精神在这些国家里所能成就的伟大事业和所带来的幸福，

并不亚于自由本身"。(《法》,11.7)

至于第三个"自由从何而来"问题,既然自由不是天赋的,那么它就一定是从历史中得来而在现实中存在的。从什么历史中得来的? 很多人可能认为是古典共和制度。的确,在《论法的精神》中,孟德斯鸠大谈特谈了古代共和国的自由,但是这种建立在美德或品德基础上的自由在现实中早已不复存在了,这一点孟德斯鸠心里很清楚。现实中虽然还有共和国,但它们的自由比君主国还少。而且就算它们有自由,它能够移植到孟德斯鸠生活的法国吗? 当然不可能,因为法国太大了,按孟德斯鸠的说法,它根本就不适合共和制。对孟德斯鸠来说,现实中存在的自由就是君主制下的自由。这是一种什么样的自由呢? 说到这里,我们必须指出,除了所谓的"古代人的自由"与"现代人的自由"之外,许多学者认为还存在着一种自由,那就是"中世纪的自由"或者"封建主义的自由"。拉吉罗在《欧洲自由主义史》中对这种自由有这样一些描述:

> 正是在封建社会里,自由化整为零,并且(不妨说)分化为无数特殊的形态,而每一种都覆以同时起隐蔽和保护作用的外壳;我们知道,这外壳的名字便叫做特权。自由得以存在的唯一方式,是国家的力量削弱到仅仅成为一种外在的形式。当缺乏较高层次的公共防卫力量的时候,个人就不得不试图以自己的力量保护自己,不得不遵循至为密切的亲属关系彼此联合起来,以便提供最低限度的安全,这对

发展他们的创造性来说是必不可少的。封建贵族、
城乡社区、商业行会,都是特权团体;在每一团体内
部,每个人都是自由的。①

拉吉罗由此引出结论说,在封建世界,自由产生于特定的
平等和特定的安全感。在各阶层或团体内部,如果没有身份
地位的相对平等,就谈不上自由或权利,有的只是暴力和冲
突。如果说,自由主义的自由强调的是"不受干涉",共和主
义的自由强调的是"公民参与",那么这种中世纪的自由强调
的就是"安全"。看起来这就是孟德斯鸠所谓的自由,是不
是? 相比之下,一方面,孟德斯鸠的自由观可能与共和主义的
自由观更接近一些,这主要是因为他论证的拥有"政制自由"
的混合政体确实带有某种公民参与的因素;而在另一方面,他
的自由观与自由主义的自由观之间有一个很大的不同,那就
是它是一种"不平等的自由",而自由主义的自由是一种"平
等的自由"。孟德斯鸠的确说过"一切人生来就是平等的"
(《法》,15.7)这样的话,但他对平等显然是从其最弱的意义
上去理解的。他并没有彻底否定奴隶制(他认为有些国家的
奴隶制是建立在自然的基础上),他赞成将人民分为不同的
等级,(《法》,2.2,5.5)他将身份与特权联系在一起,(《法》,
6.1)他对法国古老的君主政体的肯定,(《法》,6.10)他对贵
族特权的捍卫,他对国家中三权分配的主张,还有他对封建法
律史和封建国家建立过程不厌其烦的考证,从这些都可以看

①　[意]圭多·德·拉吉罗:《欧洲自由主义史》,杨军译,吉林人民
出版社 2001 年版,第 1 页。

出，在他的自由观中，封建等级特权思想仍占有重要的地位。

　　不过在有的自由主义者看来，对孟德斯鸠自由理论的理解，最好的方式是体会其精神而不是拘泥于某些具体的表述。他们认为，孟德斯鸠对于专制主义的批判，对于各种形式的极端主义的摒弃，对于宽和适中精神的宣扬，对于法治的坚持，这些可以说是他留给自由主义最重要的遗产。在这一点上伯林的说法应该说很有代表性。伯林认为，孟德斯鸠所说的自由的含义，不能从他对这个概念的正式定义中寻找，而应当到他对另一些社会和政治观念的阐述中寻找，这些阐述表明了他的一般价值取舍。伯林说，孟德斯鸠"首先不是被某个唯一原则说迷惑的思想家，他不打算用必须据以阐述一切真理的唯一的核心道德或形而上学范畴来支配和解释一切"；孟德斯鸠不愿意用普遍原则取代感受个别差异的能力，他"信心十足地为众多不同的生活方式辩解"，这不但把他"引向宽容"，而且使他"把握住了人类道德史的一个关键特征"，即人们由于追求的目的的不同而产生了各种各样的冲突；孟德斯鸠认识到，不存在单一的道德体系或政治目标能够为人类的全部问题提供解决方案，试图贯彻一种单一的体系，不管"它是多么有价值、多么崇高、得到多么广泛的相信"，最终"总会导致迫害和剥夺自由"①。恩斯特·卡西勒也认为，孟德斯鸠"对特殊的关注和对细节的爱好"使他没有"落入片面的教条主义"，他"始终成功地抵制了任何纯粹公式化的描述，从不

---

　　①　［英］以赛亚·伯林：《反潮流：观念史论文集》，冯克利译，译林出版社 2002 年，第 187—188 页。

把多种多样的形式归结为一个绝对僵硬的模式"；即便在他的理论著作中，孟德斯鸠也"力图发现适当的中间道路"，他"力图保持经验和理性的平衡"，正是由于这种天才，孟德斯鸠的影响"超过了启蒙运动这个较狭隘的圈子"①。当然，要认识到这一点，我们不仅要读孟德斯鸠，更应该思考对于国家、社会和我们个人来说，什么才是最重要的。

---

① ［德］恩斯特·卡西勒：《启蒙哲学》，顾伟铭等译，山东人民出版社 1988 年版，第 209 页。

结　　语

　　思想史研究中的一个常见现象是,研究者对于自己的研究对象,往往都会有意无意地拔得很高。这是人之常情,而读者们也多习以为常。不过对于孟德斯鸠,看来是不需要我们这样做了,因为已经有太多的人这样做过,无论我们再说些什么,恐怕不仅难以给他增添什么荣誉,反而会使读者心生疑虑,以为论者不过是借孟德斯鸠之名来抬高自己研究的价值而已。不过,我们不这样做也并非完全为了避嫌,而是因为我们清楚地意识到了所有思想史研究的局限性。这个局限性在哪里?我们认为其中的一方面就在于对思想的创新性和个人贡献的认识。就创新性方面来说,两千多年前,亚里士多德在《政治学》中就说,人类既然经历了这么长久的年代,如果真的有什么好东西的话,那么前人一定早就发现了。亚里士多德相信彼时所有的种种,在历史上应该都有先例,只是有些因为缺乏记载而不闻于世,有些则是因为没有得到实施而不被人了解。① 这话在今天或许会被很多人视为妄语,因为在他

---

　　① 参见[古希腊]亚里士多德:《政治学》,吴寿彭译,商务印书馆1965 年版,第 157 页。

们看来,我们今天所拥有的一切完全是亚里士多德所无法想象的。这样说当然没有问题,然而,从另一个角度来说,所有的思想和技术上的创新,都很难说是凭空产生的,而是建立在前人积累的基础上,而它们在某一时代得到积极的响应,一定是多种因素所结合形成的合力的结果。单以思想来说,几乎每一种现代的思想,我们都可以在遥远的古代找到其萌芽,在历史长河中看到它是如何草蛇灰线伏脉千里的。因此,在思想史研究中,对于所谓的"首创"或"创新"等说法,我们应该慎之又慎。我们要看到,思想家的贡献往往不在于提出了什么思想,而在于更加全面深入地阐述了某种思想,或者把某一思想作了符合时代需要的诠释。就此而言,在思想的发展和变革过程中,个人的作用虽不能否定,但时代的因素和其他人的努力同样重要。多个局部的突破最后才形成一个大的突破,而那种认为思想史会因缺乏某个人就需要改写的说法通常只是一种无法验证的假设。当然,那种反过来认为如果某个人没有提出某种思想,其他人也一定会提出该种思想的说法同样也无法验证,尽管在科学史上我们经常能看到几个人同时作出某项发明或发现的现象。

正是因为对思想史研究的这种局限性的认识,我们不敢过于拔高孟德斯鸠在西方政治思想史上的地位。我们不否认孟德斯鸠的思想在理论和实践上产生的巨大而深远的影响——特别是他对于启蒙运动的贡献、对于美国1787年宪法的贡献和对于我国近代以来思想界的影响,但我们也不会因此就认为他是一位比霍布斯、洛克、格劳秀斯、伏尔泰以及卢梭等人更伟大的思想家——当然我们也不会说他比他们差。

他们是思想史上的群峰,高度或许不同,但每一座山峰都是一座思想的宝库,都值得我们去探险、挖掘。与其他思想家相比,孟德斯鸠有自己的优势,但也有自己的不足。或许在有的读者看来,本书的基调即使不是在批评孟德斯鸠,至少也有许多不恭之语。不是这样的。批评是批评,而不是否定。在这个问题上,正如孟德斯鸠所说,作者和批评者如果都在探索真理,他们就有共同的利益,真理既然是所有人的财富,他们就是同一联合体的成员,而不是敌人。① 笔者的目的确实是为探索真理。就孟德斯鸠的思想来说,我们认为"复杂"可能是对其特征的最好概括。孟德斯鸠既受过正规的教育,个人又勤奋好学,兴趣广泛,喜爱交游,这使得他拥有大量的有着不同来源的"知识"。在《论法的精神》中,我们可以看到孟德斯鸠受到了笛卡尔和马勒伯朗士的哲学、亚里士多德的政体理论、波利比阿的混合政体理论、马基雅维利的古典共和主义以及霍布斯和洛克的自然法理论等多种思想的影响,但他有没有将这些思想融会贯通则是一个问题。就这一点来说,笔者认为孟德斯鸠的确是把大量的应该由他自己完成的工作交给了读者去做,但不认为这就是潘戈所谓的孟德斯鸠启迪读者思考的一种方式,因为笔者不相信这是孟德斯鸠的本意。当然,这是个见仁见智的问题,每个人都可以自己决定以什么样的方式去读书,笔者所做的,不过是给读者提出一些建议而已。关于孟德斯鸠的三部主要著作,笔者给读者的基本建

---

①　参见[法]孟德斯鸠:《论法的精神》,许明龙译,商务印书馆2012年版,第990页。

议是：

《波斯人信札》对今天的读者来说应该还能算一本有趣的书。读这本书可以不用带脑子，也没有必要一定按顺序读，随手翻到哪一页开始读都行。读到可乐的地方就笑一笑，也可以大声念给身边的人听；觉得不好玩的地方，跳过去就是了。

《罗马盛衰原因论》则没有多少能吸引现代普通读者的东西，连专业的学者对它感兴趣的也不多，大家认为马基雅维利的《李维史论》比它更有思想和学术价值。虽然笔者并不认为专家的意见一定就是对的，不过还是认为，如果不是为了研究孟德斯鸠的思想，就没有必要专门去读这本书了。当然，把原著读一遍也没什么，因为它篇幅也不长，文字也称得上生动流畅。如果是对罗马的历史感兴趣，可以直接去读那些知名的著作，如吉本的《罗马帝国衰亡史》，不想读书的话，看看美国 HBO 电视网出品的电视剧《罗马》也是一个不错的选择。

《论法的精神》是一部可以反复阅读的著作，因为每一次阅读，都会有不同的收获。不过，我们不能保证这种收获一定是正向的刺激。由初读时的震撼到再读时的平淡是有的，由初读时的迷惑到再读时的崩溃也是有的。说实话，对于普通读者来说，能坚持完整地把本书读完一遍都可以称得上是一个壮举。而且我们也知道，光靠读这本书是不能把它读懂的，还需要读些其他的著作，这包括那些介绍、研究思想家其人、其著作及其思想的著作，也包括那些作为其思想背景的著作。这也就是笔者的第二个建议。笔者也想向读者推荐一些这方面的书目。这些著作笔者在书中有的提到,有的没有,有兴趣的读者可以把它们作为一个进一步阅读的指南。需要说明的是,笔者这里提到的所有著作目前在国内都是已经翻译出版了的。

关于孟德斯鸠的生平传记,目前国内翻译出版的主要有两本:一本是英国著名历史学家罗伯特·夏克尔顿的《孟德斯鸠评传》①;另一本是法国著名学者、曾多年担任波尔多图书馆馆长的路易·戴格拉夫的《孟德斯鸠传》。② 夏克尔顿的著作被公认为所有的孟德斯鸠传记中最好的一本,它的最大贡献是对许多第一手的资料进行了考证,另外,它对孟德斯鸠三部主要著作内容的分析比较多。戴格拉夫的著作在夏克尔顿的著作之后,它参考了夏著的某些观点,但也补充了不少新资料,特别是对孟德斯鸠生平的介绍更为全面。相比之下,朱迪·斯克拉的《孟德斯鸠》一书篇幅较小,对孟德斯鸠的生平介绍也比较简单(只有一章),其主要内容,是对孟德斯鸠三部主要著作的评述。该书后所附的"推荐书目"对于我们深入研究孟德斯鸠的思想应该说很有价值。国内学者这方面的著作很少,且侧重于对孟德斯鸠启蒙思想的介绍,这方面的著作有严仲仪的《法国杰出的启蒙运动学者孟德斯鸠》、候鸿勋的《孟德斯鸠及其启蒙思想》与《〈论法的精神〉导读》以及李

---

①　该书中文版初版于 1991 年,由中国社会科学出版社出版,译者为刘明臣、沈永兴、许明龙。2018 年上海人民出版社再版后,译者署名的顺序调整为沈永兴、许明龙、刘明臣。

②　该书中文版初版于 1997 年,由商务印书馆出版发行,译者为许明龙和赵克非。2016 年浙江大学出版社再版发行,译者署名不变。

宪明的《杰出的资产阶级启蒙思想家孟德斯鸠》等。

对孟德斯鸠主要著作和思想的研究,除上述著作之外,在20世纪末21世纪初,国内学术界对诞生于美国的施特劳斯学派产生了较大的兴趣,由此也翻译出版了这一学派关于孟德斯鸠研究的几部著作,包括施特劳斯的《女人、阉奴与政制:孟德斯鸠〈波斯人信札〉讲疏》、《从德性到自由:孟德斯鸠〈论法的精神〉讲疏》,以及潘戈的《孟德斯鸠的自由主义哲学》。施特劳斯学派的观点和研究方法在我国学术界也产生了一定影响,但是由于诸多原因,我国学者还只能借鉴其观点,缺乏运用其方法来分析西方经典原著的能力。[1] 除了施特劳斯学派的这几本著作之外,我国学者还翻译出版了布鲁斯·阿克曼的《别了,孟德斯鸠:新分权的理论与实践》,艾伦·麦克法兰的《孟德斯鸠与现代世界的诞生》以及路易·阿尔都塞的《孟德斯鸠:政治与历史》,但是前两者很难称得上是对孟德斯鸠思想的专门研究,而后者尚需学者们的深入解读。

要快速且全面地了解孟德斯鸠的思想,读西方政治思想史之类的著作或教材无疑是最便捷的。这方面国内和国外的著作都很多。在国内方面,我国最早的是由徐大同先生主编的、国内多位从事这一领域教学与研究的专家编写的《西方

---

[1] 我国学者这方面的介绍和研究可参见黄涛:《孟德斯鸠的笔法——〈论法的精神〉"序言"绎读》,《思想战线》2013 年第 1 期;马建银:《孟德斯鸠语境中的"法"及其"精神"——重读〈论法的精神〉》,《清华法学》2016 年第 6 期;童群霖:《"反古典共和主义"的孟德斯鸠》,《读书》2017 年第 10 期。

政治思想史》，它由天津人民出版社初版于 1985 年，之后经过了多次修订，一版再版，每一版都经历了多次印刷，其影响力显然是后来出现的其他同类教材无法比拟的。此后，我国学者又出版了若干同类型的著作，包括一些以"西方政治法律思想史"或"西方政治学说史"命名的著作。另外，几乎所有的以"西方法律思想史"和"西方社会思想史"为名的著作也都专门辟有章节来讲述孟德斯鸠。① 虽然这些著作的体例和侧重点各有不同，但在对孟德斯鸠及其著作和思想的认识与评价上，它们的观点非常接近。它们基本上都肯定了孟德斯鸠是 18 世纪法国启蒙运动的代表人物之一，都从反对封建专制主义这一角度对孟德斯鸠的《波斯人信札》、《罗马盛衰原因论》和《论法的精神》给予了高度的评价；它们大都是从"法的精神"、"政体理论"以及"自由与分权"这几个方面来介绍

---

①　这方面的著作包括但不限于：刘绍贤：《欧美政治思想史》，浙江人民出版社 1987 年版；王哲：《西方政治法律思想史》，北京大学出版社 1988 年版；岳麟章：《从马基雅维利到尼采——西方近代政治思想史》，陕西人民出版社 1989 年版；于海：《西方社会思想史》，复旦大学出版社 1993 年版；马啸原：《西方政治思想史纲》，高等教育出版社 1997 年版；张文友等：《从柏拉图到约翰·密尔——西方传统政治思想评介》，山东人民出版社 1999 年版；浦兴祖、洪涛：《西方政治学说史》，复旦大学出版社 1999 年版；唐士其：《西方政治思想史》，北京大学出版社 2002 年版；谷春德：《西方法律思想史》，中国人民大学出版社 2004 年版；王彩波：《西方政治思想史——从柏拉图到约翰·密尔》，中国社会科学出版社 2004 年版；顾肃：《西方政治法律思想史》，中国人民大学出版社 2005 年版；严存生：《西方法律思想史》，中国法制出版社 2012 年版；曹希龄：《西方政治思想史纲》，中国社会科学出版社 2017 年版；陈伟：《西方政治思想史》，中国社会科学出版社 2020 年版。

孟德斯鸠的政治思想,并试图在这几部分内容之间建立逻辑上的关联;它们对孟德斯鸠在《论法的精神》中所采用的研究方法都给予了充分肯定(不过对于孟德斯鸠具体采取的是何种研究方法它们的看法有一定的差异);它们大多认为,孟德斯鸠的政体分类是承袭了亚里士多德的思想;它们还认为,自由是孟德斯鸠最为重视的价值,而在自由与分权之间建立联系,系统地论证了立法、行政、司法三权的分立与制衡,是孟德斯鸠在西方政治思想史上最大的贡献,并由此奠定了他在西方自由主义和宪政思想史上的地位;它们大多还认为,孟德斯鸠心目中理想的政体是以英国政治制度为蓝本的君主立宪制。最后,它们基本上都认为,孟德斯鸠政治思想的基本特色是"温和"、"妥协"与"中庸",作为"资产阶级的"或"自由派贵族的"思想家,孟德斯鸠有其"局限性"。①

在国外方面,美国学者乔治·霍兰·萨拜因的《政治学说史》因引入比较早而享有很高的知名度,该书文字表达非常通俗直白,只是总体上对孟德斯鸠评价不高。除了我们在

---

① 我国学者对于孟德斯鸠思想性质和特征的认识,在很大程度上受到了苏联学者的影响。比如在莫基切夫主编的《政治学说史》中,就说孟德斯鸠的政治观点"充满着矛盾和妥协倾向";他的特点是"倾向于历史地探讨国家和法的产生,倾向于去揭示社会政治生活的规律";但他"对于社会发展规律的认识是错误的";孟德斯鸠所理解的君主政体是"英国君主立宪式的、有限制的政权",这"暴露出了他的贵族的局限性";孟德斯鸠的"温和纲领",反映了"资产阶级不希望通过革命推翻统治阶级,而希望通过与统治阶级妥协的道路建立政治自由的愿望"。这与我国学者的看法是高度相似的。参见[苏]莫基切夫主编:《政治学说史》,中国社会科学院法学研究所编译室译,中国社会科学出版社1979年版,第212—217页。

前面说到的它对于《论法的精神》的结构的批评外,萨拜因还说,恐怕很少有哪个重要的政治理论家比孟德斯鸠"更醉心于仓促作出结论,或更少考虑准确推理与先入之见的冲动之间的区别";孟德斯鸠虽然博览群书,但"学识不够精确",他之所以没有被人指责为貌似满腹经纶实则才疏学浅,并不是因为他取得的科学成就,而是"因为他怀有争取自由的满腔热忱"①。与之相对的施特劳斯等主编的《政治哲学史》秉承施特劳斯学派一贯的态度,对《论法的精神》给予了高度的评价,认为它存在一个整体的规划,并试图通过对孟德斯鸠学说的各部分,包括法的概念、政体形式、政治自由、自然以及商业等的考察来达到"对其整体和原则的理解"②。不过,就像施特劳斯学派的其他著作一样,该书的基本观点并不是很容易就能认识的。意大利学者萨尔沃·马斯泰罗内的《欧洲政治思想史——从 15 世纪到 20 世纪》对孟德斯鸠的介绍比较简单,值得一提的是,它认为孟德斯鸠对商业的态度并非全是赞赏的,它认为孟德斯鸠对英国立宪制度所作的阐释改变了作为欧洲金融活动中心的英国的形象,英国成为一种政治典范,不再是因为其商业结构,而是因为其政治权力结构。③ 英国学者约翰·麦克里兰的《西方政治思想史》将孟德斯鸠列在

① ［美］乔治·霍兰·萨拜因:《政治学说史》(下册),刘山等译,商务印书馆 1986 年版,第 625 页。

② ［美］列奥·施特劳斯、约瑟夫·克罗波西主编:《政治哲学史》,李天然等译,河北人民出版社 1993 年版,第 592 页。

③ 参见［意］萨尔沃·马斯泰罗内:《欧洲政治思想史——从 15 世纪到 20 世纪》,黄华光译,社会科学文献出版社 2001 年版,第 160—161 页。

"启蒙运动与依法而治"一编,它在概述了《论法的精神》的基本观点后,从"气候理论"、"政府的类型及其原则"、"权力分立:英国的独特案例"和"权力分立与混合政体对未来的意义"几个方面分析了孟德斯鸠的主要思想。如果想对西方政治思想史有一个较为整体的了解,我们也推荐该书以及萨拜因的《政治学说史》。美国学者罗兰·斯特龙伯格的《西方现代思想史》强调了《论法的精神》在结构上的问题,它认为《论法的精神》一书是由政体分类、气候和地理环境对政治制度的影响以及罗马法和封建法律在中世纪的发展这三部分组成,但它们并不能构成一个有机的整体,孟德斯鸠试图"建立一门无所不包的社会科学",试图"用一个宏大法则或几个相对简单的法则来说明所有的社会现象"的努力,这注定是"徒劳的追求"。① 马克·戈尔迪等主编的《剑桥18世纪政治思想史》给予了孟德斯鸠较大的篇幅,它以"法的精神"概念为统领,从多个方面分析了孟德斯鸠在《论法的精神》中提出的理论。另外,丹尼斯·于斯曼主编的《法国哲学史》中有一小节谈论了"孟德斯鸠与英国宪法"这个话题,不过我们认为该书最大的价值并不在此,而在于对笛卡尔与马勒伯朗士哲学及其关系的论述。我们知道,孟德斯鸠的哲学受这两人的影响非常之深。

要深入研究孟德斯鸠的思想,以下著作无疑是有帮助的:卡西勒(也译为卡西尔)的《启蒙哲学》(也有翻译为《启蒙运

---

① [美]罗兰·斯特龙伯格:《西方现代思想史》,刘北成等译,中央编译出版社2005年版,第142页。

动的哲学》)对孟德斯鸠历史哲学的阐述至今仍是最有说服
力的。维尔的《宪政与分权》对孟德斯鸠分权理论的论述全
面而客观,很少有人能出其右。雷蒙·阿隆的《社会学主要
思潮》虽然不是第一部把孟德斯鸠列入社会学家的著作,但
它较为全面地分析了作为古典哲学家的孟德斯鸠对后来兴起
的社会学的贡献。安东尼·帕戈登的《启蒙运动为什么依然
重要》并没有专门单独地论述孟德斯鸠,但它关于启蒙运动
精神的全面论述对于我们理解孟德斯鸠在其中的地位的认识
作用巨大。另外,像以赛亚·伯林的《自由论》和《反潮流:观
念史论文集》、哈耶克的《自由秩序原理》和《法律、立法与自
由》、菲利普·佩迪特的《共和主义:一种关于自由与政府的
理论》以及我国学者李强的《自由主义》和顾肃的《自由主义
基本理念》对于我们理解孟德斯鸠的自由理论以及他在自由
主义思想史上的地位都有一定的价值。

　　当然,作为西方政治思想史中的重要一环,如果我们能读
一读那些构成孟德斯鸠思想背景或者直接就是他思想直接来
源的著作,比如亚里士多德的《政治学》、霍布斯的《利维坦》
以及洛克的《政府论》(上下册)等,对于帮助我们理解孟德斯
鸠的思想肯定是大有助益的。不过对于普通读者,笔者并不
推荐这样做,因为这样一来,似乎就是说没有把前人的思想弄
清楚,我们就没法去读后人的著作一样。不是这样的,读书不
应该存在着这样的先后问题。我们随便从哪里开始读都是可
以的,一旦有了一定的积累,自然就会知道自己需要再去读什
么。重要的是有阅读的习惯,而不是要别人告诉我们该去读
什么。

附录：孟德斯鸠隽语录①

女人之所以让我们支配，无非因为她们比我们温和，因此

---

① 孟德斯鸠虽然拙于体系，但擅长于表达，这应该与他博览群书以及长期出入于法国和欧洲上层社会的各种社交场合有关。当然，孟德斯鸠个人为了提高自己的语言能力肯定也下了很大功夫。在《波斯人信札》的第55封信中，孟德斯鸠讽刺了法国两位上流社会的人士为了在社交场面中表现得"谈笑风生"、"才思敏捷"和"妙语连珠"是如何在私下演习的，这多少说明了当时的社会风气，那就是要想成为社交场上的风云人物，不凡的谈吐是必需的，而要想拥有不凡的谈吐，平时的训练和积累工作就必不可少。对于孟德斯鸠在日常生活中的谈吐，人们有不同的说法，但他最亲密的一些朋友都认为他这方面非常出色。比如达朗贝尔就说，孟德斯鸠"谈吐轻松、中听，而且总给人教益，抑扬顿挫分明，妙语连珠，既不慷慨陈词，也不讽刺挖苦"。这一点我们应该完全能想象得到，因为我们可以在孟德斯鸠的著作中找到大量的或让人忍俊不禁、或让人大开眼界、或让人掩卷沉思的句子。笔者根据自己的口味把其中一些摘录下来附在这里，希望对那些不愿去读原著但喜欢记住一些名人名言的读者能提供些许帮助。需要说明的是，这些话都是直接从孟德斯鸠的著作中摘录下来的，我们只能保证他说过，却不能保证是他第一个说出来的。为方便计，对于出自《波斯人信札》和《论法的精神》中的话，我们仍采用前面的标注方式；对出自《罗马盛衰原因论》中的话，我们用《罗》作为该书的简称，后面的阿拉伯数字表示该书所处的章节；对于出自其他文章和著作中的话，我们采用全称标明出处。

比我们人道和理智。(《波》,38)

应当在人诞生时,而不是在逝世时为这个人痛哭。(《波》,40)

不管你信奉什么宗教,遵守法律、热爱人类、孝顺父母都是首要的宗教行为。(《波》,46)

对自己知耻自爱,绝不自夸;对听众存敬畏之心,不放肆狂言;不自损价值去伤害他人自尊,这样的人多么幸福啊!(《波》,50)

法国人几乎从来不提他们的妻子,因为他们怕听众里有人比自己更了解自己的妻子。(《波》,55)

造化似乎已经巧妙地作了安排,使人的愚蠢言行只是过眼云烟,而书籍却把这些言行垂之永久。(《波》,66)

人心无畛域,各国都相通。(《波》,67)

不幸的君主,可怜只长了一个脑袋,似乎他之所以集自己的全部权力于脑袋中,只是为了告诉捷足先登的野心家,可以从这个地方得到整个权力。(《波》,103)

国王们就像诸神一样,当他们活着时,大家都得相信他们会万寿无疆。(《波》,107)

似乎最伟大的人物相聚一堂时,脑袋就会缩小。贤者越多的地方,智慧越少。大团体总是全神贯注于细枝末节,以致主要事情反而摆在后面。(《波》,109)

一个没有才能的人以蔑视才能来求得补偿,以扫除横在他博取功名途中的障碍,从而可以跟他所憎恨的取得成就的人不分轩轾。(《波》,145)

在社会形成过程中,首领们制定了共和国的制度,随后则

是共和国的制度造就了首领。(《罗》,1)

君主的暴戾固然会使国家处于崩溃的边缘,对公共利益漠不关心也会给共和国造成同样的恶果。(《罗》,4)

罗马既非君主国,也不是共和国,而是由全世界各族人民组成的那个躯体的头颅。(《罗》,6)

在一个自由的国度中,要求在战场上骁勇善战的人在平时胆小如鼠,不啻是缘木求鱼。就一般规律而言,如果在一个号称共和国的国家中,人人静若死水,那必定是因为没有自由。(《罗》,9)

共和国是注定要垮台的,问题只是什么时候和谁把它搞垮而已。(《罗》,11)

把一切篡夺到手之后展示的宽容,不值得大加赞扬。(《罗》,11)

苏拉治理下的共和国实力逐渐恢复,可是人人都在高喊反对暴政;奥古斯都主政时,暴政日甚一日,大家谈论的却是自由。(《罗》,13)

一个女人只有通过一种方式才能是美丽的,但是她可以通过十万种方式使自己变得可爱。(《论趣味》)

如果说除了人为法所要求或禁止的东西而外,就无所谓公道不公道的话,那就等于说,在人们还没有画圆圈之前一切半径都是长短不齐的。(《法》,1.1)

十万只手臂有时候可以推翻一切,但是十万只脚有时候只能像昆虫那样前进。(《法》,2.2)

没有君主就没有贵族,没有贵族就没有君主。(《法》,2.4)

汪洋大海，看来好像要覆盖全部陆地，但是被岸边的草莽和最小的沙砾阻止住了。（《法》，2.4）

在一个国家里，首脑人物多半是不诚实的人，而要求在下的人全都是善人；首脑人物是骗子，而要求在下的人同意只做受骗的呆子，这是极难的事。（《法》，3.5）

当每个人自以为是奔向个人利益的时候，就是走向了公共的利益。（《法》，3.7）

专制国家的原则绝不是荣誉。在那里，人人都是平等的，没有人能够认为自己比别人优越；在那里，人人都是奴隶，已经没有谁可以和自己比较一下优越了。（《法》，3.8）

人们之所以要真实，是因为一个说真话的人，总显得大胆而自由。（《法》，4.2）

绝对的服从，就意味着服从者是愚蠢的，甚至连发命令的人也是愚蠢的，因为他无需思想、怀疑和推理，他只要表示一下自己的意愿就够了。（《法》，4.3）

从来没听说过国王不爱君主政体，也没听说过暴君憎恨专制政体。（《法》，4.5）

变坏的人绝不是新生的一代，只有在年长的人已经腐化以后，他们才会败坏下去。（《法》，4.5）

在所有感官娱乐之中，音乐是最不会败坏人的心灵的。（《法》，4.8）

为什么修道士会那样热爱他们的宗教呢？宗教使修道士难以忍受的地方，正是修道士所以热爱宗教的原因。他们的教规禁止那些满足普通感情的东西，所以只剩下唯一的一种感情去爱那个给他们以痛楚的教规。这个教规越严厉，也就

是说,越压制他们的嗜欲,则他们对于教规所残留给他们的感情便越强烈。(《法》,5.2)

一个国家的革命和新政体的建立,只有通过无数的困苦与艰难,才能成功,而很少是游闲的、风俗腐化的人民所能做到的。(《法》,5.7)

在我们一切的历史上,都只有内战而没有革命,但是在专制的国家,却都是只有革命没有内战。(《法》,5.11)

路易斯安纳的野蛮人要果子的时候,便把树从根柢砍倒,采摘果实。这就是专制政体。(《法》,5.13)

一个政府,如果没有做不正义的事情的爪牙,便不致成为一个不正义的政府。但要这些爪牙不给自己捞一把是不可能的。因此,在专制的国家里,贪污便是当然的现象。(《法》,5.15)

专制主义本身就具备了一切;在它的周围全是一片废墟。(《法》,6.1)

我们司法上的麻烦、费用、延迟,甚至危险性,都是每一个公民为着他的自由所付出的代价。(《法》,6.2)

在政治宽和的国家里,一个人,即使是最卑微的公民的生命也应当受到尊重。他的荣誉和财产,如果没有经过长期的审查,是不得剥夺的;他的生命,除了受国家的控诉之外,是不得剥夺的。(《法》,6.2)

在共和国政体之下,人人都是平等的。在专制政体之下,人人也都是平等的。在共和国,人人平等是因为每一个人"什么都是";在专制国家,人人平等是因为每一个人"什么都不是"。(《法》,6.2)

极端幸福和极端不幸的人，都同样地倾向于严酷；僧侣们和征服者就是例证。只有处于平凡的地位，再加上命运顺逆的混合，才能有温和、恻隐之心。（《法》，6.9）

治理人类不要用极端的方法；我们对于自然所给予我们领导人类的手段，应该谨慎地使用。如果我们研究人类所以腐败的一切原因的话，我们便会看到，这是因为对犯罪不加处罚，而不是因为刑罚的宽和。（《法》，6.12）

因为人类是邪恶的，所以法律不得不假定人类比他们真实的情况要好些。（《法》，6.17）

当一个主人委派一个奴隶去对其他奴隶进行暴虐统治的时候，这个被派的奴隶对于明天是否还能享受今天这样的幸福是不得而知的，所以他唯一的快乐就是满足于目前的骄傲、情欲与淫逸。（《法》，7.4）

一个君主的真正力量，固然表现在他能够不费吹灰之力而征服别人，但更可显示他的力量的还是在于别人不容易向他进攻。（《法》，9.6）

君主以威势著称，诚然可以增加他的国家的力量；然而君主以公正著称，同样也会增加他的国家的力量。（《法》，10.2）

征服的权利是一种必要的、合法的而又是不幸的权利，这种权利老是给征服者一笔巨债，要他清偿对人性所加的伤害。（《法》，10.4）

断送了查理的并不是波尔多瓦战役；如果他不在这个地方覆灭，也必然会在别的地方覆灭。命运中的偶然事故是易于补救的，而从事物的本性中不断产生出来的事件，则是防不

胜防的。(《法》,10.13)

一切有权力的人都容易滥用权力,这是万古不易的一条经验。有权力的人们使用权力一直到遇到界限的地方才休止。(《法》,11.4)

当公民的无辜得不到保证,自由也就没有保证。(《法》,12.2)

我们应该荣耀神明,而不应为他复仇,(《法》,12.4)

为共和国复仇的借口将建立复仇者的暴政。问题不是要摧毁掌握政权的人,而是摧毁权势本身。(《法》,12.18)

君主和法律一样,可以使兽变成人,使人变成兽。(《法》,12.27)

你要剥俄罗斯人的皮才能使他有感觉。(《法》14.2)

一个德国人喝酒是出于风俗,一个西班牙人喝酒是出于爱好。(《法》,14.10)

知识使人温柔,理性使人倾向于人道,只有偏见使人摒弃温柔和人道。(《法》,15.3)

虚荣对于一个政府是一种好的动力,正如骄傲对于一个政府是一种危险的动力一样。(《法》,19.9)

一个西班牙人的骄傲使他不劳动,一个法国人的虚荣使他劳动得比别人更努力。(《法》,19.9)

一切怠惰的民族都是庄严肃穆的,因为那些不劳动的人把自己看做是劳动的人们的统治者。(《法》,19.9)

一切政治上的邪恶并不都是道德上的邪恶,一切道德上的邪恶并不都是政治上的邪恶。(《法》,19.11)

一切不是由于必要而施用的刑罚都是暴虐的。(《法》,

19.14）

一个自由的国家可能得到一个救主，一个被奴役的国家就只能再来一个压迫者。（《法》,19.27）

使我们与野蛮人民有所区别的,是道德上的礼仪而不是行动举止上的礼仪。（《法》,19.27）

在一个自由的国家,一个人推理得好或不好,常常是无关紧要的事;只要他推理就够了。自由就表现在这里。自由就是使人不受这些推理的影响的保证。（《法》,19.27）

在极端专制的君主国里,历史学家们出卖了真理,因为他们没有说真理的自由。在极端自由的国家里,他们也出卖真理,正因为有自由的缘故。（《法》,19.27）

商业能够治疗破坏性的偏见。因此,哪里有善良的风俗,哪里就有商业。哪里有商业,哪里就有善良的风俗。（《法》,20.1）

伟大的将领们对自己的行动的描述是质朴的,因为他们所做的比他们所说的更为荣耀。（《法》,21.11）

对于所有人来说,当他们激情迸发想要干坏事时,利益却提醒他们别这样胡作非为;倘若能够生活在这样的境遇中,那当然就是幸福。（《法》,21.20）

一种财富,既不凭借国家的工业,也不凭借居民的数目,也不凭借土地的耕种,就仅仅是凭借偶然的因素而取得的,这种类型的财富是不好的。（《法》,21.22）

我将永远这样说:统治人类的原则应该是中庸,而不是极端。（《法》,21.22）

即使说老百姓信仰宗教是没有用处的话,君主信仰宗教

却是有些用处的;宗教是唯一约束那些不畏惧人类法律的人们的缰绳。(《法》,24.2)

苦行应该同劳动的思想,不应该同怠惰的思想相结合;应该同良善的思想,不应该同非凡的思想相结合;应该同节俭的思想,不应该同贪婪的思想相结合。(《法》,24.12)

敬神的人和无神论者都时常谈宗教:一个谈他所爱的东西,一个谈他所怕的东西。(《法》,25.1)

人类是非常富于希望与恐惧的感情的,所以一种没有地狱也没有天堂的宗教几乎是不可能使他们高兴的。(《法》,25.2)

当规章成为一种流弊的时候,应当允许人们违背规章;当流弊成为规章的一部分的时候,应当容许流弊。(《法》,25.5)

宗教的法律富于崇高性,国家的法律富于普遍性。(《法》,26.9)

不能让人们对死亡无所畏惧,否则法律就会形同虚设。(《随想录》,第228条)

如果我知道,某些事对我有利,但对我的家庭有害,我连想都不想;如果我知道,某件事对我的家庭有利,但对我的国家不利,我就设法忘掉它;如果我知道,某些事对我的国家有利,但对欧洲有害,我就把它看成一种罪行。(《随想录》,第741条)

我只剩下两件事要做,一是学会忍受病痛,二是学会如何死去。(《随想录》,第2242条)

参 考 书 目

［法］孟德斯鸠:《论法的精神》(上册),张雁深译,商务印书馆 1961 年版。

［法］孟德斯鸠:《论法的精神》(下册),张雁深译,商务印书馆 1963 年版。

［法］孟德斯鸠:《论法的精神》(上、下册),许明龙译,商务印书馆 2012 年版。

［法］孟德斯鸠:《论法的精神》,严复译,上海三联书店 2009 年版。

［法］孟德斯鸠:《波斯人信札》,罗大冈译,人民文学出版社 1958 年版。

［法］孟德斯鸠:《波斯人信札》,梁守锵、孙鹏译,漓江出版社 1995 年版。

［法］孟德斯鸠:《波斯人信札》,梁守锵译,商务印书馆 2011 年版。

［法］孟德斯鸠:《波斯人信札》,梁守锵译,商务印书馆 2022 年版。

［法］孟德斯鸠:《波斯人信札》,许明龙译,商务印书馆

2019 年版。

　　[法]孟德斯鸠:《罗马盛衰原因论》,婉坽译,商务印书馆 1962 年版。

　　[法]孟德斯鸠:《罗马盛衰原因论》,许明龙译,商务印书馆 2016 年版。

　　[法]孟德斯鸠:《孟德斯鸠论中国》,许明龙编译,商务印书馆 2016 年版。

　　[法]丹尼斯·于斯曼主编:《法国哲学史》,冯俊、郑鸣译,商务印书馆 2015 年版。

　　[法]邦雅曼·贡斯当:《古代人的自由与现代人的自由》,阎克文、刘满贵译,商务印书馆 1999 年版。

　　[法]雷蒙·阿隆:《社会学主要思潮》,葛智强等译,华夏出版社 2000 年版。

　　[法]卢梭:《社会契约论》,何兆武译,商务印书馆 1982 年版。

　　[法]路易·阿尔都塞:《孟德斯鸠:政治与历史》,霍炬、陈越译,西北大学出版社 2020 年版。

　　[法]路易·戴格拉夫:《孟德斯鸠传》,许明龙、赵克非译,浙江大学出版社 2016 年版。

　　[法]皮埃尔·莫内:《自由主义思想文化史》,曹海军译,吉林人民出版社 2004 年版。

　　[法]托克维尔:《论美国的民主》,董果良译,商务印书馆 1988 年版。

　　[英]艾伦·麦克法兰:《孟德斯鸠与现代世界的诞生》,彭启民译,深圳报业集团出版社 2019 年版。

［英］安东尼·帕戈登:《启蒙运动为什么依然重要》,王丽慧等译,上海交通大学出版社 2017 年版。

［英］戴维·威廉姆斯编:《伏尔泰政治著作选》,李竞、李媚译,中国政法大学出版社 2014 年版。

［英］哈耶克:《法律、立法与自由》,邓正来等译,中国大百科全书出版社 2000 年版。

［英］哈耶克:《自由秩序原理》,邓正来译,生活·读书·新知三联书店 1997 年版。

［英］霍布斯:《利维坦》,黎思复等译,商务印书馆 1985年版。

［英］罗伯特·夏克尔顿:《孟德斯鸠评传》,沈永兴、许明龙、刘明臣译,上海人民出版社 2018 年版。

［英］罗素:《西方哲学史》,何兆武、李约瑟译,商务印书馆 1976 年版。

［英］洛克:《政府论》(下篇),叶启芳、瞿菊农译,商务印书馆 1964 年版。

［英］马克·戈尔迪等主编:《剑桥 18 世纪政治思想史》,刘北成等译,商务印书馆 2017 年版。

［英］维尔:《宪政与分权》,苏力译,生活·读书·新知三联书店 1997 年版。

［英］以赛亚·伯林:《反潮流:观念史论文集》,冯克利译,译林出版社 2002 年版。

［英］以赛亚·伯林:《自由论》,胡传胜译,译林出版社 2011 年版。

［美］布鲁斯·阿克曼:《别了,孟德斯鸠:新分权的理论

与实践》，聂鑫译，中国政法大学出版社 2016 年版。

[美]弗里德里希·沃特金斯：《西方政治传统——现代自由主义发展研究》，黄辉、杨健译，吉林人民出版社 2001年版。

[美]贾雷德·戴蒙德：《枪炮、病菌与钢铁——人类社会的命运》，谢延光译，上海译文出版社 2016 年版。

[美]列奥·施特劳斯、约瑟夫·克罗波西主编：《政治哲学史》，李天然等译，河北人民出版社 1993 年版。

[美]罗兰·斯特龙伯格：《西方现代思想史》，刘北成等译，中央编译出版社 2005 年版。

[美]潘戈：《孟德斯鸠的自由主义哲学——〈论法的精神〉疏证》，胡兴建、郑凡译，华夏出版社 2016 年版。

[美]乔治·霍兰·萨拜因：《政治学说史》（下册），刘山等译，商务印书馆 1986 年版。

[美]列奥·施特劳斯：《从德性到自由：孟德斯鸠〈论法的精神〉讲疏》，黄涛译，华东师范大学出版社 2017 年版。

[美]列奥·施特劳斯：《女人、阉奴与政制：孟德斯鸠〈波斯人信札〉讲疏》，黄涛译，华东师范大学出版社 2016 年版。

[美]列奥·施特劳斯：《迫害与写作艺术》，刘锋译，华夏出版社 2012 年版。

[美]约翰·罗尔斯：《正义论》，何怀宏等译，中国社会科学出版社 1988 年版。

[美]约翰·麦克里兰：《西方政治思想史》，彭淮栋译，海南出版社 2003 年版。

[美]朱迪·斯克拉：《孟德斯鸠》，李连江译，中国政法大

学出版社 2018 年版。

[意]圭多·德·拉吉罗:《欧洲自由主义史》,杨军译,吉林人民出版社 2001 年版。

[意]马基雅维利:《君主论》,潘汉典译,商务印书馆 1988 年版。

[意]马基雅维利:《论李维》,冯克利译,上海人民出版社 2005 年版。

[意]萨尔沃·马斯泰罗内:《欧洲民主史:从孟德斯鸠到凯尔森》,黄华光译,社会科学文献出版社 1998 年版。

[意]萨尔沃·马斯泰罗内:《欧洲政治思想史——从 15 世纪到 20 世纪》,黄华光译,社会科学文献出版社 2001 年版。

[苏]凯切江、费季金主编:《政治学说史》,冯憬远、李嘉恩译,法律出版社 1959 年版。

[苏]莫基切夫主编:《政治学说史》,中国社会科学院法学研究所编译室译,中国社会科学出版社 1979 年版。

[苏]维·彼·沃尔金:《18 世纪法国社会思想的发展》,杨穆、金颖译,商务印书馆 1983 年版。

[古希腊]柏拉图:《理想国》,郭斌和等译,商务印书馆 1986 年版。

[古希腊]亚里士多德:《政治学》,吴寿彭译,商务印书馆 1965 年版。

[德]恩斯特·卡西勒:《启蒙哲学》,顾伟铭等译,山东人民出版社 1988 年版。

[澳]菲利普·佩迪特:《共和主义——一种关于自由与政府的理论》,刘训练译,江苏人民出版社 2006 年版。

曹希龄:《西方政治思想史纲》,中国社会科学出版社2017年版。

陈伟:《西方政治思想史》,中国社会科学出版社2020年版。

达巍等编:《消极自由有什么错》,文化艺术出版社2001年版。

高尚:《孟德斯鸠与〈论法的精神〉》,人民出版社1992年版。

谷春德:《西方法律思想史》,中国人民大学出版社2004年版。

顾肃:《西方政治法律思想史》,中国人民大学出版社2005年版。

顾肃:《自由主义基本理念》,中央编译出版社2003年版。

候鸿勋:《孟德斯鸠及其启蒙思想》,人民出版社2010年版。

李宏图:《从"权力"走向"权利"——西欧近代自由主义思潮研究》,上海人民出版社2007年版。

李强:《自由主义》,中国社会科学出版社1998年版。

刘绍贤:《欧美政治思想史》,浙江人民出版社1987年版。

马啸原:《西方政治思想史纲》,高等教育出版社1997年版。

浦兴祖、洪涛:《西方政治学说史》,复旦大学出版社1999年版。

唐士其:《西方政治思想史》,北京大学出版社 2002 年版。

王彩波:《西方政治思想史——从柏拉图到约翰·密尔》,中国社会科学出版社 2004 年版。

王哲:《西方政治法律思想史》,北京大学出版社 1988 年版。

徐大同主编:《西方政治思想史》(第三卷),天津人民出版社 2006 年版。

徐大同主编:《西方政治思想史》,天津教育出版社 2002 年版。

徐大同主编:《西方政治思想史》,天津人民出版社 1985 年版。

严存生:《西方法律思想史》,中国法制出版社 2012 年版。

严仲仪:《法国杰出的启蒙运动学者孟德斯鸠》,商务印书馆 1984 年版。

于海:《西方社会思想史》,复旦大学出版社 1993 年版。

岳麟章:《从马基雅维利到尼采——西方近代政治思想史》,陕西人民出版社 1989 年版。

张文友等:《从柏拉图到约翰·密尔——西方传统政治思想评介》,山东人民出版社 1999 年版。